大学智慧课堂

DAXUE ZHIHUI KETANG

周鑫燚 王慧 主编

四川教育出版社

图书在版编目（CIP）数据

大学智慧课堂 / 周鑫燚，王慧主编. —成都：四川教育出版社，2021.12
ISBN 978-7-5408-7918-1

Ⅰ.①大… Ⅱ.①周… ②王… Ⅲ.①高等教育－教育改革－研究－中国 Ⅳ.①G649.21

中国版本图书馆CIP数据核字（2021）第270532号

大学智慧课堂
DAXUE ZHIHUI KETANG

周鑫燚　王　慧　主编

责任编辑	李健敏
助理编辑	李栩彤
责任校对	李　萌
封面设计	许　涵
版式设计	武　韵
责任印制	田东洋
出版发行	四川教育出版社
地　　址	四川省成都市锦江区三色路199号
邮政编码	610011
网　　址	www.chuanjiaoshe.com
制　　作	四川胜翔数码印务设计有限公司
印　　刷	成都市锦慧彩印有限公司
版　　次	2022年3月第1版
印　　次	2022年3月第1次印刷
成品规格	185mm×260mm
印　　张	17.75
字　　数	320千
书　　号	ISBN 978-7-5408-7918-1
定　　价	88.00元

如发现质量问题，请与本社联系。总编室电话：（028）86365120

序

21世纪，人类社会在迈入智能时代的同时也迎来了前所未有的挑战。世界格局、产业结构、社会文化、教育科技等方面正发生着深刻变化。2019年，中共中央、国务院印发了我国第一个以教育现代化为主题的中长期战略规划《中国教育现代化2035》，提出了"加快信息时代教育变革"的战略任务，要求抓住信息化时代为中华民族带来的千载难逢的发展机遇，推动教育变革。促使这一变革发生的根本原因，便是当今这个新时代对人力资源和个体生活带来了新的挑战和新的要求。对今天的每个学习者而言，创新精神、信息素养、批判性思维、沟通交流能力、团队协作能力等已经成为21世纪担负社会责任和适应社会生活的必需品。在这个日新月异的时代，每个人将不可避免地面临更多更复杂的任务或陌生的场景，要能够适应多元异质的社会和环境，与不同文化背景的人协同开展工作，学会整合已有知识、技能、方法，审慎地判断和分析情境，创造性地解决问题，成为终身学习者。显然，传统教育体系很难有效支撑这样的目标，我们需要重新认识教育的价值，重新思考学习的性质和特征，充分利用新理念、新模式、新技术构建智慧教育体系，推动中国教育现代化。

智慧教育是在新一代信息技术支持下，进一步实现教育结构性变革的必然路径，是教育信息化发展的新境界，是破解教育发展难题的创新举措。《教育信息化2.0行动计划》中的"智慧教育创新发展行动"要求以人工智能、大数据、物联网等新兴技术为基础，依托各类智能设备及网络，积极开展智慧教育创新研究和示范，推动新技术支持下教育的模式变革和生态重构。本书的目的就是聚焦智慧教育中的关键领域——智慧课堂，探讨构建智慧教学环境，通过智慧教学法促进学习者实现智慧学习的创新路径。智慧课堂在技术层面是通过信息技术对教学信息进行感知、汇聚、分析，进而辅助智能化的课堂教学管理与决策；在教育层面是通过教师、学生、教学内容和教学环境的结构性变革，实现课堂教学模式、策略和方法的创新，支持学生个性化地主动学习探究。促进教师智慧地教、学生智慧地学，最终成为智慧的人，通过课堂这个关键环节，回应新时代对人才需求的新变化。教育部《关于加快建设高水平本科教育全面提高人才培养能力的意见》中提出了以学生发展为中心，推动课堂教学革命的要求。而课堂教学革命并非是对传统课堂的修修补补，而是要通过课程生态重建、课堂结构变革和教学流程再造实现对教学基本范式的颠覆。智慧课堂通过构建精准化、智能化、个性化、协作化和动态化的课堂学习环境，创新课堂教学方式方法，有效促进师生智慧能力形成，是实现课堂教学革命的有效途径。

课堂教学是立德树人的主阵地，随着高等教育课堂教学改革的深入推进和高校智慧课堂建设的全面普及，迫切需要将 21 世纪科学理论学习转化为教育教学实践。该书正是在这一背景下应运而生的，针对当前智慧课堂建设与应用的现实需求，对智慧课堂的相关理论和实践方法进行了全面探讨，分析了当前高等教育课堂教学问题的背景、成因和解决路径，阐释了智慧课堂的内涵和相关理论，并对如何有效开展智慧课堂教学，提供了模式、策略和方法的实践指导。

本书作者从 2013 年起持续开展智慧课堂教学研究，2015 年率先建成了智慧教学示范区和全国首个智慧教育联盟，累计培养智慧课堂种子教师近千人。在智慧教育环境建设、平台开发、智慧课堂教学模式和教师能力提升方面进行了不懈的探索和实践。本书内容是作者在这一领域深耕多年的总结，能够为学校管理者和一线教师提供及时的理论支持与实践指导，极具指导意义和参考价值，是一本观点新颖、内容实用、治学严谨的实用性著作。

新时代迫切需要具有创新精神和实践能力的时代新人，高校人才培养模式应主动与之适应，掀起"课堂教学革命"，主动肩负起新时代赋予高等教育的新任务、新使命。广大一线教师要赢得新时代，最重要的是要有领跑新时代的能力，积极投身变革大潮，开展智慧课堂教学创新实践，面向新时代、赢得新时代、领跑新时代。

中国工程院院士

2021 年 12 月

目 录

大学智慧课堂

第一章　新时代中国高等教育的新使命、新任务 001

　　一、新时代高等教育面临的使命与挑战　003
　　　　新时代高等教育的定位和使命　003
　　　　高等教育面临的挑战和任务　004

　　二、以学生为中心的教育教学改革　007
　　　　落实三大理念，实现"三重"转变　007
　　　　育人为本，世界高等教育同频共振　008
　　　　"以学生为中心"的意涵　010

　　三、以信息化破解课堂教学危机　013
　　　　大学课堂教学现状　013
　　　　大学课堂教学危机产生的原因　014
　　　　以信息化推进高校教学改革　019

　　四、高校教育信息化推进的有效路径　024
　　　　高等学校推进教育信息化的必然性　024
　　　　教育信息化推进的目标路径　027

第二章　智慧课堂与"课堂教学革命" 033

　　一、智慧教育：教育信息化建设的新阶段　035
　　　　智慧教育的产生与发展　035
　　　　智慧教育的概念及内涵　038

高校发展智慧教育的战略意义 041

二、智慧课堂 042

　　智慧教育与智慧课堂 042

　　智慧课堂的基本概念 043

　　智慧课堂的主要优势 045

三、课堂革命的结构与意涵 047

　　课堂革命概念的发展 048

　　课堂革命是课堂教学的范式革命 049

　　课堂革命的结构 051

　　智慧课堂：实现课堂革命的关键路径 054

四、智慧教室 056

　　智慧教室概念的再认识 056

　　如何正确规划智慧教室建设 059

第三章　智慧课堂教学创新的理论要义 063

一、学习理论的发展 065

　　行为主义 065

　　认知主义 066

　　建构主义 069

二、智慧课堂教学的宗旨：以学生发展为中心 072

　　"以学生为中心"理念的发展 072

　　"以学生发展为中心"中"发展"的教育价值 077

三、"金课"建设与智慧课堂教学创新 079

　　课程与中国大学"金课" 079

　　"金课"的特征分论 080

　　以智慧课堂促进"金课"建设 092

第四章　智慧课堂教学范式 099

一、智慧课堂教学的总体架构 101

　　传统课堂教学范式结构 101

　　　　智慧课堂教学范式结构　102
　　　　两类范式的比较　104
　二、课堂教学结构变革　105
　　　　课堂教学与教学结构　106
　　　　课堂教学结构变革的途径　108
　三、课程生态重建　111
　　　　课程生态系统的内涵　112
　　　　传统课程生态系统　113
　　　　课程生态系统的重建　114
　四、教学流程再造　115
　　　　传统教学流程分析　116
　　　　翻转课堂的教学流程　117
　五、智慧课堂中的有效教学模式举例　119
　　　　项目化学习内涵辨析　120
　　　　项目化学习教学流程　123
　　　　项目化学习的系统设计　125
　　　　研究性学习教学模式概述　128
　　　　在研究性学习中运用5E学习环　130

第五章　智慧课堂教学设计　133
　一、设计与设计思维　135
　　　　设计的概念　135
　　　　走进设计思维　136
　　　　设计思维的特点与流程　137
　　　　设计思维对教育的意义　139
　二、教学创新从设计开始　140
　　　　智慧课堂教学设计　141
　　　　基于设计思维的教学设计方法　143
　　　　智慧课堂教学设计的内容　147

三、单元教学设计　*161*
　　教学单元的内涵　*162*
　　单元教学设计的框架　*163*

四、融合创新，上一堂好课　*168*
　　好课标准的探讨　*169*
　　智慧课堂如何打造好课堂　*170*

第六章　基于智慧课堂的混合式学习　*175*

一、混合式学习的概念与特征　*177*
　　混合式学习的概念　*177*
　　混合式学习的理论基础　*179*
　　混合式学习的关键因素　*181*

二、慕课与混合式学习　*187*
　　慕课的内涵与特征　*187*
　　慕课教学的反思与混合式学习　*190*

三、SPOC 混合式学习模式　*192*
　　SPOC 教学的概念与内涵　*192*
　　SPOC 混合式学习的优势　*194*

四、智慧课堂与混合式学习的融合设计　*196*

第七章　智慧课堂中的协作学习　*203*

一、协作学习概述　*205*
　　协作学习的概念与相关理论　*205*
　　协作学习的要素特征　*208*

二、智慧课堂支持的协作学习　*212*
　　计算机支持下的协作学习（CSCL）　*212*
　　新技术下协作学习的发展　*214*
　　智慧课堂中的协作学习　*217*

三、智慧课堂协作学习策略　*221*
　　促进积极互赖的策略　*221*

　　　　促进性互动的策略 223

　　　　促进性个体责任和小组评价的策略 227

　　　　基于数据的教学策略 229

第八章　智慧课堂教学评价 235

　　一、走向数据驱动的教学评价 237

　　　　教学评价的相关理论 237

　　　　教学评价的新发展 240

　　　　智慧课堂教学评价 244

　　二、智慧课堂数据分析框架 247

　　　　智慧课堂数据采集类型 247

　　　　智慧课堂数据分析方法 250

第九章　教师智慧课堂信息化教学能力 263

　　一、立足互联网思维探索教师专业成长新策略 265

　　　　宏观策略：教师"专业发展"向"专业学习"的迭代 266

　　　　中观策略：协同创新，充分释放各要素活力 267

　　　　微观策略：改善"体验"，激发教师教学改革动力 268

　　二、教师信息化教学能力校本培训模式 270

　　　　观摩诊断，模式构建 270

　　　　"种子"培训，引领示范 272

　　　　全员提升，普遍应用 273

　　　　全面应用，融合创新 274

第一章
新时代中国高等教育的新使命、新任务

党的十八大报告和十九大报告分别提出了"推动高等教育内涵式发展"和"实现高等教育内涵式发展"的重大论断。高等教育内涵式发展,是指不单纯以规模扩大和数量增长为发展要素,而是根据高等教育本质属性要求及高等教育内部诸要素有效开发为驱动的发展模式,具有规模适度、结构协调、质量提高、品质提升等显著特征。实现高等教育内涵式发展,是我国高等教育进入新时代的内在要求,也是我国建设高等教育强国的内在要求。

一 新时代高等教育面临的使命与挑战

新时代高等教育的定位和使命

党的十八大报告和十九大报告分别提出了"推动高等教育内涵式发展"和"实现高等教育内涵式发展"的重大论断。高等教育内涵式发展，是指不单纯以规模扩大和数量增长为发展要素，而是根据高等教育本质属性要求及高等教育内部诸要素有效开发为驱动的发展模式，具有规模适度、结构协调、质量提高、品质提升等显著特征。实现高等教育内涵式发展，是我国高等教育进入新时代的内在要求，也是我国建设高等教育强国的内在要求。

党的十八大以来，党和国家把教育摆在优先发展的战略地位，谋篇布局高等教育的繁荣和发展，投入不断加大，容量又有增加，体系逐步健全。截至2017年，全国共有普通高等学校2631所（含独立学院265所），比2012年增加了189所。全国各类高等教育在学总规模达3779万人，比2012年增加454万人，增长13.7%。高等教育毛入学率达到45.7%，比2012年增长15.7%，已提前实现《国家中长期教育改革和发展规划纲要（2010—2020年）》中确定的40%的目标。普通高校招生规模已经达到842.1万人，比2012年增加94.3万人，增长12.7%，其中，招收普通本专科生761.49万人、硕士生72.22万人、博士生8.39万人。毕业生规模达793.6万人，比2012年增加120.2万人，增长17.9%。可见，我国高等教育正在实现从大众化向普及化转变，为我国高等教育新发展奠定了坚实基础[①]。

党的十九大报告指出，中国特色社会主义进入了新时代，这是我国发展新的历史方位。教育兴则国兴，教育强则国强。实现中华民族伟大复兴的中国梦，归根到底靠人才、靠教育。在新的历史方位下，高等教育应有新理论、新思维、新战略、新部署、新任务，新时代高等教育面临着新的形势和挑战。中国高等教育是不是强国，必须在国际视野下看我们有没有影响力，有没有感召力，有没有塑造力，是不是开始走进世

---

① 王定华. 用全国教育大会精神指引我国高等教育内涵式发展[J]. 中国高教研究，2018（12）：16-20.

界舞台中央，在世界高等教育发展中有没有中国声音、中国元素、中国方案。面对新的历史方位，国家提出了科教兴国战略、人才强国战略、创新驱动发展战略、乡村振兴战略、区域协调发展战略、可持续发展战略、军民融合发展战略七大战略，每一个战略都与高等教育密切相关。如果没有高等教育的人才、科技和服务的支撑，这些强国战略建设将难以完成。正如党的十九大报告所指出的，建设教育强国是中华民族伟大复兴的基础工程。所谓基础工程，第一它是基础平台，第二它必须率先实现。由此可见，党的十九大报告把高等教育的地位提高到了前所未有的新高度[①]。

高等教育面临的挑战和任务

2018年12月7日至8日，在全国高校思想政治工作会议上，习近平总书记在讲话中指出，教育强则国家强。高等教育发展水平是一个国家发展水平和发展潜力的重要标志。实现中华民族伟大复兴，教育的地位和作用不可忽视。我们对高等教育的需要比以往任何时候都更为迫切，对科学知识和卓越人才的渴求比以往任何时候都更为强烈。党中央做出加快建设世界一流大学和一流学科的战略决策，就是要提高我国高等教育发展水平，增强国家核心竞争力。[②] 我们可以看到，高等教育今后使命神圣、任务艰巨、责任重大。高等教育必须把党的十九大报告提出的"加快一流大学和一流学科建设，实现高等教育内涵式发展"的要求抓紧、抓好、抓实，才能迎接新使命带来的挑战。

目前，中国高等教育正处于一个关键时期，建设教育强国是中华民族伟大复兴的基础工程。要实现高等教育的快速发展，不仅要面向新时代、赢得新时代，更重要的是要有领跑新时代的能力。

目前我国高等教育发展整体上进入世界中上水平，开始进入世界高等教育发展第一方阵。中国高等教育已经从20世纪90年代注重发展规模，转变为现在的对内涵式发展质量的关注。中国高等教育无论是在院校评估还是在专业认证中，"学生中心"的理念开始成为共识。面对新时代、新形势、新要求，高等教育仍然存在一些带有普遍

---

① 吴岩. 新时代高等教育面临新形势［N］. 光明日报，2017-12-19 (13).
② 新华社评论员. 立德树人，为民族复兴提供人才支撑——学习贯彻习近平总书记在全国高校思想政治工作会议上的重要讲话精神［EB/OL］. (2016-12-8)［2019-3-23］. http://www.xinhuanet.com//politics/2016-12/08/c_1120083340.htm.

性的突出问题。2018年6月21日，教育部原部长陈宝生在新时代全国高等学校本科教育工作会议上指出，影响高等教育强国建设的突出薄弱环节和重点难点问题，一是理念滞后问题。面对扑面而来、汹涌澎湃的新一轮世界范围的科技革命和产业变革，一些高校仍然因循守旧，办学治校的理念思路跟不上时代的步伐，没有及时应答，模式和方法创新不够，内容更新不及时，滞后于时代变革。我们要有强烈的危机感、紧迫感和使命感，要深刻认识到，有的历史性交汇期可能产生同频共振，有的历史性交汇期也可能擦肩而过，这次历史性机遇抓不住，高等教育就有可能犯战略性失误和错误，人才供给跟不上就可能会迟滞国家发展。二是投入不到位问题。一些学校在本科教育上还存在着领导精力投入不到位、教师精力投入不到位、学生精力投入不到位、资源投入不到位的问题，本科教育仍处在艰难爬坡中。这四个不到位既有硬件方面也有软件方面的问题，但重点还是软件问题，这是我们着力要解决的主要矛盾。三是评价标准和政策机制导向缺失问题。一些评价指标没有充分体现立德树人的成效，高校人财物方面的一些政策机制还没有聚焦到人才培养上来。必须对症下药，在评价标准上加强引导，在体制机制上持续攻坚，强力疏通这些政策堵点。[①]

陈宝生指出，面对本科教育中出现的理念滞后、投入不到位、评价标准和政策机制导向缺失等问题，必须推进"四个回归"，即"回归常识""回归本分""回归初心"和"回归梦想"。陈宝生强调，要推进"四个回归"，把人才培养的质量和效果作为检验一切工作的根本标准。高校的办学目标和各类资源、高校的标准和政策都要主动聚焦到这个中心、这个根本上来。

当前，我国经济发展进入新常态，人民群众对优质教育的期待越来越高，教育必须把提高质量作为发展的生命线，坚持以人为本，回归常识、回归本分、回归初心、回归梦想，深化人才培养模式改革，推进教育治理体系和治理能力现代化，努力提供公平、优质、高效的教育。

要回归常识，砥砺"真本领"。我国本科教育整体处于管理较松、学习要求较低、淘汰率较低的宽松环境，使得一些学生迷失了方向。正视时代问题，发现教育短板，要围绕学生刻苦读书来办教育，针对被人诟病的育人目标倒挂现象，改变考试评价方式，对大学生合理"增负"，提升其学业挑战度，激发其学习动力和专业志趣，改变轻轻松松就能毕业的现象，引导学生求真学问、练真本领。

---

① 陈宝生. 在新时代全国高等学校本科教育工作会议上的讲话［J］. 中国高等教育，2018（Z3）：4—10.

要回归本分，打造一流教师队伍。一段时间以来，部分高校中出现的教学与科研、社会服务三者关系本末倒置现象，挫伤了教师教书育人的积极性。打造一支"四有"教师队伍，是立校办学之本。要探索建立针对不同类型、不同岗位教师分类评价的评价体系，坚持师德为先、教学为要，注重凭能力、实绩和贡献评价教师，所有教师都必须承担教育教学工作，把教授为本专科生上课作为基本制度，克服唯学历、唯职称、唯论文等倾向，引导教师热爱教学，潜心教书育人。坚持以师德师风作为教师素质评价的第一标准，将师德建设与加强教师队伍其他各项建设结合起来，在教师专业技术职务晋升中实行本科教学工作考评一票否决制，教育引导教师弘扬求真务实的学术风气，树立崇高的职业理想，增强事业心和责任感，抵御急功近利的不良风气。

要回归初心，办好中国特色社会主义大学。办什么样的大学、怎样办好大学和培养什么样的人、如何培养人、为谁培养人的问题，事关党和国家前途命运，是每一所大学首先要回答的重大问题。我们要扎根中国大地，加强党对高校的领导，坚持正确政治方向，坚持社会主义办学方向，使高校成为坚持党的领导的坚强阵地。要坚持把立德树人作为根本任务，不断改革创新思想政治工作，用知识体系教、价值体系育、创新体系做，坚定不移地把思想政治工作贯穿于学校教育教学和管理服务中，把习近平新时代中国特色社会主义思想融入立德树人全过程、融入改革发展全过程、融入"双一流"建设全过程，促进专业知识教育与思想政治教育相结合，实现全程育人、全员育人、全方位育人，为中国特色社会主义事业培养更多德才兼备、全面发展的合格建设者和可靠接班人。

要回归梦想，加快教育现代化建设。建设教育强国是中华民族伟大复兴的基础工程，要进一步贯彻落实新发展理念，努力在全面深化综合改革、创新治理体系、全面提升人才培养质量等重点领域和关键环节取得新突破，推动办学理念创新、组织创新、管理创新和制度创新，倾力实现教育报国、教育强国梦。要把培养拔尖人才和强化爱国担当相结合，把肩负国家使命和探索科学前沿相结合，把开展科研创新和面向国民经济相结合，把优秀传统文化的传承和大学文化传播相结合，不断提高教育教学质量，不断增强科学研究实力，不断提高社会服务水平，不断优化文化传承创新成果，不断扩大国际交流影响，加快建设扎根中国大地的世界一流大学步伐。

学习是学生的天职，不好好读书、不能较好完成学业，如何适应社会，实现人生价值？尤其是在当前就业形势严峻、就业结构性矛盾突出的情况下，要想谋求成功的未来,作为个体的大学生,理应明确学习目标,珍惜来之不易的大学时光①。

总的来说,"四个回归"是高等教育根本使命的强基固本,是与世界高等教育发展的同频共振,是我国高等教育改革发展的奋进之笔,必须把"四个回归"作为我国高等教育改革发展的基本遵循。

二 以学生为中心的教育教学改革

落实三大理念,实现"三重"转变

关于如何建设一流大学,习近平总书记有这样一段论述:"只有培养出一流人才的高校,才能够成为世界一流大学。"办一流大学,必须牢牢抓住全面提高人才培养能力这个核心点。要向课堂教学要质量,向社会要教学资源;要大力建设学校质量文化,学校质量是学校提供的教育活动使学生学习成就与教育目的相符合的程度。学校质量文化是学校文化的核心部分,对学校质量水平提升具有重要意义。注重质量是高等教育的时代命题。1998年召开的首届世界高等教育大会向全球宣告,21世纪将是更加注重质量的世纪,谁轻视质量谁就将被淘汰出局。质量的实现既要求建立各种质量保障体系,形成多种评价模式,同时更需要在机构内部形成一种质量文化。这是时代命题,也是历史使命。"以学生为中心""成果导向教育"和"培育质量文化",已成为发达国家和国际教育组织竭力推行的三大先进理念。中国走高等教育强国之路,质量保障迫切需要实现关注重心由"教师"到"学生"、评价重点由"投入"到"产出"、建设重任由"方法技术"到"质量文化"的"三重"转变,并切实加以落实、落地和落细。

陈宝生也强调,立德树人要落实在提高本科教学水平上。提高教学水平,基础在本科,基础不牢,地动山摇;高校领导不抓教学,不是失职就是渎职,至少是不称职;抓质量就是抓责任、抓标准、抓激励、抓评估;要建设质量文化,引领质量发展。陈宝生还说,教学决定生存,学校为教学而建;离开教学,校长就不是校长,教授就不

---

① 郭立场. "四个回归"是本科教育的"定盘星"[N]. 中国教育报,2018-6-27 (2).

是教授,大学就不是大学①。

育人为本,世界高等教育同频共振

一流大学必须有卓越的教学。事实上,近年来,世界一流大学都已经开始聚焦本科教学。英国正在从国家层面上回归教学,发动一场围绕质量的教育大变革。2011年,英国教育部发布《高等教育:以学生为中心》,强调大学应以学生为中心,提供更好的学习体验,使学生成为合格的毕业生;要求英国各个高等教育机构将质量看作是自身最卓越的资本,强调通过高等教育政策来保障质量,致力建构一个能更好回应社会需求并保持高等教育自我个性的制度。2016年,英国政府发布的《英国高等教育与研究白皮书》进一步指出,知识经济体的成功体现为教学卓越、社会流动和学生选择。白皮书的"教学卓越框架"提出:围绕以学生为中心提升教学质量,确保每一个学生得到良好的教学体验,鼓励原创思维,推动参与,为在全球范围内工作做准备;强调教学与研究具有平等地位,优秀教师与优秀研究人员享有同样的专业认可度、职业机会和薪酬待遇;高校专业教学应激发每一个学生的潜能,提升毕业生就业率,尤其是在高技术产业领域的就业率。

美国卡内基教学促进基金会1998年发布了《重塑本科教育:美国研究型大学发展蓝图》,2001年,又发布了《重构本科教育:博耶报告三年回顾》。这两份报告引起了美国研究型大学对本科教育的强烈关注,对本科教育改革产生了广泛而深远的影响。哈佛大学、斯坦福大学、麻省理工学院等知名大学纷纷回归本科教育,启动本科教学改革。2006年,哈佛大学哈佛学院院长哈瑞·刘易斯在《失去灵魂的卓越》一书中深刻反思:哈佛大学一度忽视了本科教育,是失去了灵魂的卓越。可以说,没有一流本科的"一流大学"是失去了灵魂的卓越,没有一流本科的"一流学科"是忘记了根本的一流②。

斯坦福大学2012年发布的《斯坦福大学本科生教育研究》报告,力图改变以前本科生教育改革零敲碎打的做法,从人才培养理念与目标出发,对新一轮本科教育改革航向进行全盘性思考;改变以前不对本科教育的本质与目的进行广泛深入思考的做法,

---

① 吴岩. 新时代高等教育面临新形势[N]. 光明日报,2017-12-19(13).
② 吴岩. 新时代高等教育面临新形势[N]. 光明日报,2017-12-19(13).

把对该问题的讨论下沉到课程要求，甚至下沉到新生一年级开设课程的状况。报告还主张整体性的自由教育（Liberal Education），它不是围绕专业的若干必修课程的组合，而是学生教育的全部；它贯穿了大学四年，不仅包括课程，还包括校园生活、海外学习、社区服务，以及学生在图书馆、运动场及其他交际场合和学生团队生活的经历，囊括了学生学习与生活的所有地方。报告希望让这次改革成为斯坦福历史上的一个分水岭。斯坦福大学校长约翰·亨尼斯在报告中说，斯坦福大学是一所伟大的教学与研究型大学，要像对待科研一样重视与支持教学，这不仅可能，而且很重要。以前关于本科教育的讨论都陷入了"把教育改革局限于如何重新安排船上的座椅，而不是对轮船的航向进行深思熟虑的讨论"的误区，新一轮本科教育改革的关注点不应仅仅指向大学应该教什么，也要关注大学应该怎么教，还要关注学生应该怎么学、学得怎么样。斯坦福大学提出如下21世纪本科教育目标——

掌握知识：专业教育与通识教育融合，知识的深度与广度融合，包括自然科学、社会科学、文学艺术、分析哲学；

磨炼能力：包括口头表达能力、写作能力、批判性阅读能力、美学与审美能力、形式和定量推理能力、历史思考能力、科学分析能力、创新创造能力；

培养责任感：包括个人和社会责任感，伦理和道德，跨文化、跨种族认同能力，团队协作能力，包容慷慨的品质以及富有同情心；

自适应学习：掌握知识迁移能力，即运用所学知识能力去创建新的连接，解决新问题，应对各种外界挑战和机遇，逐步形成创新思维、创新意识、创新能力和创新习惯，成为创新型人才。

2015年，斯坦福大学又发布了《斯坦福大学2025计划》，值得注意的是，该计划并非出自教育研究者，而是出自斯坦福大学设计学院，该学院以设计思维理论闻名于世，在这一领域享有殿堂级的盛名。《华尔街日报》曾报道，斯坦福大学设计学院的名声早已超过商学院，成为斯坦福大学最受欢迎的学院。该学院倡导的"设计思维"便是以人为中心，致力为未来的问题或事件提供实用和富有创造性的解决办法。因此，《斯坦福大学2025计划》的编写采取了与众不同的方法，改变了以往自上而下的方式，代之以师生为主导。与其说《斯坦福大学2025计划》是一个方案，不如说它是一个对未来大学模式进行畅想的大胆"设计"。其主要内容包括四项核心设计：

"开环大学"（Open-loop University）创新性地解除了入学年龄的限制，延长了学习时间；

"自定节奏的教育"(Paced Education)旨在落实因人而异的培养方案；

"轴翻转"(Axis Flip)在培养模式方面实现以学生的能力和专长为中心，重构校园的组织结构、教学单位，以适应个性化的培养；

"有使命的学习"(Purpose Learning)将颠覆在某一专业取得学位的传统学习目标，而以获得职业胜任力为目标，为职业生涯准备核心才能。

麻省理工学院2014年发布《麻省理工学院教育的未来》，2016年发布《高等教育改革的催化剂》。拉斐尔·莱夫校长指出，高等教育到达了一个转折点，我们必须打造以学生为中心的教育，单个的变革主体是不够的，必须让全体教师、大学的高级管理层、学科和专业负责人、科研团队都参与进来；要让学生学会反思和讨论（与同伴和专家）、形成学科思维、掌握学习和自学的方法。麻省理工学院正在推动教学方法改革，改革传统的课堂教师授课的被动学习，倡导主动学习、探究式学习、项目学习、从做中学、实践学习、问题导向学习、自我学习、同伴互学和团队学习[①]。

"以学生为中心"的意涵

从以上案例中我们可以得到当今世界高等教育领域一个基本的共同点："以教师为中心"和"以学科为中心"的教育教学方式正在被"以学生发展为中心"的理念与实践所取代。新时代的大学将具有个性化、终身化、定制化、自主化等特征，即真正"以学生为中心"开展和实施高等教育。

1. 以学生为中心，意味着一切始于学生的需求

"学习"源自人们对美好生活和未知世界的向往，一切教与学的行为都应该始于学生的需求。正是在探究客观世界的"学习"实践活动中，学习者建构客体与自身的关系，建构未知世界与已知世界之间的关系，也建构知识与自身之间的关系[②]。可以说，学校中的"学习"是一种有意图、有计划、有组织的实践，是一种认知性、文化性的能动活动。我们要明确，学习者是学校的核心参与者，应从学习者需求出发，让教师成为帮助学生成功的"支架"，学生成为"自我调节的学习者"。这就意味着一切监控、评价、优化知识的获得与运用的目的都应源于学习者的需求，也意味着学习者在学习

---

① 吴岩. 新时代高等教育面临新形势［N］. 光明日报，2017-12-19 (13).
② 钟启泉. 协同主导学习建构有效学习环境［N］. 中国教育报，2018-1-17 (5).

过程中应更好地进行调节和适应。

2. 以学生为中心，意味着尊重不同学生的差异

所谓"差异"指的是"学生在探究过程中所采用的方法的多样性"。因此"差异"绝不是什么"偏差"或是课堂教学的"负担"。没有"差异"就没有"对话"；没有"对话"就没有"教学"。差异，不仅是客观存在的，而且是推进课堂教学的正能量。日本教育学者佐藤学教授提出"一切的差异万岁"，寻求把学校与课堂中存在的"竞争与甄别"的体制置换为"共存与共生"的共同体方略，尊重并承认学生的兴趣、爱好、意志、特长等存在着差异性，并从这种差异着手、因势利导、因材施教，促使每个学生在他原有的基础上有差异地发展，在每个人天赋范围内充分发展。大学教学要给学生更多的选择机会，允许每个学生遵从自己的兴趣，发挥自己的特长。通过个性化教学，营造个性发展的环境，激发学生的创造意识。学生按照自己的个性、速度，以适合自己的方式，来展开个人的或集体的探究活动。正如加德纳的多元智能理论所启示的，人与生俱来种种不同的能力倾向，他们借助周遭的环境而形成种种能力、塑造种种个性。重视每个学生的个性特征，最大限度地发挥他们与生俱来的能力倾向，给他们提供文化实践的个性化参与的机会，就能产生各自新的创造性价值。

3. 以学生为中心，意味着始终保持对学生的关注

在设计行业有一个词叫作"利益相关者"（stakeholder），指对某事有兴趣或关心某个问题的人，强调在设计的时候，要知道利益相关者是谁，服务的是哪一部分人的需求，谁对过程有影响，谁是最终受益者，这样才能保证解决方案始终贴近人的需求，不会走偏。长期以来，我们更多时候都聚焦于教师的教，而把学生的学摆在次要的地位，甚至将其置之不理。然而，教的好坏，归根结底是根据学生发生了哪些变化、取得了哪些进步来判断的。教学的目的是满足学生的需求并让他们成为最终的受益者，始终保持对学生的关注并随时进行反馈，就会使教育的各要素和流程始终贴近学生的需要。这正是在斯坦福大学设计学院所倡导的"设计思维"中"原型"（prototype）的重要意义——设计者可以更好地接受来自用户的反馈，便于不断迭代，直至无限贴合用户的期望。

4. 以学生为中心，意味着为学生营造愉悦的体验

千篇一律的课堂、机械刻板的教学所带来的糟糕体验只会让学生感到不快。弗莱雷在其《被压迫者教育学》中有一段批判"存储式教育"（灌输式教育）的精彩论述，揭示了现实中学校教育的病态。他指出，很多学校教育不过是一种存储知识的行为即

"存储式教育"而已,作为存储者的教师一味地向作为"银行"(容器)的学生单向地灌输信息。学生死记硬背的结果是,越是积累了存储知识,作为世界变革者的批判意识越是衰弱。① 学校和教师应该以各种旨在帮助学习的角色出现,诱导学生走进学术世界,提供支架,帮助学生自身或是合作开展探究。学校不应是冷冰冰的物理空间,而应是一个令人向往的、愉悦的、有温度和文化的空间。如果不能缩减学生在校的时间,那就让学习的过程变得更愉悦。

5. 以学生为中心,意味着重建教与学的关系

建构主义学习理论主张"知识不是被动传递,而是主体建构的"。学生是基于自身经验形成个人理解,在能动的行为中建构新的理解,在同环境的交互作用之中进行学习的;知识并不是来自被动接受,而是在同环境中的人与事物进行"对话"与"合作"的过程之中建构起来的。学生是学习的主体,以学生的能动性为核心,关注学生认知的建构,就是"建构式学习观"的核心。而在"存储式教育"中,教师把自己作为学生自由的对立面,教师成为学习过程的主体,学生却成为客体。在新的教与学关系下,教师不能单凭自己的教授,更要聚焦学习过程,唯有学生自身积极地参与学习,才能深入地学习;要帮助学生创设有利于学习的环境,建构连接现实世界和学生已有经验之间的舞台;要促进学生反思,表达自己的知识,分析自身的理论,在提供反思的机会之际,能够更好地进行学习。这样就可以将课堂从"教堂"转变为"学堂"。

6. 以学生为中心,是一种积极有益的回归

不忘初心,方得始终。任何一所学校,其最根本的职能都是"培养人"。高等教育也应回归大学的本质职能,把"培养人"作为根本任务,把人才培养的质量和效果作为检验一切工作的根本标准。教学、科研等都要积极服务于这个中心,高校的办学目标和各类资源都要主动聚焦到这个中心,高校的标准和政策都要充分体现到这个中心。只有回归教育的基本规律,积极推进"回归常识、回归本分、回归初心和回归梦想"的"四个回归",才能广泛凝聚共识、汇聚合力。

回归常识,就是学生要努力地学、科学地学。学习发生在学生身上,学生是学习的主体,学习成效和学生的能动性息息相关,这是最基本的常识。学校的教育教学活动要能够激发学生努力学习的动力和专业志趣,这就要求适当提升大学生的学业挑战度,合理增加课程难度、拓展课程深度、扩大课程的可选择性。要以科学的认知规律

---

① 钟启泉. 走向人性化的课程评价 [J]. 全球教育展望, 2010, 39 (01): 8-14, 20.

指导学生的学习，为个性化学习、探究学习、非正式学习和协同学习创造条件。在信息时代，只有基于"以人为中心，以人为本"，才能促进个性化学习的发展，而只有个性化的学习，才能培养出创新型的人才。

回归本分，就是教师要潜心育人、科学育人。教书是教师的第一工作，上课是第一责任。要引导教师热爱教学、倾心教学、研究教学。高校教师要提升科学教学的能力，善于运用现代信息技术，提升改造学习、改造课堂的能力。要敢于改革传统的教与学形态，高校教师要把育人水平高超、现代技术方法娴熟作为自我素质要求的一把标尺，广泛开展探究式、个性化、参与式教学，推广翻转课堂、混合式教学等新型教学模式，把沉默单向的课堂变成碰撞思想、启迪智慧的互动场所，让学生主动地"坐到前排来、把头抬起来、提出问题来"。

回归初心，就是把"教"和"育"合起来，通过对学生适当的教（长善救失、修道谓教），达到善的目的。因此，在教育中，教是手段，育是目的。以善的目的来规范手段，道德的手段促进"善"的目的达成。"大学之道，在明明德，在亲民，在止于至善。"

回归梦想，就是高等教育要倾力实现教育报国梦、教育强国梦。教育梦是中国梦的重要组成部分。我们要坚定信心，推动高校办学理念创新、组织创新、管理创新和制度创新，全面提升人才培养能力，努力提升我国高等教育综合实力和国际竞争力，加快建设高等教育强国。

三　以信息化破解课堂教学危机

大学课堂教学现状

康德在其《教育学讲义》中说："人唯有凭借教育才能成为人。人绝非人所创造的教育以外的产物。确切地说，人唯有凭借人，亦即唯有凭借同样受过教育的人才可能受教育。"学校教育中的"教"与"学"，通常是以"课堂教学"为核心活动展开的。佐藤学教授也曾说过："课堂改变了，学校才会变。"一个卓越的学校是一定会有优秀的课堂的，课堂是教育的主战场，教育改革只有进入到课堂的层面，才真正进入了深水区，课堂不变,教育就不变,教育不变,学生就不变,课堂是教育发展的核心地带。

然而,目前大学课堂教学的现状是:普遍存在着学生缺乏学习动力、上课迟到早退、玩手机、打游戏等现象;课程内容陈旧、难度低、缺乏挑战性;教学评价方法单一,无须努力便可轻松过关;教师在课堂教学中满堂灌,与学生缺乏交流、互动。吴艳在《大学课堂教学危机研究》一书中对10所大学进行了深入地调查和研究,得到了这样的调查结果:在"一学期你向老师提问了几次"这一问题的回答中,"从来不问"的学生占76.3%,"一次以上五次以下"的学生占15.7%,"五次以上"的学生占8%。另外发现,有86%的大学生基本不提问或者从来不提问,有问题但不想问的学生占43%,感到没有问题可以问的学生占24.3%。中国大学生的质疑能力确实令人担忧,这样的大学课堂教学意义何在?清华大学教授刘西拉曾对一所著名高校的两个工科院系的学生进行调查后发现,从学生对整个教学环节的满意程度来看,对整个教学环节认为"很满意"和"满意"的学生只有5%,认为"不满意"和"很不满意"的学生达53%;在大学苦读几年后,认为"能学到一点点"和"根本学不到"有用东西的学生占79%。上述情况在另外三所高校的专项调查中也有类似显示:认为教学好的只占5%,认为较好和一般的占21%,而认为教学较差的比例却高达74%。这些调查结果说明,目前大学本科教学状况不容乐观,用"课堂教学危机"一词来形容大学课堂教学面临的现状与挑战也不为过。

目前,高等教育的发展已经从以数量为中心进入以提高质量为中心的阶段。2018年6月21日召开的新时代全国高等学校本科教学工作会议更标志着一个时代的结束和另一个时代的开始,重视质量是这个时代的命题。教学质量是影响大学人才培养质量的最主要因素,上述情况必然导致培养出来的学生缺乏问题意识、缺少提问能力,导致和创造力密切相关的批判思维和质疑能力薄弱,这将导致我们无法培养出堪当新时代重任的创新型人才,直接影响国家人才培养的质量[1]。

大学课堂教学危机产生的原因

大学课堂教学危机,是指在大学课堂教学中出现的不正常行为和现象,是大学内外部各种因子使大学教学出现违背人们愿望的不合理现象,从而使大学教学不能可持

---

[1] 吴艳. 大学课堂教学危机研究[M]. 北京:北京大学出版社,2014:134-137.

续发展[①]。

大学课堂教学危机主要表现在教学目标迷失、课程模式单一、教学模式陈腐、教学方法失当、教学内容有失偏颇、学生被动学习、课堂不公平、教师教学水平差异化、师生关系异化等方面，这一切降低了大学课堂的教学质量，影响了大学课堂教学功能的正常有效发挥，让大学课堂教学丧失了应有价值，妨碍了大学培养高级人才目标的落实。

《中国大百科全书》是这样定义教学的：教学是"教师的教与学生的学的共同活动。学生在教师有目的有计划的指导下，积极主动地掌握系统的文化科学基础知识和基本技能，发展能力、增强体质，并形成一定的思想品德"。那么，构成教学的要素又是什么呢？《教育大辞典》把教学的构成要素概括为教师、学生、课程内容和教学手段，认为教师的"教"和学生的"学"相互依赖，以课程内容、教学手段为中介而发生作用。除了教学的四要素说，也有学者提出了包括"教学环境"在内的五要素说。虽然造成目前课堂教学困境的因素是多元的，但我们可以从影响教学构成要素的几个主要角度来分析危机形成的原因。

（一）课程的角度

课程是高校教学的基本单元，是人类文明、科技文化传承与创新的重要载体。目前很多高校的课程目标首先是实现知识的传递，追求知识量的积累、知识内容体系的完整，课时总量多，以专业课教学为主要内容，强调专业课的全面和纵深。各校虽开设了一些提高大学生素质，照顾学生兴趣、特长发展的课程，但是总体上讲还很不够。由现行教学计划与教学大纲组成的课程方案中，课程目标更多表现为重视认知，忽视过程与方法，淡漠情感、态度、价值观。课程实践中重视知识的传授，注重考查学生记忆了多少知识，而很少考查学生形成了哪些能力。许多大学生的课程学习就是在"学—考—忘"中度过的。

教学内容和课程体系直接反映教育目的和培养目标，是提高教育质量的核心环节。课程体系方面的弊端主要是课程体系臃肿、课程组织僵化、课程设置不合理，课程门数及课程教学时数多，致使单门课程内容膨胀，学生学习负担过重，课外学习时间过少；课程体系零碎，课程之间彼此脱节与重复并存，缺乏整体优化和富有灵活性的课程机制，课程设置不合理，课程设置受专业设置的限制，专业过窄，导致课程设置过

[①] 吴艳. 大学课堂教学危机研究［M］. 北京：北京大学出版社，2014：134-137.

窄、过深、单一，必修课过多，选修课过少，学生知识面和视野不宽。这种过窄过深而又单一的课程设置虽然便于管理，却严重忽视了学生个性的发展，造成新培养人才的适应性、变通性较差。课程内容方面的弊端主要是课程内容陈旧，教材质量不高。课程内容未能及时反映当代科技和社会发展要求的新兴学科内容，概念陈旧、知识不新、信息量不足，教师缺乏将科研成果和信息转换为课程内容的能力，不能适应时代发展对人才培养的需要。

课程实施形式是指通过什么步骤和形式去实现学科课程所包含的目标。目前课程实施过程中最突出的问题在于，课程实施手段和形式陈旧，没有以学生的学习和发展为中心开展教学活动，对学生课程学习的过程与方法的关注和指导不足，课程实施过程中没有给学生提供主动参与、自主探究、相互合作的机会。各学校虽然重视信息化推动教学改革，但以慕课与网络课程平台为核心的信息化课程新形态并未成为主流，网络课程在丰富教学资源、重塑教学流程、推动教学模式和教育教学改革等方面的积极作用没有得到充分发挥。

（二）教师的角度

首先，很多高校教师的知识结构不尽合理。格罗斯曼把教师的相关知识分为三种。其一是关于理解学生的知识，包括有关学生的认知与发展过程、每一个学生的特性、学校和班级的状态和学校文化的知识。其二是关于课程的知识，包括学科与课程、教材的知识。其三是关于教学方法的知识，包括学习形态与教学模式、策略与方法的知识，这也被称为实践性知识，是教师通过对自己教育教学经验的反思和提炼所形成的对教育教学的认识，形成具有一般性指导作用的价值取向，并实际指导自己的教育教学行为，教师需要运用这些知识才能开展有效教学。和中小学教师不同，高校教师往往并没有深厚的师范教育背景。在这三方面的知识中，高校教师最为深厚的往往是学科知识，而关于教学方法等"教学实践性知识"相对缺乏，这就使得部分教师对课程教学的实施能力比较弱，教师的课程开发能力、教学设计能力、课堂驾驭能力、课外活动组织能力都有待提高。除外，教师还应该具备较好的语言表达能力、沟通能力，在信息时代，教师应该能够运用现代教学技术，采取更加有效的教学模式变革课堂。

其次，由于很多高校教师教学能力的专门训练不足，讲授法是大学教师在大学教学中最常用的教学方法。以知识灌输为教学目的常常使得教师忽视学生能力、情感和个性的培养。然而，学生是独立的个体，是由见识不一、思想各异、个性有别的个体组成的群体，所以教学中应充分发挥学生的灵性和个性。但在大学课堂中，很多教师更多地侧重讲授法，注重满堂灌，很少运用先进教学模式和多种灵活教学方法，也不注重遵循教育学、心理学的基本规律，使大学课堂没有在思考、讨论和交流中活跃起来。很多教师按部就班、照本宣科，很少开展问题学习，也不重视鼓励学生提问、思考、讨论、合作、交流、反思，没有让更多的学生广泛地参与到教学活动中，引导学生解决问题，调动学生的积极性，培养学生的主动参与意识和主动参与能力①。另外，师生比例严重不对称的状态加剧了问题的严重性。有的教师始终关注的是如何完成教学任务，"目中无人"的满堂灌似乎成了教师完成任务的合理选择。很多学生没有参与到教学互动中去，因此无所事事，课堂秩序差，纪律涣散，玩手机、睡觉甚至无故旷课，而这些又会进一步引起教师厌教、学生厌学，使得本已经非常糟糕的课堂进入恶性循环，严重影响教学质量②。

最后，一些学校在评价教师时，唯学历、唯职称、唯论文，过度强调教师科研成果、期刊论文发表数量等，这样的"指挥棒"是不利于激发教师教书育人积极性的。加之有些教师教学任务重，导致他们只注重书本知识的传授和灌输，不注重对学生思维的开拓、智慧的启迪，在课堂之外也几乎没有时间与学生接触，不愿花力气去研究教学，掌握学生差异，针对学生进行个别教育，因此，通过引进先进教学手段、再造教学流程和变革课堂结构为教师繁重的教学工作减负，让教师把精力更多地投入到教学分析、研究和设计上来，让教师更多地与学生交流互动，激发学生的学习动机，启迪学生的思维智慧，是解决教师职业倦怠和提升教学能力的重要途径。

（三）学生的角度

学习是学生在大学这段人生旅程中最重要的使命。大学生必须知道为什么学习、学习什么，以及怎样学习，才能够主动更新知识，追求更高远的目标。然而当前的一个普遍现象是大学生不会学习、不懂得学习、不努力学习，主要体现为学习目标不明确、学习内容不科学、学习方法不得当和学习评价不准确。

与中学阶段具体的学习目标相比，多数学生进入大学后，学习目标开始变得模糊。刚进入大学，高考的巨大压力自然消解，一下子失去了学习的动力和目的，加之中学的学习方法也失去了用武之地，学习进入了一种"无计划、无目标"状态。由于缺乏正确的学习目标、学习计划与学习动力，又没有掌握正确的学习方法，此时如果没有

---

① 吴艳. 大学课堂教学危机研究[M]. 北京：北京大学出版社，2014：134-137.
② 陈宝生. 在新时代全国高等学校本科教育工作会议上的讲话[J]. 中国高等教育，2018（Z3）：4-10.

正确的引导和要求，一部分学生很容易涣散放松、迷恋游戏，慢慢荒废学业，养成不良习惯，直至影响今后的学习与工作。很多人进入大学对为什么而学习都会心生迟疑，也暴露出选择专业时不明晰的状态。低年级的同学觉得毕业还遥遥无期，学习依然散漫毫无目的，为就业而学习显得有些无力；高年级的同学觉得毕业就在眼前，任何学习都已经富有功利性，大学的大部分时间好像都在荒度，和大家一样考了这个证那个证，或是干脆用"考研"来做目标，没有明确的学习目标，没有必要的生涯规划。

大学是培养高级专门人才的重要场所，所谓"专"即指"专业性"，但同时还具有"高深性"的特性。正如美国著名的高等教育专家亚伯拉罕·弗莱克斯纳所指出的那样，大学教育的"专业性"和"职业性"存在着本质区别，高深学问才是专业的内涵。大学教育如果只是为了让学生找到一份好工作，且课程设置也是以此为基点的话，便失去了专业含义中学问的高深性，大学也就不成为专业教育，而成为职业教育。失去了高深性的学习内容是不能培养广阔的学术视野、积极的学习思维和严谨的学习态度的，学生学习的视野和难度难免被局限在一份好工作所要求的知识和技能上。

约翰·杜威曾指出，教学活动并不是一个简单划一的"告诉"和"被告诉"的活动，而是一个教师和学生主动参与和积极共建的活动。只有调动起学生学习的主动性，才能使教学发挥有效的作用。大学课堂本应是一个激起大脑风暴的地方，本应是一个激发灵感、碰撞思维的宝地，但是它常常沉寂得令人可怕，这种普遍的沉闷气氛令人担忧。大学课堂中如果只有教师才是主角，学生缺乏积极主动参与课堂教学的时间和空间，学生就只能成为沉默的观众。学生没有选择学习内容、方式、方法，自主进行学习评价的机会，而且只能唯师是听，丝毫没有研究、探索、质疑和提问的时间与空间，不敢、不会也不想提问，问题意识得不到发展，学生个体思维的反思性、深刻性、延展性也就难以具体体现。学生完全被视为存储正确答案的容器，其带来的只能是自主性的丧失、成功感的虚无和灵性的泯灭。学生被动学习的方式严重违背现代教育教学规律，是阻碍学生发展的重要因素。

传统教育中对学习成果的评价一般只重视终结性评价，忽视过程性评价和形成性评价，评价的范围基本是书本知识，评价的形式也以考试为主，这就导致了大学生往往以应试为主要学习策略。这样的学习方法是不能激发学生积极探索、解决问题、提出困惑和创造性实践的，相反可能阻碍创新思维和实践能力的培养。学习目标变得"短视"，学习只是为了追求高分，只关注教师在课堂中所传授的知识，考前花很多时间和精力来记忆知识，却并不注重对知识本身的理解、提炼和内化，一般很少主动了解问题，更不会探究知识给自身带来的潜在变化，就不会主动运用所学来思考问题、分析问题，更不会在学习的过程中主动发现问题、提出问题了。《斯坦福大学本科生教育研究》提出了评价学生的四个目标：学生拥有的知识、磨砺技能和能力、培养个人和社会责任感、适应性学习，认为应以学生发展为中心，围绕这 4 个方面来搜集证据，从多个角度、以多种形式全面评价学生的学习质量，并据此改进教学策略，提高教学质量。

（四）教学模式和手段的角度

很长时期以来，我国课堂受苏联教育家伊·安凯洛夫教育思想影响很大。虽然安凯洛夫教学理论早在 20 世纪 50 年代末就遭到苏联教育界的抛弃，但给我国带来了持续影响，导致我国的课堂教学带上了强烈的灌输色彩[①]。"存储式教育"使得课堂被简化为教师以特定学科内容为媒介，引导学生掌握一定知识、技能的活动。这其实是抹杀了教学活动的复杂性。我国有的大学教学模式和教学手段实际上是非常陈旧的，以教师为中心、教科书为中心、课堂为中心的教学情景在我们的大学教学中仍随处可见，但在欧美国家却早已进入"博物馆"了。探究式、个性化、参与式、混合式教学以及翻转课堂等新型教学模式在我国的大学教学过程中很少得到运用，即便是在互联网已经相当普及的今天，信息化教学手段、网络教学平台、数字化教学资源等依然没有和教育教学形成深度融合。

以信息化推进高校教学改革

教学是由教师、学生、课程、教学模式和手段等要素构建起来的一个多维立体的有机系统。目前的"教学危机"困境究其原因主要产生于各要素以及各要素之间的结构关系。要破解这一难题就必须逐一解决这些问题。对于课程而言，要构建以学生发展为中心的动态课程生态系统，要适应时代发展的需要；对于教学模式和手段而言，要彻底摒弃灌输式的课堂教学模式，采用合作、探究、问题教学、翻转课堂等效率高、效果好的新型教学模式；对于教师而言，要重建师生学习关系，打破一言堂的教学禁锢，改变传统课堂教学结构，善用先进的教学模式手段；对于学生而言，要有更多不受时间、地点限制的学习机会，更好的个性化学习体验，促进学生更想学习、更会学

---

① 钟启泉. 课堂转型：静悄悄的革命[J]. 上海教育科研，2009（03）：4-6，57.

习和更加有效地学习；对于教学评价而言，必须改变现有的终结性静态评价方式，通过学习活动生成形成性数据，为有效教学提供更加精准和科学的反馈，彻底清除"一考定乾坤"和"考试放水"等严重影响教学质量的落后的评价方式。

  做到以上这些改变，看似顺理成章，而且学习理论的发展早已让人们意识到教学应当从"知识传递"向"知识建构"转型，教学结构也应该从"以老师为中心"向"以学生为中心"转变，教学信息的流向也应该从"教师的单向灌输"向"师生的双向互动"转移，然而事实上要做到这些又是非常不容易的，它们在我国高等教育领域也没有成为主流。究其原因，除了各种教育思想的影响和教学各要素需要综合治理，还有一个重要原因，即高等教育领域课程生态系统、先进的教学模式、灵活的教学策略、个性化的学习支持以及精准化的教学评价是传统教学环境、教育技术和手段难以支撑的。正是这个原因导致了"行动"与"认识"的相对滞后。然而信息技术的高速发展为这些问题的解决提供了新思路、新方法和新机遇，世界各国高等教育界均不约而同地注意到了信息技术在重塑高等教育中的作用。美国于 1996 年、2000 年、2004 年、2010 年、2016 年先后颁布了五个《国家教育技术计划》（National Educational Technology Plan，NETP）。作为美国最重要的教育技术发展政策性文件，《国家教育技术计划》为美国各州教育提供了共同的学习愿景和计划，2017 年发布的《美国高等教育国家教育技术计划》（Higher Education National Educational Technology Plan，HENETP）以 2016 年《国家教育技术计划》的五个部分——学习、教学、领导力、评价和基础设施所述的原则为基础，在高等教育的特殊背景下对其进行了分析，指出了美国高等教育信息化发展方向[①]。我国"十二五""十三五"期间，高等教育信息化建设取得了突飞猛进的发展，2018 年发布的《教育信息化 2.0 行动计划》和《关于加快建设高水平本科教育　全面提高人才培养能力的意见》（简称新时代高教 40 条）均要求高校要将现代信息技术深度融入教育教学，打造智慧学习环境，探索实施智能化的精准教育，提升教学效果，培养学生智能时代核心竞争力。信息技术变革给我们带来了难得的历史性机遇，我们已经充分认识到了"互联网＋"催生了一种新的教育生产力，打破了传统教育的时空界限和学校围墙，引发了教育教学模式的革命性变化。"互联网＋教育"正在成为世界各国争夺下一轮高等教育改革发展主导权、话语权的重要阵

---

① 叶小敏. 重塑技术在高等教育中的作用——《美国高等教育国家教育技术计划》解读与启示［J］. 商丘师范学院学报，2019，35（02）：93－98.

地和焦点领域,在这方面我国与世界高等教育强国在起步阶段就站在同一条起跑线上,只要我们积极主动作为,就可以破解制约高校人才培养能力的难题,推动实现高等教育质量的"变轨超车"①。

面对这一历史性机遇,教育工作者应当描绘一幅"以学生发展为中心、以育人目标为导向、以教育信息化为重要特征的高等教育生态系统"蓝图。它将以课堂、教师、学生和评价为基础,设计相应行动愿景。

(一)课堂:赋新

众所周知,学校最主要的职能是教育教学,而教育教学的主阵地就是课堂,因此"课堂教学"就是"学校教育"的核心内容,并且我们可以由此得出一个结论:"学校教育系统结构性变革"的确切内涵,就是要实现"课堂教学结构的根本变革"②。这里所说的"根本变革"正可以用"革命"二字替换,那么最终的结论便是:"课堂革命"是"学校教育系统结构性变革"的基本方略。2017年9月8日,陈宝生在《人民日报》撰文指出,要"掀起'课堂革命',努力培养学生的创新精神和实践能力"③。其真正找到了教育改革的核心地带。

1962年,美国科学哲学家托马斯·塞缪尔·库恩在《科学革命的结构》一书中认为,只有当一个新范式取代老范式的时候才能称之为革命。因此"课堂革命"的关键就在于必须以"新的课堂教学范式"取代"陈旧的课堂教学范式",而不是在传统教学流程和结构不变的情况下单纯地嫁接一些教育技术手段,这样简单的"加法",其结果一是并没有新的范式产生,二是会让低效的传统教学效率更加低下,让信息技术沦为教师和学生的负担,这也正是近些年部分学校信息化教育教学改革推进举步维艰的一个重要原因。

课堂赋新,是指通过信息技术与教学深度融合,改变传统课堂教学结构,实现新的教学范式,这里的"新"指"新范式"。只有新范式才能改变传统课堂教学结构,重新定义课堂中各要素之间的关系,实现以学生为中心,切实提高课堂教学成效,提高人才培养质量。

---

① 白艳宇. 岗位驱动式应用技术型网络工程专业人才培养方向研究[J]. 电脑知识与技术,2018,14(25):133−135.
② 何克抗. 论教育信息化发展的新阶段[M]. 北京:北京师范大学出版社,2016:134−137.
③ 陈宝生. 努力办好人民满意的教育[N]. 人民日报. 2017−9−8(7).

（二）学习：赋权

学习赋权，是指学生在学校的各种学习环境中应当拥有参与学习体验的权利，为最终成为主动的、有创造力的、知识渊博的全球网络化社会的参与者做好准备。因为学生不仅是学习的中心，更是学习的参与者和创造者，他们有自由选择学习的权利，别人无法代替他们学习。学习得以发生的关键在于赋权，在学习过程中只有赋予学生相应的权利（如自由选择、自由决策），学生才会真正地参与学习活动，并自主建构自己的知识网络体系[①]。

在信息技术支持下，教师通过赋权促进学生主动参与学习活动，进行有效的学习，实现教育的真正变革。通过网络教学平台及资源可以实现个性化的学习或体验；通过智慧课堂可以实现基于合作以及项目化的学习，激发学习者的学习动机和兴趣；通过仿真及虚拟现实技术使复杂的概念和内容可视化；慕课则提供了超越课堂学习的机会，帮助学习者追求个人的学习目标；学生在更广义的技术赋权支持下学习，缩小信息技术鸿沟，做到终身学习。借助信息技术的全力支撑，构建各种优良学习情境，能更好地激发学生的潜能，促使学生全面参与学习活动，最终为实现学生的按需学习和个性化学习提供可能。

信息技术赋权学习正在改变着传统的学习模式、学习方法、学习空间等，使随时随地学习、公平教育以及个性化学习成为可能，并使学生获得学习的主动权、自由权，可真正实现学生的主体性和自由性。

（三）教师：赋能

关于教师赋能，2017年的《美国高等教育国家教育技术计划》是这样描述的：让技术为教师提供支持，将其与人、数据、内容、资源、专业知识和学习经验进行有效连接，从而为所有学习者提供更有效的教学体验。教师的工作是"教"，其本质在于"学"。新时代的教师必须通过创造性地提升日常的教学实践，成为"学的专家"，实现自己承担的教育使命。利用信息技术赋能，教师可以让教学设计充满想象力，并拥有更多的方法与手段，展现出参与程度更高、学习体验更好的教学策略，促进学生实现学习目标；教师可以为学习活动引入基于大数据等新技术的评估方法，记录学生的学习过程，利用分析结果帮助学生解决学习中出现的问题。

---

① 李克琳，许之民. 赋权视角下的技术变革学习——美国国家教育技术计划2017更新版之"学习"部分述评[J]. 现代教育技术，2018，28（03）：26-32.

基于智慧课堂，在课堂中建立起新型的师生互动、生生互动和组间互动的合作关系，教师和学生成为共同学习者、探索者和知识的共创者。智慧化教学手段为教学提供有效的情境并激发起学生的好奇心及解决问题的意识。富媒体的交互方式使学生的思维可视化，生成性教学得以灵活开展。教学流程再造和课堂结构变革使得教师走出了枯燥和劳累的传统教学范式，实现教师的减负增效。而"减负增效"是互联网思维的一条重要逻辑，这一逻辑在淘宝、微信等"互联网+"最成功的领域等到了充分的体现。信息时代的"减负增效"意味着可持续发展，也意味着出现蝴蝶效应的可能。因此，要想在教师中快速且可持续地推进"课堂革命"，通过信息技术实现教师的"减负增效"才是关键。

信息技术还可以通过记录和分析教师的教学行为，帮助教师进行教学反思，使教师更加明白如何实现学习过程中每一个阶段的学习目标。借助数据长期的积累，使教育经验可视化，教师加速提炼和形成"实践性知识"，促进教师的专业发展。通过视频公开课、社交媒体等工具，形成"教师专业学习共同体"，让开放课堂与世界各地的同行实现互联，拓展教师的视野并为教师创造更多的学习机会。例如国际教育资源网（International Education and Resource Network，IEARN）为全球的教师提供了互动社区，促进了全球范围内的协同教学。截至2017年1月，IEARN已经拥有超过五万名的教师用户，通过互联网，提高了他们教育教学的全球性参与度。

（四）评价：赋准

众所周知，目前大学生没有全力以赴的一个重要原因是"水课"和"清考"现象，当前的评价体系对大学生既缺少激励也缺少约束。陈宝生在新时代全国高等学校本科教育工作会议上的讲话中指出："要改变考试评价方式，严格过程考评，通过鼓励学生选学辅修专业、参加行业考试等，让学生把更多的时间花在读书上，实现更加有效的学习。要严把出口关，改变学生轻轻松松就能毕业的情况，真正把内涵建设、质量提升体现在每一个学生的学习成果上。"评价手段落后是目前教学评价没有形成科学完善的诊断性评价、形成性评价和终结性评价体系的一个主要原因。

充分利用信息技术，挖掘数据价值，提升教学质量，已成为目前的共识。数据技术的不断进步，将进一步推进诊断性评价、形成性评价和终结性评价，以形成多元动态的评价体系，提升学习评价的效果，同时科学的评价也能够反馈学生需要的指导和帮助。通过改进教育数据系统，学校可以利用大数据，提高教育资源的质量和利用效益，通过信息技术与教学全流程的融合，在形成性评价和终结性评价过程中收集大量数据，这些数据可以用来分析每个学生的学习需求和认知特点，并以此为依据建立个性化的数字学习体验。教师可以使用这些数据反思教学、改进课程，为教学干预和决策提供有效信息①。

信息化教学评价技术可以以更多元的形式帮助我们进行教学评价，通过在线考试、网络阅卷等技术可以大幅降低教师工作强度；仿真实验、人工智能、虚拟现实等技术则可以在模拟环境中训练学生解决真实环境中各类问题的能力；数据采集、挖掘和大数据分析等技术则可以对考试难以评价的非认知能力、非常规情况下的问题应对、学习动机、学习心态等复杂能力进行评价；特别是在智慧课堂中嵌入学习过程的评价，可针对学习中碰到的困难提供诊断和支持，通过个性化的反馈来应对学习挑战，并对以上各种评价提供数据来源。可见，信息化支撑下的教学评价改革必将是今后各高校确保教学质量、提高人才培养能力的一个重要着力点。

课堂赋新、学习赋权、教师赋能和评价赋准这四个方面，瞄准了教学的几个关键要素，变革课堂教学结构，以学生为中心，科学合理地利用信息技术来提高教学效率，改善教学体验。通过信息技术使学生获得更多的学习选择权、主动权，让个性化学习成为可能。钟启泉教授曾说："课堂不变，教师不会变，教师不变，学校不会变。"教师是确保人才培养质量的关键，通过赋能让教师创造性地开展教学实践，而信息化教学评价将真正把内涵建设、质量提升体现在每一个学生的学习成果上。

高等学校在为基础设施提供有力保障的前提下，以落实"四赋"为关键的智慧教育、智能学习将成为教育发展的中心点和主旋律。智慧教育和智能学习的发展，需要教育领域各层面的参与和努力，以共同破解制约中国大学发展的"教学危机"。

四　高校教育信息化推进的有效路径

高等学校推进教育信息化的必然性

信息时代的到来，给社会各个领域都带来了巨大的冲击。实现高等教育信息化具

---

① 陈松云，何高大. 新技术推动下的学习愿景和作用——2017《美国国家教育技术计划》及启示［J］. 远程教育杂志，2017，35（06）：21—30.

有重大的时代意义。世界主要发达国家均深刻认识到信息技术对促进高等教育变革、提高高等教育质量及提升国家综合竞争力的重要作用和战略意义,加大了高校信息化建设的力度。我国在 1997 年首次召开了全国信息化工作会议;2000 年 10 月把信息化提到了国家战略的高度;2006 年 3 月发布《2006—2020 年国家信息化发展战略》,将加快教育科研信息化步伐作为推进信息化战略的重点部分,要求"提升基础教育、高等教育和职业教育信息化水平";2010 年 7 月发布《国家中长期教育改革和发展规划纲要》,要求"加快教育信息基础设施建设,加强优质教育资源开发与应用,构建国家教育管理信息系统";2012 年 3 月发布了《教育信息化十年发展规划(2011—2020 年)》,对我国高校未来十年的发展提出了更具方向性的目标、思路、任务和措施;2016 年 6 月,教育部印发《教育信息化"十三五"规划》,设定了教育信息化建设详细的发展目标及主要任务;2018 年 4 月发布了《教育信息化 2.0 行动计划》,吹响了教育信息化转段升级的号角,提出"为我国抢占下一轮国际高等教育改革发展的制高点、实现中国高等教育质量的'变轨超车'下好'先手棋',努力为世界创建中国模式,提供中国方案",到 2022 年要通过"百区千校万课引领行动",推出 3000 门国家精品在线开放课程,建设 7000 门国家级线上线下精品课,建设 1 万门省级线上线下精品课,即"双万计划",充分发挥示范课例的辐射效能;2019 年 2 月,《中国教育现代化 2035》发布,将加快信息化时代教育变革作为十大战略任务之一。我国高校信息化建设起步较晚,但是近十多年在国家高度重视下取得了突飞猛进的成绩,这有望成为我国高等教育"变轨超车"的重要转折点,为世界高等教育提供中国方案、创建中国模式。

(一)教育信息化转段升级的必然要求

教育信息化作为教育现代化的基本内涵和显著特征,被列入教育现代化的战略任务。《教育信息化 2.0 行动计划》坚持"育人为本、融合创新、系统推进、引领发展"的基本原则,明确了到 2022 年基本实现"三全两高一大"的发展目标,即教学应用覆盖全体教师、学习应用覆盖全体适龄学生、数字校园建设覆盖全体学校,提高信息化应用水平、提高师生信息素养,建设"互联网+教育"的大平台。新时期的教育信息化,正在从强化建设普及的 1.0 阶段迈向融合创新的 2.0 阶段。全面提升教育信息化发展水平,将使中国教育信息化步入世界先进行列,发挥全球引领作用,以教育信息化全面推动教育现代化,开启智能时代教育的新征程①。

(二) 高等教育改革发展的必然路径

党的十九大报告明确提出,要加快一流大学和一流学科建设,实现高等教育内涵式发展。推动新时代高等教育更高质量的改革,要把推动高等教育内涵式发展作为建设教育强国的重要任务,更新人才培养模式。通过"互联网+"条件下的人才培养新模式和实现个性化学习的新型教学组织方式,引导和激励教师创新教育教学方法,应对育人新情况,打造"金课",杜绝"水课"。高等教育信息化的转段升级也将产生教育服务新模式和教育治理新模式,帮助高等学校适应国家和区域经济社会发展需要,培养高素质创新型全面发展人才。

(三) 增强人才培养能力的必然选择

建设教育强国是实现中华民族伟大复兴的基础工程。高等教育是国家发展水平和发展潜力的重要标志。建设社会主义现代化强国,实现中华民族伟大复兴,其对高等教育的需要、对科学知识和优秀人才的需要将比以往任何时候都更为迫切。提高人才培养能力,必须提高学校信息资源的掌控和利用能力,因为信息技术应用能力日益成为影响高校竞争力的重要因素。人工智能、大数据应用和智慧校园建设的深入,要求高校信息化不再基于单一的应用,而是越来越以数据为中心,以师生的成长为中心,以信息技术与教育教学深度融合为中心,来重构管理信息系统和教学信息系统。这将极大地提高人才培养的效率、效果和效益。

(四) 全面实现高等教育现代化的必然保障

"加快信息化时代教育变革"是《教育现代化2035》提出的十大战略任务中的一项重要任务。其明确提出建设智能化校园,统筹建设一体化智能化教学、管理与服务平台;利用现代技术加快推动人才培养模式改革,实现规模化教育与个性化培养的有机结合;创新教育服务业态,建立数字教育资源共建共享机制,完善利益分配机制、知识产权保护制度和新型教育服务监管制度;推进教育治理方式变革,加快形成现代化的教育管理与监测体系,推进管理精准化和决策科学化②,以教育信息化全面推动高等教育现代化。教育信息化是教育现代化的基本内涵和显著特征,是信息时代高等

---

① 教育部. 教育部发布《教育信息化2.0行动计划》[EB/OL]. (2018-4-20) [2019-3-23]. http://edu.china.com.cn/2018-04/20/content_50922481.htm.
② 佚名. 中共中央、国务院印发《中国教育现代化2035》[EB/OL]. (2019-2-23) [2019-3-23]. http://www.xinhuanet.com/politics/2019-02/23/c_1124154392.htm.

教育改革发展的必由之路，发挥着不可替代的关键作用，已经成为促进教育公平、提高教育质量、推动教育改革的有力抓手和有效手段。

教育信息化推进的目标路径

（一）高校教学信息化深度应用存在的问题

在高等教育信息化转段升级发展的新形势下，我国高等教育在新时代有着目标更高、任务更硬、需求更迫切的新使命[①]。然而，教育信息化 1.0 阶段普遍存在的"重建设轻应用""重管理轻教学""重技术轻服务""重硬件轻软件"等现象使得近年来推动信息技术与教育创新融合面临重重困难。信息技术与教育教学融合程度不够，网络学习资源不足，资源适应性不强，应用水平不高等现实问题普遍存在，导致信息技术不能有效支撑教育教学改革、效益和绩效不高等问题日益凸显。这也使得高等学校信息化管理部门渐渐远离了教育教学改革的主战场，逐渐被边缘化。

高校如何牢牢抓住全面提高人才培养能力这个核心点，以"互联网+"为新动能，从组织、政策、环境、资源、能力、应用等维度构建全方位、一体化的高校教学信息化推进新模式，实现高等教育"变轨超车"和跨越式发展，显得尤为重要和迫切[②]。

（二）高等教育信息化推进的目标路径

"为什么计算机改变了几乎所有领域，却唯独对学校教育的影响小得令人吃惊！"这就是著名的"乔布斯之问"。自 20 世纪 90 年代开始，国际上曾有许多专家学者对"信息技术在教育领域应用成效不显著"的问题进行过研究、探讨，但都没有得到令人信服的结论。直到 2010 年前后，美国学者在研究对比了企业等信息化应用较为成功的组织后才最终揭示出问题的根源，教育部门可以从企业组织学习的经验是：如果想要看到教育生产力的显著提高，就需要进行由技术支持的重大结构性变革（Fundamental Structural Changes），而不是渐进式的修修补补（Evolutionary Tinkering）。2010 年美国发布的《国家教育技术计划》进一步解释为：教育系统没有实现由信息技术支持的重大结构性变革，只是将信息技术应用于改进教学手段、方法这类"渐进式的修修补补"上，或者是只关注了如何用技术去改善"教与学环境"或"教与学方式"，总之，

[①] 吴岩. 一流本科、一流专业、一流人才 [J]. 中国大学教学，2017（11）：4—12，17.
[②] 吴岩. 一流本科、一流专业、一流人才 [J]. 中国大学教学，2017（11）：4—12，27.

都没有触及教育系统的结构性变革。这也正是我国《教育信息化十年发展规划（2011—2020 年)》提出信息技术应与教育"深度融合"的全新观念与做法的原因。我们必须找到一种新的能实现教育信息化目标的有效途径与方法，以解决长期以来信息技术在教育领域的应用一直成效不显著（即信息技术对教育发展未能产生"革命性影响"）的问题[①]。"深度融合"理念和传统做法的根本区别就在于"深度融合"要求实现教育教学系统的结构性变革，因此，要把握信息技术与教育教学"深度融合"的内涵及其实施，必须紧紧抓住"结构性变革"的要素和内涵及其贯彻实施的基本思路和举措。通过对教育的结构性要素进行分析，我们可以将信息技术与教学环境融合、与课程生态融合、与课堂教学融合、与学生成长融合、与教学评价融合、与教师发展融合、与教学管理融合这"七大融合"作为高等教育信息化推进的目标路径。

1. 信息技术与教学环境融合，推进智慧环境建设

加强智慧校园建设，在硬件环境方面，学校为教师信息化教学应用与创新提供新型信息化环境，以新一代网络技术为基础让工作、学习和生活形成一体化环境，将教学、科研、管理和校园生活进行充分融合，为无处不在的网络学习、融合创新的网络科研、透明高效的校务治理、丰富多彩的校园文化、方便周到的校园生活提供支撑。通过技术与教育的深度融合，最优化地提升学生的学习、生活质量和教师的教学、生活质量，构建师生全面发展的智慧化成长环境[②]。大数据和学习分析技术为构建智慧学习环境提供了重要的技术支持，是实现个性化、差异化教学的关键。智慧教室将具有开放性、交互性、灵活性、人性化设计、舒适、灵活等特点，课堂拥有即时互动反馈系统、伴随性评价、大数据、人工智能等学科交互性的认知工具与技术，日常教学工作形态将全面智慧化，课堂将有效支撑各类高阶教学模式。

2. 信息技术与课程生态融合，推进网络课程建设

互联网时代知识的存在与获取方式已经发生了根本的变化，人类的认知越来越多地体现为"分布式"和"人机一体"的认知方式。加拿大学者乔治·西蒙斯在《联通主义：数字时代的学习理论》一文中系统提出了"联通主义"的思想，指出学习不再是一个人的活动，学习是连接专门节点和信息源的过程。由于知识不断增长进化，获得所需知识的途径比学习者当前掌握的知识更重要。知识发展越快，个体就越不可能

---

① 何克抗. 让信息技术对教育发展真正产生革命性影响——实现信息技术与教育的"深度融合"[J]. 教育信息技术，2014（01）：3—8.
② 余胜泉，王阿习. "互联网+教育"的变革路径[J]. 中国电化教育，2016（10）：1—9.

占有所有的知识。因此，教育要使得学生适应和驾驭海量的信息与知识，课程作为教育活动的核心载体，必须要从"传授知识为主"向"培养学习与应用能力为主"转变。信息时代赋予人类的"信息型的认识结构"，使得原有的"静态""匀速""平行"的课程生态系统无法满足信息时代学生"动态""差异""交叉"的知识获取需要。为开展在线开放课程（Massive Open Online Course，即 MOOC，也称"慕课"）建设，学校应该在政策、资金和技术上给予大力支持，使 MOOC 成为学校课程的重要组成部分，推进课程结构、课程形态、课程实施、课程评价变革，形成线上线下一体化、课内课外相融通的动态课程生态系统，满足学生个性化学习的需要。

3. 信息技术与课堂教学融合，推进教学模式变革

加强智慧课堂教学、翻转课堂、项目化和研究型教学模式创新，信息技术与课堂教学深度融合的关键在于课堂教学的结构性变革，即教学活动要从关注"教"向促进"学"转变。教师的角色需要从知识传授者转变为依据学生个人特质做知识提供及辅助者，教师要成为学生主动建构意义的帮助者、促进者，课堂教学的组织者、帮助者，而不是知识灌输者[1]。通过将信息技术有效地融合于各学科的教学过程来营造一种信息化教学环境，实现一种既能发挥教师主导作用又能充分体现学生主体地位的以"自主、探究、合作"为特征的教与学方式，从而把学生的主动性、积极性、创造性较充分地发挥出来，使传统的以教师为中心的课堂教学结构发生根本性变革。广泛开展探究式、个性化、参与式教学，推广翻转课堂、混合式教学等新型教学模式，把沉默单向的课堂变成碰撞思想、启迪智慧的互动场所。

4. 信息技术与学生成长融合，推进学习方式变革

大力推广"人人皆学、处处能学、时时可学"的网络学习平台，落实与混合式教学模式相适应的教学管理方式。推广应用创新的学习方式，如自适应学习、协作学习、社会化学习、游戏化学习、泛在学习等。学习不仅发生在教室，还应该发生在学校的任何地方[2]。信息时代人们以一种技术化的认知方式进行学习，这种基本的思维方式是"人机一体"的认知方式，这种思维会导致学生的学习行为变化，导致学习方式的革新。通过网络教学平台及资源可以实现个性化的学习或体验，正式学习与非正式学习正在互补与融合；通过智慧课堂可以实现基于合作以及项目化的学习，刺激学习者

---

[1] 余胜泉，王阿习． "互联网＋教育"的变革路径 [J]． 中国电化教育，2016（10）：1-9．
[2] 余胜泉，王阿习． "互联网＋教育"的变革路径 [J]． 中国电化教育，2016（10）：1-9．

的学习动机和兴趣；通过仿真及虚拟现实技术使复杂的概念和内容可视化；"慕课"则提供了超越课堂学习的机会，帮助学习者追求个人的学习目标；学生在更广义的技术赋权支持下学习，缩小信息技术鸿沟，实现全面成长和发展。

5. 信息技术与教学评价融合，推进评价模式变革

大力开展信息化教学评价建设，瞄准培养质量补齐这一普遍存在的教学短板。造成"水课"和"清考"现象的一个非常重要的原因就是落后的评价体系对大学生既缺少激励也缺少约束。以往的教学评价多建立在单一的评价依据上，现代大学教育价值趋于多元，教学评价方式面临全面转换的现实需要。大数据、人工智能等新一代的信息技术将会发挥重要变革作用，评价依据上从"经验主义"走向"数据主义"，推进智慧教育能够让嵌入学习过程的伴随式评价成为可能，学生在课前、课中、课后以及小组合作中的表现和成果均可以被记录和评价，学生的每一次进步也能够被肯定，这为多元化教学评价带来可能，促使教学评价在评价过程、评价主体、评价内容甚至评价非知识性能力等方面实现变革。评价的主体要从单一的教师变为师生共同参与，甚至学生家长和社会其他人员都可以加入，使评价更客观、更全面。

要推进评价从关注成绩到关注学生，促进学生发展，让信息技术实现因人而异的适应性评价。评价后即时提供个性化、可视化的反馈将是教学评价现代化重要的发展方向。

6. 信息技术与教师发展融合，推进教师能力提升

学校通过教学发展中心和教育技术培训中心，以教师专业发展和信息化能力提升为目标，建构"高校教师信息化教学能力培养模型"和相应进阶式培养体系。信息技术与教育教学的深度融合使教师的能力结构、工作形态和教师专业发展方式都发生了巨大的变化。一方面是对教师的信息化教学能力提出了迫切需要，信息化教学能力是教师恰当地运用信息技术对教学过程和教学资源进行设计、开发、实施、管理和评价的能力，是以提高教学质量与效率为目的，开展教学改革与创新的新型教学能力。信息化教学能力关系到教育信息化的贯彻和落实，关系到教师自身的职业发展并最终指向学生的发展。教师信息化教学能力是推动信息技术与教育融合创新发展的关键性因素。另一方面，和传统教师专业发展相比，教育信息化背景下的教师专业发展的方式不再有时间与空间的限制，可以充分利用互联网组建教师专业学习共同体开展教学研究活动，加速教师自身的发展。信息检索、表达展示、实践反思、探究教学、教学评价、思维汇聚、网络教学、资源管理等各种创新性的信息化教学工具正在改变着教师

的行为。以信息化为突破口,以智慧教育教学改革为手段,全面理解教育信息化理念,提高教师信息素养,提升教师信息化教学能力,成为适应信息化教育发展的必然需求①。

7. 信息技术与教学管理融合,推进学校治理能力的提升

学校应从战略高度认识信息化对高等教育的革命性影响,理顺信息化机制体制,强化机构职能转变,提高信息化领导力。有的高校信息化组织机构因机制体制问题,如信息化机构存在多头管理、信息化的教学应用内涵和机制被忽视、信息化规划存在局限性和执行滞后性等问题,制约了信息化深入发展。因此,要树立组织机构是支撑的科学观念,健全优化组织机构,在学校组织层面提高信息化领导力,强化支持服务管理,促进学校组织变革;体制机制上要保障教育信息化基础设施、信息资源、政策制度的建设;设立专门机构负责全校教育信息化统筹规划、项目评审、实施指导等工作,构建统一领导、归口管理、分级负责的管理机制,形成管理部门强力推、教学部门主动用、技术部门支撑服务的"三位一体"协同工作的格局。

信息时代的教育管理将开启"智慧管理"模式。物联网技术能够提升教育环境与教学活动的感知性,大数据技术能够提高教育管理、决策与评价的智慧性,泛在网络技术能够增强跨组织边界的大规模社会化协同,云计算技术能够拓展教育资源与教育服务的共享性。在"数据驱动学校,技术变革教育"的时代,利用技术进行教育教学管理显得尤为重要。运用信息技术手段推进教育教学管理向教育治理转化,可以实现办学管理的信息化、监测评价的精准化、宏观决策的科学化,形成科学有效的现代化学校管理体系。

---

① 唐瓷,周鑫燚,任迎虹. 中小学教师信息化教学能力校本培训模式建构与思考[J]. 中小学教师培训,2019(01):20—22.

第二章
智慧课堂与"课堂教学革命"

智慧教育是信息时代我国教育发展的必然选择和重要趋势,是破解教育发展难题的创新举措。当前,我国教育信息化水平的显著提升、各种智慧技术的逐步成熟、教育信息化经费的持续增加以及良好教育信息化政策环境的逐步建立,为发展智慧教育提供了强有力的支持[①]。

---

① 杨现民. 信息时代智慧教育的内涵与特征 [J]. 中国教育信息化,2014(1):29—34.

一 智慧教育：教育信息化建设的新阶段

智慧教育是在新一代信息技术支持下，更进一步实现教育结构性变革的必然阶段，是教育信息化的高级发展阶段，是教育信息化发展的新境界、新诉求[①]和教育现代化发展的重要体现。在《教育信息化2.0行动计划》中，"智慧教育创新发展行动"要求以人工智能、大数据、物联网等新兴技术为基础，依托各类智能设备及网络，积极开展智慧教育创新研究和示范，推动新技术支持下教育的模式变革和生态重构[②]。

智慧教育的产生与发展

（一）智慧教育产生于人们对美好教育的向往

《辞海》中"智"指聪明、智慧、智谋，通"知"，即知道。"慧"指智慧、聪明、狡黠。"智慧"主要是指人对事物能认识、辨析、判断处理和发明创造的能力，犹言才智、智谋。自古以来，智慧一直是人类的价值追求。智慧意味着更渊博的知识、更明智的判断、更有效的实践和更美满的生活。

因此，智慧便成了教育永恒的向往。英国哲学家怀特海认为教育的主题是生活，教育的目的是开启学生的智慧[③]。美国著名心理学家斯腾伯格认为教育应教会学生智慧地思考和解决问题，教会学生如何平衡人际关系以及人与环境之间的利益，培养学生的社会责任意识[④]。历史上有许多哲学家和教育家如苏格拉底、培根、夸美纽斯、洛克、斯宾塞、巴格莱、赫钦斯、维果茨基等，都主张教育的主要功能在于促进人的认知能力和理智的良好发展。教育的美好向往就是全面提升受教育者的智慧，从这一视角出发，智慧教育是从人的主体性、人的智慧的完整性和丰富性出发，强调人的智

---

① 祝智庭，贺斌. 智慧教育：教育信息化的新境界 [J]. 电化教育研究，2012 (12)：5—13.
② 教育部. 关于印发《教育信息化2.0行动计划》的通知 [EB/OL]. (2018-4-18) [2019-3-23]. http://www.moe.gov.cn/srcsite/A16/s3342/201804/t20180425_334188.html.
③ 廖晓翔. 智慧教育：怀特海教育思想解读 [J]. 教育导刊，2004 (5)：50—52.
④ 钱学敏. 略论复杂系统与大成智慧 [J]. 系统辩证学学报，2005 (4)：30—35.

慧教育是理性智慧、价值智慧和实践智慧三者有机统一的教育①。智慧教育是让受教育者建构智慧体系的教育方式，其教育宗旨在于引导受教育者发现自己的智慧，协助受教育者发展自己的智慧，指导受教育者应用自己的智慧，培养受教育者创造自己的智慧②。

1997年，我国杰出的科学家钱学森先生提出了"大成智慧学"，其核心思想主要包括：倡导打通学科界限，重视通才培养；掌握人类知识体系；实现人机结合，优势互补；培养高尚的道德情操③。钱老为"大成智慧学"所取的英译名称为"Science of Wisdom in Cyberspace"，其中"Cyberspace"的含义是"网络交互信息空间"，可见钱老已经意识到信息化对智慧教育发展将要起到的关键作用。"大成智慧"教育的宗旨是为国家培养创新型的卓越人才，其对今天担负着民族复兴大任的高教事业的建设和发展，也具有很强的现实指导意义。

可见，智慧教育的概念早已有之，绝不是信息时代才出现的，它是人们对美好教育的向往，而且一直在路上。

（二）智慧教育成熟于新一代信息技术的赋能

信息技术对"智慧教育"赋能最具影响力的事件是国际商业机器公司（International Business Machines Corporation，IBM）智慧地球战略的实施。2008年，IBM总裁彭明盛在《智慧地球：下一代领导议程》（*A Smarter Planet: the Next Leadership Agenda*）发言稿中首次提出"智慧地球"概念。IBM对"智慧地球"的愿景是：借助物联网、移动通信、大数据等新一代信息技术的支持，让地球上的一切事物实现可感知、可互联和智能化（Instrumented, interconnected and infused with intelligence）。在新一代技术的支持下，地球的"神经系统"将使世界变得更小、更扁平、更开放、更智能④。

之后，"智慧地球"的理念很快渗透到各个领域，智慧城市、智慧医疗、智慧交通、智慧农业等新的概念不断出现，智慧教育也不例外。IBM提出了智慧教育的五大路标：学生的技术沉浸；个性化、多元化的学习路径；服务型经济的知识技能；系统、

---

① 靖国平. 从狭义智慧教育到广义智慧教育 [J]. 河北师范大学学报（教育科学版），2003 (5)：48—53.
② 祝智庭，贺斌. 智慧教育：教育信息化的新境界 [J]. 电化教育研究，2012 (12)：5—13.
③ 余华东. 集大成，得智慧——试析钱学森的大成智慧学和大成智慧教育思想 [J]. 太原师范学院学报（社会科学版），2008，7 (2)：1—4.
④ 许晔，孟弘，程家瑜，等. IBM"智慧地球"战略与我国的对策 [J]. 新华文摘. 2010，(12)：123—125.

文化和资源的全球整合以及教育在 21 世纪经济中的关键作用[①]。IBM 为智慧教育开发了系列解决方案，由数据采集、管理与分析，学习体验和教学制度优化三部分组成。IBM 智慧教育解决方案已经在全球众多高校得到实施，技术的赋能让广泛地采用"智慧"手段、大批地培养"智慧"学生成为可能。当前，世界范围内的教育信息化建设开始走向融合创新的深层次发展阶段，推进教育系统重构、加速学校变革、打造开放性学习环境已成为全球教育信息化发展的基本特征。在物联网、云计算、大数据、移动通信等新一代信息技术的推动下，世界上多个国家和地区已将智慧教育作为其未来教育发展的重大战略，从数字教育转向智慧教育已是全球教育发展的必然趋势[②]。以新加坡 iN2015 计划中的实施智慧教育计划为例，该计划的战略重点，一是建立以学习者为中心的个性化学习空间，二是建设国家范围的教育基础设施，三是使新加坡成为全球教育领域使用信息技术的创新中心。其中一个项目提出建设一个打破课内课外界限的以学习者为中心的交互式学习环境，包括三部分内容：

（1）iACCESS——为学习者的学习提供随时随地的信息接入。

（2）iLEARN——为学习者提供交互式数字学习资源。

（3）iEXPERIENCE——为学习者提供交互式智能学习应用以满足不同学习方式的需求。[③]

可见，该计划的核心是泛在学习、数字资源和个性化学习，其只有在信息技术赋能下才具备现实可行的意义，也只有通过信息技术才能够实现教育系统重构。信息技术已经成为智慧教育最主要的内涵和特征，人们对智慧教育的向往在信息技术时代走向了成熟、走向了普及；与此同时，信息技术也因为"智慧教育"而深入到了教育教学的核心要素与结构之中，促使教育信息化从"多媒体"阶段发展到"深度融合"阶段，让智慧教育成为教育信息化的新阶段。

---

① Jim Rudd et al. Education for a Smarter Planet：The Future of Learning ［EB/OL］．（2009－09－10）［2009－09－17］．http://www.redbooks.ibm.com/redpapers/pdfs/redp4564.pdf.

② 杨现民，刘雍潜，钟晓流，等．我国智慧教育发展战略与路径选择［J］．现代教育技术，2014，（1）：12－18.

③ 孙杰贤．新加坡"iN2015"计划完全解读［J］．通讯世界．2007，（7）：50－53.

智慧教育的概念及内涵

（一）智慧教育的概念

通过前面的分析我们可以看到，当前的智慧教育概念是随着信息技术的发展及其与教育教学不断融合逐步发展起来的。

祝智庭教授把智慧教育概念定义为：通过构建技术融合的生态化学习环境，通过培植人机协同的数据智慧、教学智慧与文化智慧，本着"精准、个性、优化、协同、思维、创造"的原则，让教师能够施展高成效的教学方法，让学习者能够获得适宜的个性化学习服务和美好的发展体验，使其由不能变为可能，由小能变为大能，从而培养具有良好的人格品性、较强的行动能力、较好的思维品质、较深的创造潜能的人才[①]。

这个定义包含了四重内涵：

（1）以技术为环境。无论是今天的信息技术，还是今后有可能带来巨大变革的人工智能、大数据技术，都是通过构建技术融合的生态化学习环境来为智慧教育提供环境基础的，并在人机协调环境中实现数据智慧、教学智慧和文化智慧。

（2）以变革为原则。智慧教育所追求的教育理想在传统教育生态基础上是难以实现的，"精准、个性、优化、协同、思维、创造"的原则的实质，就是在宏观上要进行教育生态重构，在中观上要进行学校教育系统再造，在微观上要实现课堂教学结构变革。只有结构性变革才能对教育产生革命性影响[②]。

（3）以融合为路径。智慧教育通过信息技术与教育教学的融合创新，营造信息化教学环境，实现新型教与学方式，变革课堂的结构，最终支持教师利用信息技术开展教学创新，支持学生个性化学习探索。

（4）以智慧为目标。智慧教育的目的是培养具有良好的人格品性、行动能力、思维品质和创造潜能的人，通过"智慧"的教与学，提升自身的"智慧"，既是智慧教育的出发点，也是智慧教育的终极目标。

[①] 祝智庭，贺斌. 智慧教育：教育信息化的新境界［J］. 电化教育研究，2012（12）：5-13.
[②] 何克抗. 论教育信息化发展新阶段［M］. 北京：北京师范大学出版社，2016：131-137.

（二）智慧教育内涵的辨析

1. 智慧教育的"目标论"和"手段论"

随着智慧教育逐步成为促进我国教育发展的一项重要工作，智慧教育受到了前所未有的重视，并很快掀起了智慧教育建设的热潮。自上而下的智慧教育示范区建设、智慧学校建设、智慧课堂建设成为教育信息化推进工作的热点。信息技术企业也迅速推出了各种各样的智慧教育产品和解决方案。但是，对智慧教育概念和内涵理解的偏差，导致了建设目标严重偏离智慧教育的宗旨，非但没有产生预期的效果，反而让智慧教育走了弯路。对智慧教育认识的偏差主要是由"目标论"和"手段论"两种片面观点造成的。

目标论片面强调智慧教育的本质是塑造学生智慧的思维品质、实践能力和创新思维，强调无论什么样的手段均可以达到这样的目标，甚至不惜回到"灌输式"教学模式，认为"智慧"的目标没有达成，是因为"灌输"得还不够"智慧"。这种认识最大的问题在于没有认识到"教学的结构性变革"才是破解制约学生发展和提升人才培养能力的关键，而"教学的结构性变革"是需要信息技术与教育教学的深度融合的。

手段论是目前很多企业推进这项工作的最大误区。手段论一味强调和渲染信息技术的先进性，而对教育教学的原理、策略和方法缺少研究和分析，多数都是将已有的技术生硬地与教育教学嫁接，根本上难以满足教育教学的需要，导致大量解决方案成为"见光死"，完全经不起教学实践的检验，难寻成功的案例。同时，很多学校陷入了技术手段的盲目建设和攀比之中，并乐此不疲，建设的成果对教育教学没起到任何的支撑作用，学校付出的是"走弯路"的沉痛代价。这些学校在教育信息化高速推进的过程中，既忘记了为什么出发，也忘记了要到哪里去。

这两种片面的认识都是不对的，高远的目标需要有效的手段来实现，高精尖的技术也是为了实现目标而存在的。必须全面把握和认识智慧教育的内涵，才能将这场变革引向深入。

2. 智慧教育和智慧校园

在当前智慧教育领域，智慧校园经常被提及。智慧校园建设已经成为教育信息化建设的热点领域。从概念的内涵上看，智慧校园是智慧教育的一部分，祝智庭教授在《智慧教育：教育信息化的新境界》中分析了智慧教育的要素，认为智慧教育是以智慧学习环境为技术支撑，通过构建智慧学习环境（Smart Learning Environments），运用智慧教学法（Smart Pedagogy），促进学习者进行智慧学习（Smart Learning）的教育[①]。智慧校园是智慧学习环境的具体表现形式，其目标和智慧教育是一致的，即通过构建智慧的环境促进教与学。

智慧校园的设计与建设应避免"手段论"，即一味强调物联网、虚拟化、AR/VR、大数据、云计算、人工智能等前沿技术的集成，忽视构建智慧学习环境这一根本。智慧校园必须具备以下三个核心特征：一是从师生或者管理者的角色出发，提供一个全面基于智慧感知的环境与综合信息服务平台；二是从互联网信息服务出发，打造融合校园各个子应用及服务领域的互联合作整体校园信息与数据服务平台；三是通过智慧感知环境与数据信息服务，提供校园与外部空间的泛在、互动接口。智慧校园是目前绝大部分学校在智慧教育上探索的最为具体的实体化工程，而在智慧校园的基础上，更包括了智慧教室、校园网、安防、教务系统等诸多的子应用系统，共同营造智慧教育环境。

3. 智慧教育与教育信息化 2.0

2018 年 4 月 13 日教育部发布的《教育信息化 2.0 行动计划》，是我国教育信息化分步升级的一项重要举措，开启了我国加快教育现代化、建设教育强国的新阶段。《教育信息化 2.0 行动计划》聚焦新时代对人才培养的新需求，将教育信息化作为教育系统性变革的内生变量，支撑引领教育现代化发展，推动教育理念更新、模式变革、体系重构。智慧教育为教育信息化注入的新理念、新手段必然使教育信息化走向一个新的发展阶段，是教育信息化转段升级和创新发展的有效路径。

智慧教育已成为《教育信息化 2.0 行动计划》推进过程中的重要内容和工作任务。《教育信息化 2.0 行动计划》提出了"智慧教育创新发展行动"，要求以人工智能、大数据、物联网等新兴技术为基础，依托各类智能设备及网络，积极开展智慧教育创新研究和示范，推动新技术支持下教育的模式变革和生态重构[②]。这将为智慧教育提供难得的发展机遇和环境。智慧教育的持续发展也将进一步推动《教育信息化 2.0 行动计划》战略目标的实现。

[①] 祝智庭，贺斌. 智慧教育：教育信息化的新境界［J］. 电化教育研究，2012（12）：5-13.
[②] 教育部. 关于印发《教育信息化 2.0 行动计划》的通知［EB/OL］.（2018-4-18）［2019-3-23］. http://www.moe.gov.cn/srcsite/A16/s3342/201804/t20180425_334188.html.

高校发展智慧教育的战略意义

我国高等教育已经步入了一个全新的发展时期，人才培养进入了提高质量的升级期、变轨超车的机遇期和改革创新的攻坚期。智慧教育在破解传统教育难题和支撑教育系统结构性变革方面发挥着关键作用，已成为国际社会的共识。在新时代，面对国家发展和民族复兴的迫切需求、未来世界发展带来的巨大挑战、知识获取和传授方式的革命性变化，我国发展智慧教育具有重大战略意义。

1. 破解我国高等教育发展难题，推动高等教育全面改革

目前，我国高等教育还不能完全适应新时代国家经济社会发展和民族复兴的迫切要求，存在一系列发展难题：办学治校的理念相对落后，教学模式和方法创新不足，人才培养能力不足；课程内容陈旧，滞后于时代变革；区域之间、学校之间教育发展不均衡；办学规模快速扩张导致本科教学质量下滑，学生高阶思维、创新精神和实践能力不足；校园安全事件频发等等。智慧教育通过创新应用信息技术，提升教育系统运行的智慧化水平，有助于破解教育发展难题，从而形成突破点，带动整个教育系统的全面改革①。

2. 实现高等教育"变轨超车"，抢占世界高等教育制高点

我国的信息化发展水平已处于世界前列，"互联网+"在我国多个领域产生了革命性影响，也产生了巨大的效益。"互联网+"也必将催生新的教育生产力，打破传统教育的时空界限，引发教育教学模式的革命性变化。"互联网+教育"正在成为世界各国争夺下一轮高等教育改革发展主导权、话语权的重要阵地和焦点领域，在这方面我国与世界高等教育强国在起步阶段就站在同一条起跑线上②。我们须重塑教育教学形态，打造智慧学习环境，将现代信息技术深度融入教育教学，开展课堂教学创新，提升教师教学能力，为学生提供更多个性化学习的资源，提高评价的准确性和适配性，培养学生在新时代的核心竞争力；牢牢抓住信息技术变革带来的历史性机遇，加快提高我国高校人才培养的整体水平，推动实现高等教育质量的"变轨超车"。中国要强盛、要复

---

① 杨现民，刘雍潜，钟晓流，等. 我国智慧教育发展战略与路径选择［J］. 现代教育技术，2014（1）：12-18.
② 教育部. 新时代全国高等学校本科教育工作会议召开［EB/OL］.（2018-6-21）［2019-3-23］. http://www.moe.gov.cn/jyb_xwfb/gzdt_gzdt/moe_1485/201806/t20180621-340586.html..

兴，要成为世界主要科学中心和创新高地，首先必须成为世界主要高等教育中心和创新人才培养高地①。

3. 加快构建"四化三学"新格局，服务于学习型社会建设

2015年，习近平总书记在致国际教育信息化大会发来的贺信中提出了"构建网络化、数字化、个性化、终身化的教育体系，建设'人人皆学、处处能学、时时可学'的学习型社会"的主张。智慧教育不应仅限于大学围墙之内，可以为所有人提供优质的、个性化的教育服务；通过"慕课"平台为更多人提供更多接受高等教育的机会，破解区域之间、学校之间、人群之间优质教学资源不平衡、受教育机会不均等的问题；让更多人能享受到名师、名课资源，实现"人人皆学、处处能学、时时可学"的泛在教育，构建现代教育体系，促进终身学习体系的实现。智慧教育将大大加快我国学习型社会建设的步伐。

二 智慧课堂

智慧教育与智慧课堂

与智慧教育概念产生和发展的过程类似，智慧课堂这一概念的产生起始于对传统知识传授型课堂的反思和对以开发学生智慧为目标的新型课堂的追求，国内专家学者在这一目标下形成了不少研究成果。随着信息技术的日臻成熟以及与教育教学融合创新的不断深入，基于信息技术的智慧化学习环境成为"智慧课堂"的基本内涵和重要特征，逐渐形成了"智慧课堂"的理念、技术和应用体系。因此，智慧教育和智慧课堂的概念内涵具有同源性。

智慧教育的内涵在于以技术为支撑，通过构建技术融合的生态化学习环境来为智慧教育提供环境基础；以变革为原则，在宏观上要进行教育生态重构，在中观上要进行学校教育系统再造，在微观上要实现课堂教学结构变革。何克抗教授在《论教育信

---

① 教育部. 新时代全国高等学校本科教育工作会议召开 [EB/OL]. (2018-6-21) [2019-3-23]. http://www.moe.gov.cn/jyb_xwfb/gzdt_gzdt/moe_1485/201806/t20180621-340586.html.

息化发展新阶段》中对"教育系统结构性变革"进行了分析,认为"教育系统的结构性变革"的主体是"学校系统的结构性变革",由于课堂教学又是学校教育的主阵地和核心内容,所以"学校系统的结构性变革"的确切内涵就是"课堂教学的结构性变革"[①]。由此可见,智慧课堂是智慧教育内涵的微观呈现形式,是智慧教育技术融合环境的重要组成基础。智慧课堂也同样是以融合为路径,通过信息化教学环境,实现新型教与学的方式,支持教师利用信息技术开展教学创新,支持学生个性化学习探索,最终实现与智慧教育共同的目标:通过"智慧"的教与学,提升学习者的"智慧"。

智慧课堂的基本概念

(一)智慧课堂的定义

本书的目标就是通过聚焦智慧教育中的主战场——智慧课堂,探讨智慧教学法,帮助广大教师实现智慧教育的方法创新。智慧课堂在技术层面是通过新一代信息技术如物联网、云计算、移动互联网等技术对教育信息进行互动、感知、识别、捕获、汇聚、分析,进而辅助实现智能化的教育管理与决策;在教育层面是通过教师、学生、教学内容和教学环境的结构性变革,实现课堂教学模式、策略和方法的创新,支持学生个性化的学习探究,促进教师的教学智慧,促使学生形成智慧能力。

因此,智慧课堂的定义是:在新兴信息技术的支持下,通过课程生态重建、课堂结构变革和教学流程再造,构建精准化、智能化、个性化、协作化和动态化的课堂学习环境,适配以建构主义学习理论为基础的高阶课堂教学模式,有效促进师生智慧能力的形成。

(二)智慧课堂概念的内涵

智慧课堂的概念来源于智慧教育概念的延伸,完备于大数据、互联网等新兴信息技术的赋能,聚焦于教育教学中人才培养能力提升,根植于先进学习理论的成果,具有丰富的内涵和特色。

1. 新兴信息技术是智慧课堂构建的环境基础

构建技术融合的生态化学习环境是智慧课堂的环境基础,并在网络技术、数据技术和交互技术等新兴信息技术的支持下,实现人机协调环境中的数据智慧、教学智慧

---

① 何克抗. 论教育信息化发展新阶段 [M]. 北京:北京师范大学出版社,2016:131-137.

和文化智慧，构建精准化、智能化、个性化、协作化和动态化的课堂学习环境。智慧课堂的技术环境特征还包括：实时、便利的教学资源获取及课堂生成性资源的捕获和存储；对课堂教学状态信息进行跟踪、反馈和分析，辅助教学决策，实现外科手术般的精准教学；实现自然、高效、常态化的合作学习，激发学生兴趣，提高学习效果；自主学习真正成为学生的主要学习方式，学生基于个性化需求开展个性化学习，教学方式呈现为类似大批量生产的低成本、高质量和高效率提供定制服务的"大规模定制"（Mass Customization，MC）；教与学的时空界限将被彻底打破，实现线上线下一体化、课内课外一体化等。

2. 建构主义学习理论是智慧课堂的构建依据

教学思想或学习理论会直接影响教学活动基本结构框架和活动程序，并从教学模式中得到具体体现。因此，智慧课堂的构建必然会以某种学习理论作为其设计的基本依据，反映这一学习理论所揭示的规律。建构主义学习理论是互联网时代的核心教育理论，为智慧课堂的构建奠定了坚实的理论基础。建构主义学习理论"以学生为中心"的核心思想要求智慧教室必须能够适配合作学习、项目化学习等多种高阶教学模式，并能赋予学生更多个性化学习的机会，激发学生的学习兴趣，促进学习者主动建构知识意义。

3. "课堂教学革命"是智慧课堂的关键目标[①]

"课堂教学革命"是当前高等教育教学改革的一个基本目标，美国科学哲学家托马斯·塞缪尔·库恩在其著作《科学革命的结构》中揭示了"革命"的本质是要实现新旧范式的更迭，并非"修修补补"[②]。要实现"课堂教学革命"就必须以新型教学范式取代传统教学范式。智慧课堂的目标绝不是让传统"灌输式"的课堂更加高效，而是通过信息技术实现传统课堂教学中难以实现的课程生态重建、课堂结构变革和教学流程再造，从而建立新型教学范式，这正是实现"课堂教学革命"的标志和特征，因此智慧课堂的关键目标就是使"课堂教学革命"成为现实。

4. 促进师生智慧发展是智慧课堂的核心宗旨

对学习者而言，智慧课堂"以学生为中心"的课堂教学结构使得学生的"学"成为课堂的核心；精准化、智能化的教学数据分析和互动反馈确保了学习活动更符合学

---

① 教育部. 教育部关于加快建设高水平本科教育全面提高人才培养能力的意见［EB/OL］.（2018-10-08）［2019-03-23］. http://www.moe.gov.cn/srcsite/A08/s7056/201810/t20181017_351887.html.
② 库恩. 科学革命的结构［M］. 金吾伦，胡新和，译. 北京：北京大学出版社，2003：5-7，11-19.

生的认知需要；翻转课堂、合作学习等高阶教学模式不仅仅以知识的传授为目的，更注重培养学生的自主探索、高阶思维、深度理解、批判精神和团队协作能力，从而形成学生的理性智慧、价值智慧和实践智慧。

对教师而言，智慧课堂能够让教师更加机智、精准地驾驭课堂，并实现教学的"减负增效"。教师根据教学中的伴随性数据的采集、反馈与分析，及时应对课堂教学中的新情况，及时调整教学策略，优化教学进程，这使得生成性教学成为智慧课堂的一个重要特征，体现了智慧课堂中教师的教学智慧和艺术。智慧课堂还能够促进教师互动交流，形成"教师专业学习共同体"，及时开展教学反思，改进教学活动，形成"教学智慧"。

大学智慧课堂的构建是实现智慧教育、建设智慧校园的核心组成部分，也是智慧教育环境下的一种新诉求，智慧教育要通过构建智慧课堂来完成技术与教育的融合创新，从而培养学生的智慧能力。虽然我国近些年不断在教育教学方面进行改革，但是教育创新作为教育的根本问题仍然存在，信息技术的介入并没有消除课堂中存在的最本质的问题，课堂形式仍以"知识课堂"和"计划课堂"为主，在此背景下智慧课堂的构建显得尤为重要。

智慧课堂的主要优势

相对于传统课堂，智慧课堂具有以下七个方面的优势：

（一）以学生为中心的课堂结构

与传统课堂以教师为中心的教学方式不同，智慧课堂使学生的主体地位和作用发挥成为现实，教师在智慧教学环境中多采用协作式、个别化、小组讨论等教学形式开展教学。学生的主动性、积极性得到发挥，学生由知识灌输对象转变为知识信息加工的主体，成为知识意义的主动构建者；教师由知识灌输者转变为学生主动意义构建的帮助者、促进者。教材不再仅仅是传授的内容，而成为学生主动学习建构的对象；教学媒体也不再仅仅是帮助教师传授知识的手段和方法，而成为学生的认知工具。在这种情况下，教师、学生、教材、教学媒体所形成的要素关系结构与传统课堂的教学结构模式截然不同。

（二）开放多元的教学流程再造

智慧课堂是一个多元开放的教学系统，突破了时空限制，形成了线上线下多元一体和课内课外相融通的开放式教学流程。在多元开放的教学环境中,学生将拥有更多选择的权利,为学生激发潜能、开发智慧提供了有利条件。课前,在线上网络学习平台,教师引导学生对学习内容进行前置学习,积极主动地检索资料、探讨研究,教师通过检测和学习数据分析,充分了解学情;课中,通过协作式、研究型、项目化的教学模式引导学生发现问题、表达观点、展开讨论、寻求真知;课后,通过线上辅导、检测和精准答疑,真正做到因材施教。线上线下一体化和课内课外相融通的翻转课堂模式是智慧教室的重要特征。

(三)高效互动反馈与数据化教学决策

教学中的教学互动不仅能够彰显学生的主体地位,而且对学生的多维素质发展具有重要价值,是现代教学的基本理念之一[①]。智慧课堂利用现代信息技术,让师生、生生及小组间的互动交流与反馈更加高效、即时、方便和精准。互动中,媒体交互、动态学习数据分析让学生的思维可视化,学习者潜在的学习需求被暴露出来,数据化教学决策让教师可以更科学地选择教学策略,开展生成性教学。与传统课堂相比,智慧课堂的教学互动更加轻便、高效和精准,即时高效的课堂互动反馈方式让智慧课堂更加生动、主动和灵动。

(四)促进合作探究的教学模式

合作学习(Team based learning,TBL)、项目化学习(Project based learning,PBL)、探究式教学、参与式教学等高阶教学模式不是因智慧课堂的出现而出现的。国外大学开展合作学习已有近百年的历史。但实践表明,落后的教育技术会使得先进的教学模式的成效大打折扣。因此,利用信息技术让协作式、研究型、项目化的教学模式更加有效,已经成了国际高等教育领域的共识。"课堂教学革命"是智慧课堂的关键目标,智慧课堂的目标绝不是让传统灌输式的课堂更加高效,而是通过智慧课堂中的平台软件与智能终端提供的高效分组交流互动、数据分析反馈和智能化教学支架等实现"课堂用、普遍用、经常用"的新型教学范式。

(五)规模与个性兼顾的个性化教学

传统课堂始终存在这样一个矛盾,就是大班批量化的教学很难兼顾每个学生的个体差异,教学中的各要素也只能适应批量化教学的需要,课程是静态匀速推进的,课堂也是整齐划一的。因此,以学生为中心和个性化教学的先进理念的作用发挥始终受

---

① 祝智庭,彭红超,雷云鹤. 解读教育数据智慧[J]. 开放教育研究,2017(5):21-29.

限。在智慧课堂环境下，方便的教学反馈和分析能够准确把握每个学习者的个别化学习需求，教学系统有针对性地制订学习方案和支持策略，推荐个性化的学习资料；网络教学平台中的微课、慕课等动态课程资源赋予学生主动探究和个性化学习的权利。由此，按需学习不再是一个梦想，批量教学和个性化学习之间、规模效益与个性发展之间的难题最终得到破解。

（六）让课堂灵动开放的生成性教学

冯喜英教授认为，生成性教学是指教师以科学的教学观和学生观为指导，在弹性预设的前提下，在教学的展开过程中，充分利用各种课程资源，由教师和学生根据不同的教学境域，灵活地进行教学活动[①]。生成性教学是教学改革的一种全新理念，其关注具体的、动态的、开放的教学过程和课堂教学中师生的交流与合作。生成性教学的关键在于教师能够及时把握学生的动态学习需求和思维发展状态，而在传统课堂中学生完全是处于封闭状态的，课堂只能按照教师的预设稳步推进，学生的思维怠滞，既没有精彩也没有意外。智慧课堂中丰富的互动交流反馈、媒体情境、教学数据分析等手段为教学生成提供了丰富的来源，让体现"高超教学艺术"的生成性教学不再神秘。

（七）数据为实证化教研导航

智慧课堂可以通过生成课堂数据报告的方式对动态教学数据进行分析和记录，教师的教学反思和教研活动从依赖教师的教学经验转向依赖对海量教学数据的分析。一方面，挖掘历史数据，通过数据可视化技术精准地反映教学真实情况并发现最有价值的教学策略和方法，教研从"经验"走向了"实证"；另一方面，实时数据的多元化采集，实现动态教学数据的分析和评价，提供对学习和教学的形成性评价和诊断性评价，教研从"偶然"走向了"常态"。

三 课堂革命的结构与意涵

2017年9月，陈宝生在《人民日报》撰文就努力办好人民满意的教育做了深入阐释。他强调教育要坚持内涵发展，加快教育由量的增长向质的提升转变；把质量作为教

---

① 冯喜英. 生成性教学及其实践诉求[J]. 教育导刊, 2010 (7): 16-19.

育的生命线，坚持回归常识、回归本分、回归初心、回归梦想；深化基础教育人才培养模式改革，掀起"课堂革命"，努力培养学生的创新精神和实践能力[1]。2018年10月教育部印发的"新时代高教40条"指出，办好我国高校，办出世界一流大学，人才培养是本，本科教育是根。建设高等教育强国必须坚持"以本为本"，加快建设高水平本科教育，培养大批有理想、有本领、有担当的高素质专门人才，为全面建成小康社会、基本实现社会主义现代化、建成社会主义现代化强国提供强大的人才支撑和智力支持。其中第十一条明确指出要"推动课堂教学革命。以学生发展为中心，通过教学改革促进学习革命，积极推广小班化教学、混合式教学、翻转课堂，大力推进智慧教室建设，构建线上线下相结合的教学模式"[2]。可以说，"课堂革命"的号角正式在高等教育领域吹响。

课堂革命概念的发展

随着工业化社会的逐渐式微和知识社会的兴起，沿袭近代工业文明的"灌输式"教学渐渐向体现人本主义教育哲学的"对话式"教学转变。但随着时间的消逝，这种转变并没有如人们想象的那样在渐进中完成。传统教学作为一种由教育哲学、理论框架和模式方法构成的体系，虽然越来越不适应21世纪带来的挑战，但它呈现出了出人意料的稳定性。随着传统"灌输式"教学产生的"异常"越来越多、越来越频繁，人们对传统教学的教育哲学、理论框架和模式方法的信心动摇了，这也迫使人们开始采用"革命"的方式，加速抛弃旧范式，建立新范式。佐藤学教授在其著作《静悄悄的革命》中强调，这场"静悄悄的革命是从一个个教室里萌生出来的，是植根于下层的民主主义的、以学校和社区为基地而进行的革命，是支持每个学生的多元化个性的革命，是促进教师的自主性和创造性的革命"。2009年，钟启泉教授在《课堂转型：静悄悄的革命》一文中结合我国实际，总结了课堂转型的世界图像，解读了课堂转型的教育哲学，并从教育哲学的角度出发提出了行动指南[3]。2017年，陈宝生面对新时代对人才的迫切需要，进一步强调要通过"课堂革命"培养中国学生的创新精神和实践

---

[1] 教育部. 新时代全国高等学校本科教育工作会议召开［EB/OL］.（2018-6-21）［2019-3-23］. http://www.moe.gov.cn/s78/A08/moe_745/201806/t20180621_340586.html.

[2] 教育部. 新时代全国高等学校本科教育工作会议召开［EB/OL］.（2018-6-21）［2019-3-23］. http://www.moe.gov.cn/s78/A08/moe_745/201806/t20180621_340586.html.

[3] 钟启泉. 课堂转型：静悄悄的革命［J］. 上海教育科研，2009（3）：4-6.

能力，强调课堂是教育的主战场，课堂一端连接学生，另一端连接着民族的未来，课堂不变，教育就不变，教育不变，学生就不变，课堂是教育发展的核心地带。只有抓住课堂这个核心地带，教育才能真正发展[①]。2018年，"课堂教学革命"的提法进入国家正式文件，成为对所有高等学校的一个共同要求。

至此，"课堂革命"成为终结传统"灌输式"课堂、提高高校人才培养能力、引领课堂教学转型的一面旗帜。

课堂革命是课堂教学的范式革命

（一）课堂革命和课堂改革

如果要想深入领会"课堂革命"的意涵，"课堂革命"和"课堂改革"这两个词的比较是无法避免的。首先，"课堂改革"一词较为常见，无论是基础教育的"新课程改革"还是高等教育的"课堂教学改革"都已经被广为接受。而"课堂革命"一词则是在2017年之后才逐渐被重视起来的。其次，"课堂革命"和"课堂改革"从字面词义上也有一定的区别，"改革"一般指包括政治、社会、文化、经济、宗教等各种组织做出的改良革新，相较于"革命"强调推翻原有系统以达成改变现状的目的，"改革"是指在现有的体制之内实行变革。那么是不是这两个词之间的差别就是意涵程度上的区别呢？"课堂革命"较"课堂改革"的词义是不是更强烈一些呢？是不是认为"课堂改革"再深入一些就可以叫作"课堂革命"了呢？最后一个问题是目前在理解"课堂革命"这一概念时最为常见的误区。

"革命"一词最早见于《周易·革卦·彖传》。"天地革而四时成，汤武革命，顺乎天而应乎人。"革命的本义是改朝换代。在西方，从古希腊的柏拉图、亚里士多德到当代美国的萨缪尔·亨廷顿，先后有不少思想家、政治学家和社会学家从不同的角度阐释了"革命"，但基本都是关于社会意义革命和政治意义革命的阐释，缺少对科学革命的研究。在近现代，由科学革命直接引发的产业革命成为社会发展最主要的动力。

美国科学哲学家托马斯·库恩通过对科学发展历史的研究，在其经典著作《科学革命的结构》一书中全面解读了科学革命的意义和结构，提出了极具影响的"范式"

---

① 佚名. 教育部长陈宝生吹响了"课堂革命"的号角 [EB/OL]. （2017-9-20）[2019-3-23]. https://www.sohu.com/a/193393625_661386.

概念。"范式"是围绕某一学科或专业所具有的共同信念、价值和实践，是用以解决问题的模型框架。库恩认为科学发展并不是积累式的增长，科学革命是新范式替代旧范式的过程，新旧范式之间具有"不可通约性"，即范式之间由于标准不一致、逻辑不相容，因此具有不可比性，即便有些术语部分重叠，其内涵也完全改变[1]。当使用旧范式的观念、理论和方法无法解释或解决已有现象或难题时，就会导致原有范式面临危机，只有改变价值观，转变认识视角与观念，才有可能找到难题的答案或解决方法。而认识的转变也将影响科学共同体对研究目的、方法以及研究范围的设定与选择。因此，范式转换不是渐进性的，而是结构性的革命，这才是科学发展的标志[2]。

从库恩的观点出发，我们就很容易看出"课堂改革"和"课堂革命"是完全不同的两个概念。新旧范式之间具有的"不可通约性"说明，再多的"修修补补"都没有办法引发结构性革命。"革命"就是要抛弃产生问题和危机的旧范式，重建解决问题和适应新情况的新范式。因此，"课堂革命"是一场范式革命。

（二）课堂教学的范式革命

库恩在其随后的论文《再论范式》中认为"范式"一词的含义更接近"科学共同体"。"范式"与共同体相关联，主要原因在于共同体是"范式"存在的核心根基，这个共同体有着同样的价值观、共同认可的理论框架和问题解决模式方法，共同体成员是在"范式"的制约下进行实践，而不是随心所欲地创造和创新，这种约束作用使得"范式"具有极强的韧性和相对的稳定性[3]。

英国学者玛格丽特·玛斯特曼将库恩的范式归纳为相互联系的三个层次：一是哲学层面形而上学的范式，指科学家所共有的信念；二是社会学范式，指科学家普遍认可的学术研究的理论框架；三是人工范式，指实践活动的解决方法和模型[4]。这让库恩范式具备了结构化概念体系，便于更加深入地分析范式革命的结构。

最早将"范式"概念引入教育领域的学者是美国学者盖奇。他在1963年出版的《教学研究手册》一书中大量运用了范式研究的方法。李爽、林均芬将教学范式定义为特定时期教学研究与实践共同体在教学本体论、认识论和方法论基础上所形成的关于

---

[1] 库恩. 科学革命的结构 [M]. 金吾伦, 胡新和, 译. 北京：北京大学出版社, 2003：5-7, 11-19.
[2] 库恩. 科学革命的结构 [M]. 金吾伦, 胡新和, 译. 北京：北京大学出版社, 2003：5-7, 11-19.
[3] 库恩. 科学革命的结构 [M]. 金吾伦, 胡新和, 译. 北京：北京大学出版社, 2003：5-7, 11-19.
[4] 何菊玲, 栗洪武. 教师教育范式：结构与内涵——基于库恩范式理论的解读 [J]. 教育研究, 2008（4）：83-88.

教学的基本信念、理论体系、研究方法、教学政策和实践模式、方法与策略等①。

根据玛格丽特·玛斯特曼的范式结构层次说,课堂教学范式包括三个层次的范式:一是哲学范式,即教学共同体在一定价值观基础上形成的关于课堂教学本质和教育哲学基本问题的共同信念;二是社会学范式,即在共同信念指导下形成的课堂教学理论、研究方法等;三是人工范式,即在共同信念和理论指导下的具体教学实践策略、方法与模式。

课堂教学范式作为一种共同信念、理论、模式、策略和方法已被共同体成员所广泛接受,作为一种实践已被共同体成员广泛运用,它具有极强的韧性和相对的稳定性,当它遇到困境和不符合"范式"要求的反常时,它会自动调整,化解反常②。但随着环境的变迁、需求的更迭,"范式"面临的困境和反常会越来越多,也越来越难以化解,甚至会因为化解过程而产生更多新的困境。当"范式"完全无法化解这些问题的时候,"范式"危机就产生了。范式危机是引发共同体成员共同信念动摇的关键时刻。第一章所述的"大学课堂教学危机"正是这样的一个范式危机,在新的需要和异常面前,传统课堂教学范式是无解的,这正是目前提倡"课堂革命"而并非继续强调"课堂改革"的根本原因。当新范式成为新共同体的共同信念并广为接受时,"范式"革命就爆发了,新旧范式的更迭就导致了真正意义上的"范式"革命。

课堂革命的结构

(一)课堂革命的流程结构

危机只是一种预示,却不是终结,对于"课堂教学范式"革命而言,它是两个范式的转换,旧范式渐进的崩溃不一定就能带来新的范式,只有当新范式替代它并为新共同体所接受时,才会爆发"课堂教学范式"革命。课堂革命的发生需要一定的条件,其主要包括:课堂教学出现持续危机,对旧范式信心发生动摇,产生能够破解危机的新范式,普遍建立新范式的信心。

因此,要让课堂革命取得胜利,或快或慢都应该满足这样的流程结构,若结构特征不够明显,那么任何对旧范式的不满仅仅表现为一种持续的危机而已,危机可以加快旧范式的消亡,却不能预示新旧范式的变更。

---

① 李爽,林君芬. 互联网+教学:教学范式的结构化变革 [J]. 中国电化教育,2018 (10):31-39.
② 董明利. 课堂教学"范式"革命:危机与变更 [J]. 科技信息,2009 (23):569.

任何旧的范式都曾经是新范式,在新范式刚刚开始的时候困境和异常是相对较少的,但随着各种因素的变化,人们对新范式的要求、目标和当初设定它的时候逐渐不同,困境和异常就会越来越多,直到危机的出现。当下的高等教育课堂教学范式产生的时候,既没有扩大招生规模带来的冲击,也没有信息时代人类认知方式发生变化的挑战,教学的困境在这个范式下是可以得到化解的。而现在,原有范式的不足、各种环境因素的变化以及育人要求的提高,共同加剧了课堂教学危机的持续出现。

危机的持续出现仅仅是一个预示,人们面对危机最先想到的往往是用已有的范式来解释危机和消除危机,这一点在教育教学改革领域普遍存在。人们一方面抨击旧教学范式的不足,另一方面则千方百计地在旧教学范式中寻找破解的答案。这是当前有的课堂教学改革费力而停滞不前的一个重要原因。因此,动摇对旧范式的信心,全力以赴建立新范式是破解危机的一个重要环节。

尽管有了对旧范式的普遍质疑,动摇了利用旧范式化解危机的信心,但新范式出现的滞后也会使人们不得不回到危机当中原地打转,因而,探寻基于更先进教育哲学价值观的新理论、新模式、新方法就成为新旧范式更迭的关键突破口。没有新范式作为革命的旗帜,"课堂革命"就会完全失去方向。

纵观科学发展的历史我们不难发现,真理在发现之初不一定就能够取得人们的信任和支持。新范式的哲学层面,意味着对人们价值观和共同信念的改变,社会学层面意味着要改变理论框架,人工层次意味着要改变习惯和方法,这是非常不容易的。目前,课堂教学新范式已经成熟,在很多国家的学校已经成功运转了很长时间。但要得到人们的普遍认同、让人们增强对新范式的信心,所有大量工作要做,现在的关键是尽快组建新的共同体,树立起新的共同信念,把信念推广为一种普遍的教学实践,这一过程的长短决定了课堂教学"范式"革命的早晚,因而,课堂教学的"范式"革命只是一个时间问题①。

课堂革命的流程结构如图2-1所示。

---

① 董明利. 课堂教学"范式"革命:危机与变更[J]. 科技信息,2009(23):569.

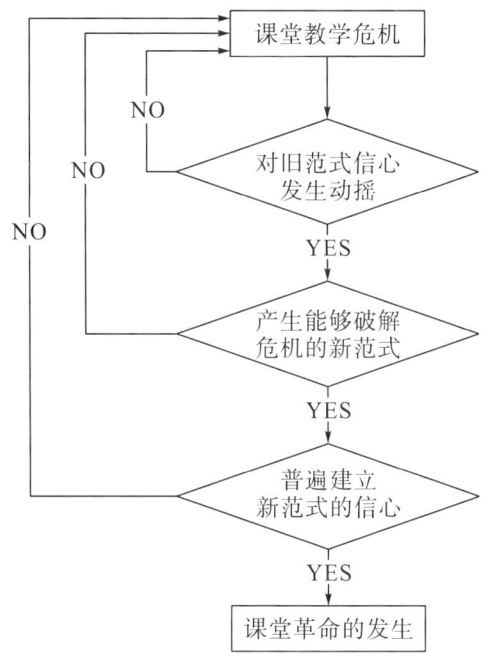

图 2-1 课堂革命的流程结构

(二) 课堂革命的层次结构

课堂教学范式包括三个层次的范式,每一层次都包含了这个范式革命的一个关键领域,从而形成了课堂革命三个关键领域的内容层次结构,如图 2-2 所示。

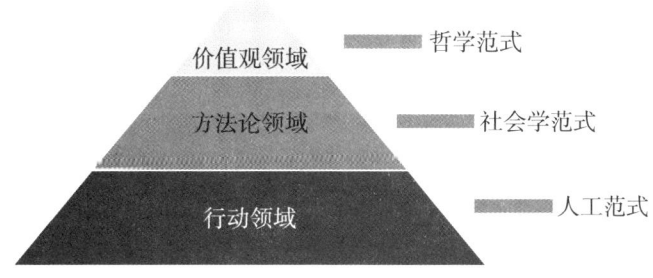

图 2-2 课堂革命的层次结构

1. 哲学范式——价值观领域哲学范式是在一定价值观基础上形成的关于课堂教学本质和教育哲学基本问题的共同信念。"课堂革命"的价值观领域就是要开展对旧范式所依赖的价值观的批判和质疑,明确和遵循新的教育哲学理念及共同的教学信念。2018 年,教育部出台的"新时代高教 40 条"提出要"推动课堂教学革命""以学生发展为中心",明确"以学生发展为中心"的教育哲学理念和共同的教学信念,正是"课堂革命"过程中非常重要的一环,也是推动"课堂教学革命"容易被忽略的一项工作。

2. 社会学范式——方法论领域社会学范式是在共同信念指导下形成课堂教学理论、研究方法等,"课堂革命"的方法论领域就是要为新范式的共同信念追求提供理论框架和研究方法,并以此具化为支撑课堂教学有效实施的新教学模式、新课程体系、新教学环境、新教育技术和新教学评价等。新的教育哲学和共同信念为"课堂革命"的发展提供了丰富的方法论基础。

3. 人工范式——行动领域人工范式是共同信念和理论框架指导下的具体教学实践策略、方法与模式,课堂革命的行动领域则是指课堂教学的实际操作层面和教学管理的运行机制,是指在新教学模式、新课程体系、新教学环境、新教育技术和新教学评价的支持下,在课堂中有效开展翻转课堂、合作学习、探究式教学、混合式教学等活动。新教学评价也从知识本位、标准化、总结式、甄别式的评价,向能力本位、多元智能、情境化、过程性、发展性的评价转变①。课堂革命新的教育哲学理念和共同信念在这一领域被实现和诠释。

从课堂革命的流程结构和层次结构的分析中,我们能够更好地结构化分析"课堂革命"如何有效开展,也可以在与实际工作推动的对比中发现当前工作的不足和偏颇。

智慧课堂:实现课堂革命的关键路径

我们可以把课堂革命的流程结构和内容结构分析作为一个分析工具,通过对这两个方面的分析来判断课堂革命的发展阶段和发展程度,也可以用来分析某一因素是如何对课堂革命产生影响的。

(一)"智慧课堂"对课堂革命流程结构的影响

危机不是一开始就有的,而是随着外界环境和目标要求的不断变化而逐渐显现的,直到无法借助旧范式进行化解的时候才形成了危机。我国原来的高等教育教学范式相对传统,随着我国产业社会环境的飞速变化和培养能担当民族复兴大任的新型人才的需要,课堂教学危机便渐渐显露了出来,主要表现为教学理念的陈旧、教学模式的单一、教学方法的失当等,降低了大学课堂的教学质量,严重影响了大学课堂教学功能

---

① 教育部. 教育部关于加快建设高水平本科教育 全面提高人才培养能力的意见[EB/OL]. (2018-10-8)[2019-3-23]. http://www.moe.gov.cn/srcsite/A08/s7056/201810/t20181017_351887.html.

的有效发挥。

尽管目前普遍存在对课堂教学旧范式的质疑，对教学流程再造和以学生为中心等新型课堂的场景有着迫切的需求，但课堂教学旧范式无法化解危机，传统教学环境也无法承载这些新型教学模式。课堂教学新范式不会单独存在，需要依赖一个新型教学共同体，而教学共同体是需要载体的，恰好智慧课堂便是这样的载体。

"智慧课堂"作为基于更先进教育哲学理念的新型课堂，通过适配以建构主义学习理论为基础的高阶课堂教学模式，将构建起精准化、智能化、个性化、协作化和动态化的新型课堂学习环境，这是目前"课堂革命"流程结构中的关键一环，也是走出"课堂教学危机"的关键一步。

"智慧课堂"注重培养学生的自主探索、高阶思维、深度理解、批判精神和团队协作能力，从而形成学生的理性智慧、价值智慧和实践智慧。对教师而言，智慧课堂能够让教师更加智慧地、精准地驾驭课堂，并实现教学的"减负增效"，体现出教师的教学智慧和艺术。这都有利于帮助人们树立起对课堂革命的信心。

（二）"智慧课堂"对课堂革命内容结构的影响

首先，从课堂革命的价值观领域而言，"智慧课堂"将先进教育哲学作为构建依据，其教学思想或学习理论会直接影响教学活动基本框架结构和活动程序，并在教学模式中得到具体体现。"智慧课堂"的构建以建构主义学习理论作为其设计的基本依据。"以学生为中心"要求"智慧课堂"必须能够适配合作学习、项目化学习等多种高阶教学模式，并能赋予学生更多个性化学习的机会，激发学生的学习兴趣，促进学习者主动建构知识意义。

其次，课堂革命的方法论在"智慧课堂"中得到了充分的运用。"智慧课堂"利用信息技术让协作式、研究型、项目化的教学模式更加有效。与传统课堂中以教师为中心的教学不同，"智慧课堂"使得学生主体作用的发挥成为现实，在智慧教学环境中采用协作式、个别化、小组讨论等教学形式开展教学，学生的主动性、积极性得到发挥，学生由知识灌输对象转变为知识信息加工的主体，成为知识意义的主动构建者，教师则由知识灌输者转变为学生主动意义建构的帮助者、促进者；教材也不仅仅是传授的内容而成为学生主动意义建构的对象；教学媒体也不仅仅是帮助教师传授知识的手段和方法而成为学生的认知工具。在这种情况下，教师、学生、教材、教学媒体所形成的要素结构与传统课堂的教学结构截然不同。

最后，在课堂革命的行动领域，"智慧课堂"构建了技术融合的生态化学习环境，并在网络技术、数据技术和交互技术等新兴信息技术的支持下构建起精准化、智能化、个性化、协作化和动态化的课堂学习环境，以便对课堂生成性资源的捕获和存储，对课堂教学状态进行跟踪、反馈和分析，辅助教学决策，实现精准教学，实现自然、高效、常态化的合作学习，激发学生兴趣，提高学习效果，让自主学习真正成为主要学习方式，实现了线上线下、课内课外一体化。

"智慧课堂"不仅为新范式依赖的教学共同体提供了载体，而且能够对课堂革命的三个关键领域提供关键支撑。互联网、大数据等信息技术对教学的革命性影响主要是通过教师、学生、教学内容和教学媒体的相互作用来实现的，这些因素均为课堂教学的关键因素，由此可见，"智慧课堂"也是信息技术与教育教学深度融合最重要的场域。

"智慧课堂"是实现课堂革命的关键路径，"智慧课堂"的目标绝不是让传统"灌输式"的课堂更加高效，而是通过信息技术实现传统课堂教学中难以实现的课程生态重建、课堂结构变革和教学流程再造，从而建立新型课堂教学范式，这才是实现课堂教学革命的标志和特征，"智慧课堂"的关键目标就是使课堂教学革命成为现实。

我们必须认识到课堂革命的三个关键领域是相辅相成的、不可分割的，缺少了哪一部分都会直接导致课堂革命无法继续。目前，重视行动领域而忽视价值观领域和方法论领域的情况比比皆是，这也许正是当前课堂革命推进缓慢的重要原因。因此，在现阶段为"智慧课堂"提供有效的培训与指导是非常关键的，而且这种培训和指导不能总是聚焦在行动领域，应在课堂革命的三个领域重建教学价值观、输入方法论和给予指导行动的模式、策略和方法，这样才能保证课堂革命的整体推进。

四 智慧教室

智慧教室概念的再认识

（一）智慧教室概念的发展

"课堂是教育的主战场，课堂一端连接学生，一端连接着民族的未来。课堂不变，教育就不变，教育不变，学生就不变，课堂是教育发展的核心地带，只有抓住课堂这个核心地带，教育才能真正发展。"借助先进的信息技术，构建利于交流、协作和共享，且利于学生主动学习和个性化学习的智慧教室，是高校落实"互联网＋教育"战略，深化教育教学改革，提升人才培养质量的必然选择。①《教育信息化十年发展规划（2011—2020年）》强调要"推进信息技术与教学融合，建设智能化教学环境"②，"新时代高教40条"进一步明确指出要"推动课堂教学革命，大力推进智慧教室建设"③。智慧教室已经成为落实教育强国战略、提高新时代高等教育人才培养能力的一项重要举措。智慧教室不仅成为目前各高校教育信息化建设的一个焦点，智慧教室的设计与应用也成了教育技术学的热门研究领域。

目前，智慧教室的概念多采用杨荣怀教授等学者在《智慧教室的概念与特征》一文中的阐释，即智慧教室是为了精细化管理教学过程，通过对教室中的人、设备、环境、师生情绪等的精确感知和监控，通过集成的高科技软硬件设备，对信息进行收集、分析与综合，并结合探究式学习的要求，提供情境教学、课堂交互式学习以及精确推送电子教材和智能学习辅助工具的教育形式④。

智慧教室在国外多表述为"Smart Classroom""Intelligent Classroom""Classroom of Future"。2014年，国内学者张亚珍等人对国内外智慧教室研究进行了文献分析⑤。国外学者罗纳德·雷西尼奥在《教育技术的实际执行》一文中提出了"Smart-Classroom"的表述，限于当时的信息技术发展水平，他认为"Smart-Classroom"就是在传统教室嵌入个人电脑、交互式光盘视频节目、闭路电视、VHS程序、卫星链接、本地区域网络和电话调制解调器的教室。查尔斯·斯基顿认为智慧教室就是基于电子或技术增强的教室。可以看出，这里所说的"Smart-Classroom"概念更类似于"多媒体教室"或"多媒体机房"。

另一方面，美国高等教育信息化协会（EDUCAUSE）发布的《学习基础设施白皮书》则认为新的教与学方法以及虚拟空间的出现导致"教室"这一概念最终演变成了

---

① 何克抗. 智慧教室＋课堂教学结构变革—实现教育信息化宏伟目标的根本途径[J]. 教育研究，2015(11)：76-81.
② 教育部. 教育部关于印发《教育信息化十年发展规划（2011—2020年）》的通知[OL]. www.moe.gov.cn/svcsite/A16/s3342/201203/t20120313-133322.html.
③ 教育部. 新时代全国高等学校本科教育工作会议召开[EB/OL].（2018-6-21）[2019-3-23]. http://www.moe.gov.cn/jrb-xwfb/gzdt-gzdt/moe-1485/201806/t20180621-340586.html.
④ 黄荣怀，胡永斌，杨俊锋，等. 智慧教室的概念与特征[J]. 开发教育研究，2012（4）：22-27.
⑤ 张亚珍，张宝辉，韩云霞. 国内外智慧教室研究评论及展望[J]. 开发教育研究，2014（2）：81-90.

"学习空间"(Learning Space)①。这是后来智慧教室概念的界定发生变化的一个重要原因,即不再从教室的信息技术装备的角度来界定,而是从学习环境的角度来界定。2009年,美国《每日论坛》指出未来的课堂是一个学习环境,应采用创新的教育活动,从课堂管理到教学的所有方面提高对技术的使用,使教学者和学习者成为优越的学习环境的一部分,由此,智慧教室的概念逐渐被引向"学习空间"。

因此,今天的智慧教室概念首先应该界定为借助先进信息技术构建起来的促进学生智慧形成的智能学习空间。它能够实现物理空间与虚拟空间的融合、课内与课外的融合,具有媒体丰富、互联互动、情境感知、数据分析等功能,能够实现以学习者为中心的智慧课堂教学。

(二) 智慧教室概念的再认识

以上对智慧教室概念的两种不同的认识取向导致截然不同的建设形态和应用成效。

(1) 按照"智慧教室就是基于电子或技术增强的教室"的认识,认为智慧教室是多媒体和网络教室的高端形态。这导致智慧教室的设计和建设主要围绕着技术增强的思路展开,并在这个过程中忽视以支持学生更有效的学习为中心这个基本取向,智慧教室的设计没有从教学出发,而是大量盲目地堆积先进技术,炒作概念。技术的运用更多是为了支持"旧教学范式",这是完全不可能实现课堂革命的,只能对"危机"起到粉饰作用,甚至还会扩大"危机"。目前很多智慧教室解决方案均受到了这种认识的影响。

(2) 随着新的教与学方法以及网络虚拟空间的出现,"教室"这一概念逐渐演变成了"学习空间",智慧教室即智慧学习空间。事实上,从教室演变为学习空间并不是一个单纯的等量代换,其有着从"教堂"到"学堂"进行课堂转型的意涵②,蕴含着丰富的意义。许亚锋等从五个方面揭示了其丰富的内涵:

第一,学习空间意味着学习不只局限于学校课堂中,它可以发生在任意场所。

第二,学习空间意味着学习既可以发生在物理场景中,也可以发生在虚拟场景中。

第三,学习空间蕴含着其最终目标是为了促进学习者学习的隐喻。

第四,学习空间蕴含着建构主义、情境认知与学习理论等当代主流学习理论以及科学的知识观和学习观要求。

---

① 许亚锋,尹晗,张际平. 学习空间:概念内涵、研究现状与实践进展 [J]. 现代远程教育研究,2015(3):82—93.
② 钟启泉. 课堂研究 [M]. 上海:华东师范大学出版社,2016:2—3.

第五，学习空间意味着需要通过信息技术的增强来促进学习者的学习。[1]

从以上观点我们不难看出，只有从"学习空间"的认识出发，才能体现智慧课堂的目标和意涵，基于这个角度的智慧教室设计与建设才能够充分发挥信息技术优势，突破传统教学范式，以学生为中心，促进师生的智慧形成，完成"通过大力推进智慧教室建设，实现课堂教学革命"的历史使命。

如何正确规划智慧教室建设

（一）智慧学习空间的设计规划框架

学习空间的设计框架是指能够指导学习空间的设计、开发、评价的理论或实践结构，它通常规定了学习空间设计的流程、步骤以及在设计过程中需要考虑的因素[2]。

美国昆士兰大学教授大卫·拉德克利夫于2009年基于下一代学习空间项目（NGLS）提出了"教学法—空间—技术"（Pedagogy-Space-Technology）框架，即PST框架[3]。如图2—3所示。PST框架包括三个相互关联和相互影响的核心要素：教学法、空间和技术。三个要素之间的关系如图所示。教学法为技术与空间相结合提供了行动指南，空间促进了教学法并使信息技术手段内嵌于其中，而信息技术反过来增强了教学法的效果，拓展了空间的范围，所以教学法、空间和技术三者是相互补充的关系。[4]

---

[1] 许亚锋，尹晗，张际平. 学习空间：概念内涵、研究现状与实践进展 [J]. 现代远程教育研究，2015（3）：82—93.

[2] 许亚锋，尹晗，张际平. 学习空间：概念内涵、研究现状与实践进展 [J]. 现代远程教育研究，2015（3）：82—93.

[3] RADCLIFFE, DAVID, et al. Learning Spaces in Higher Education: Positive Outcomes by Design [DB/OL]. (2009-11-01) [2019-3-28]. http://www.uq.edu.au/nextgenerationlearningspace/UQ%20Next%20Generation%20Book.pdf.

[4] 华子荀，马子淇，丁延茹. 基于目标导向"教学法—空间—技术"（PST）框架的学习空间再设计及其案例研究 [J]. 中国电化教育，2018（10）：31—39.

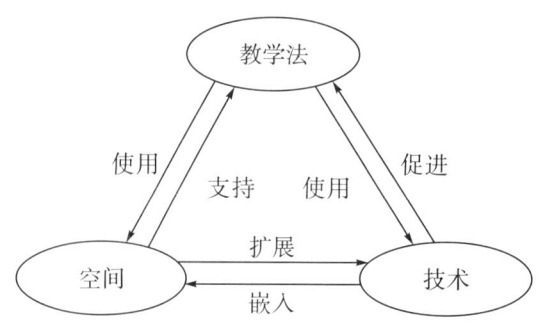

图 2-3 学习空间设计的 PST 框架

通过 PST 框架对学习空间设计，体现了教学法既是学习空间设计的出发点，也是学习空间设计的目标。设计规划时可以先从教学法要素出发考虑问题，之后再分别考虑空间和技术要素，并且从任何一个要素出发都要考虑其余两个要素对其的支持和影响。如果教学法的目标是课堂教学革命，那么空间和技术这两个要素就应该能够充分支持新教学范式，因此，无论是企业开发设计智慧课堂解决方案，还是学校规划建设智慧课堂，都应该首先考虑教学法这个因素，并以此出发思考空间如何促进教学法，并通过信息技术增强教学法的效果。

（二）智慧教室建设与应用的关键

PST 框架还将学习空间设计的生命周期划分为"理念与设计"以及"实施与运作"两个阶段[①]。在这两个阶段开展过程中，应该充分考虑以下相关问题：

（1）必须避免智慧教室是多媒体和网络教室的高端形态的错误认识。智慧教室是学习空间理念和实践的发展，应该以学习空间理论框架为指导。

（2）智慧教室设计和建设的最终目标是为了终结"课堂教学危机"，应该从课堂革命的价值观领域、方法论领域和行动领域这三个领域支撑课堂教学革命，构建课堂教学新范式。

（3）智慧教室要能够蕴含建构主义、情境认知与学习理论等当代主流学习理论以及科学的知识观和学习观要求。

（4）智慧教室不能只局限于学校课堂中，应实现物理空间与虚拟空间的融合、课内与课外的融合，具有媒体丰富、互联互动、情境感知、数据分析等功能，促进学习者的学习。

---

① 许亚锋，尹晗，张际平. 学习空间：概念内涵、研究现状与实践进展［J］. 现代远程教育研究，2015（3）：82-93.

（5）"理念与设计"阶段在整体上应该聚焦项目动机和目标，分别从教学法、空间、技术三个方面思考问题，体现全面性、系统性。

（6）"实施与运作"阶段必须为智慧教室的规划建设和顺利开展提供培训与指导，在课堂革命的三个领域重建教学价值观、体现方法论和确立指导行动模式、策略和方法，保证智慧教室的应用成效。

第三章

智慧课堂教学创新的理论要义

学习是如何发生的,这是教育学、心理学等相关理论高度关注的问题。学习不仅是教育的逻辑前提,而且还是其现实归宿。学习是教育学的逻辑起点,构成了教育学最为核心的范畴。教育从理论到实践面临的各种问题,在很大程度上都可以被还原为学习的问题。学习也是心理学的一个重要范畴,因为人类的学习是心理的一项重要机能[①]。当代心理学对学习的理论研究催生了教育心理学,开启了对学习的科学探索。

---

① 郑旭东,王美倩. 学习科学:百年回顾与前瞻[J]. 电化教育研究,2017,38(07):13—19.

一　学习理论的发展

行为主义

行为主义理论形成于20世纪初，桑代克的效果率理论、巴浦洛夫的条件反射理论以及伯尔赫斯·弗雷德里克·斯金纳的操作条件反射理论在这段时间盛行西方各国。行为主义强调对行为进行基于科学定量方法的研究，创立以实证为基础的心理科学，是针对冯特学派理论的不足而进行的一场心理学革命。这种观点反对传统心理学一味研究人脑中琢磨不定的主观"意识"，强调应研究从意识中折射出来的具体的客观"行为"。行为主义的研究者认为，具体的行为反应取决于具体的刺激强度，因此，他们把"S—R"（刺激—反应）作为解释人的各种行为的模型。行为主义理论认为，心理学的任务就在于发现刺激与反应之间的规律性联系，这样就能根据刺激而推知反应，反过来又可通过反应推知刺激，从而达到预测和控制行为的目的。

行为主义代表人物斯金纳认为，学习过程就是有机体行为的塑造过程：如果现实发生一个操作，接着再给予一个强化刺激，那么这个过程的强度就会增加，就可以提高重复该操作的概率。

强化物是因情境而异的，因此，强化物会在某个时机、某个情境下影响个体。有些强化物对一部分学生来说有效，而对其他学生来说效果欠佳，一般来说老师的夸奖、计分、鼓励等对学生具有强化作用。

斯金纳对教学的深远影响，来自于他深入地研究了强化物对学习的影响。斯金纳认为，如果对学生的每一次正确反应都给予强化，学习的效率便会提高。反之，如果学习时仅仅基于偶尔的强化，学习效率就会低得多。

斯金纳的行为主义学习观念认为，学习就是行为，是一系列条件的作用，思维也是能够被分解的行为序列。教育的目的在于通过改变学习者的行为，进而培养社会需要的人。因此，学习的本质就是在外界刺激和行为反应之间形成联结，教学的意义就是帮助个体形成这种联结，形成相应的行为习惯和技能。

在这样的教学中，教师是教学过程的主宰者，而学生只能被动地接受，这里体现了绝对的教师中心原则。教师通过奖惩对学习者"刺激—反应"之间的联结进行反复强化。尽管行为主义对现代心理学特别是学习理论的发展起了革命性的作用，但也存在着很大的局限性。行为主义起源于动物心理的研究，忽视了"人的学习"和"动物的训练"之间的区别。

认知主义

20世纪50年代中期，杰罗姆·布鲁纳、戴维·保罗·奥苏贝尔等一批认知心理学家开始了一系列开创性的工作，学习理论研究进入了认知主义发展阶段。认知主义学习理论认为，学习并不仅仅是简单的"刺激—反应"，而是一系列复杂的过程，学习在于内部认知的变化。认知主义学习理论注重解释学习行为的中间过程，即目的、意义等，认为这些过程才是控制学习的可变因素。学习就是面对当前的问题情境，在内心经过积极的组织，从而形成和发展认知结构的过程，强调"刺激—反应"之间的联系是以意识为中介的，强调认知过程的重要性。其有代表性的是社会认知理论和信息加工理论。

（一）社会认知理论[①]

阿尔伯特·班杜拉等研究者通过研究和观察学习发现，人们可以通过对他人的观察获得知识、规则、技能、策略、信念和态度。个体还从环境中的榜样那里了解到某个行为的功能和适宜程度，以及榜样行为的结果。如果个体对自己的能力有信心，同时对某个榜样行为结果有所期待，他就会出现与榜样相同的行为。这无疑对行为主义学习理论是一个巨大的挑战。

根据班杜拉的观点，人类的行为不仅仅来自内部因素反应和外部刺激的塑造及控制。人类的学习行为可以在由行为、环境以及个人因素三元交互的模式中得以解释。在这个三元交互关系模式中，个体感知的自我效能感将影响个体某些行为的成效，如任务的选择、主动坚持、付出努力以及技能的习得等。同时，这也是一个相互影响的过程，个人的行为也可以改变个体的自我效能感，例如我们完成某项任务时，会把完成的过程指向目标，良好的完成情况反馈又将加强我们的自我效能感，使我们愿意继续为此努力。

---

① 郭清顺，苏顺开. 现代学习理论与技术[M]. 广州：中山大学出版社，2007：4-20.

个体的自我效能感与环境因素之间是相互作用的，学生周围的社会环境往往按照学生的典型特点对学生作出反应，而忽略了学生的实际能力水平。例如，教师通常认为学习成绩不好的学生学习能力比较低，对这类学生怀有的学业期望也就比较低，即使他们在某些方面表现得很好。反过来，教师对学生的反馈会影响学生的自我效能感。

以班杜拉为代表的西方学者认为个体所具有的自我效能感来自四种类型的经验：

（1）以往的成功经验，为个体提供判断和构成自我效能感的行为信息。

（2）模仿或替代、榜样的成就及行为给观察者展示了达到成功所需要采取的策略，以及为观察者提供了比较与判断自己能力的标准，同时也为其传递了只要通过努力就一定能够成功的信念。

（3）言语或社会劝说，是个体对自己的已有能力产生积极的信念，使自己既不要妄自菲薄，压抑和限制能力的发挥，也不能产生不切实际的过高期望。

（4）生理与情绪的状态，在组织情境中减少压力源被认为是促进自我效能感提高的有效途径。

（二）信息加工理论

罗伯特·米尔斯·加涅在论述学习的类型和学习的结果时，把学习作为一个过程，每一过程都有开端和结尾，并且这些过程分成若干阶段，每一阶段需要进行不同的信息加工。信息加工学习理论将认知看作是对信息的加工。认知心理学家经常以计算机处理信息的过程作类比，来说明人类的学习和人脑加工信息的过程，把研究的焦点放在追溯、描述心理运演的顺序和它们的产品上。

需要注意的是，信息加工不是单个理论的名称，而是用来概括有关认知事件的序列和执行情况的各种理论观点的总称。信息加工理论重点关注人们如何注意环境中的事件，对要学习的信息如何编码，怎样把信息和记忆中的知识联系起来，将新知识储存在记忆中，在需要的时候提取出来等。信息加工的原则如下：人类是信息的加工者；心理是一个信息加工系统；认知是一系列心理加工过程；学习就是获得心理表征。信息加工关注认知过程，并受通信和计算机技术发展的影响。信息加工论者认为，学习实质上是由习得和使用信息构成的，他们不太关注外部刺激条件，更关注在刺激和反应之间产生作用的内部心理过程。人类信息加工的模式如图3-1所示。

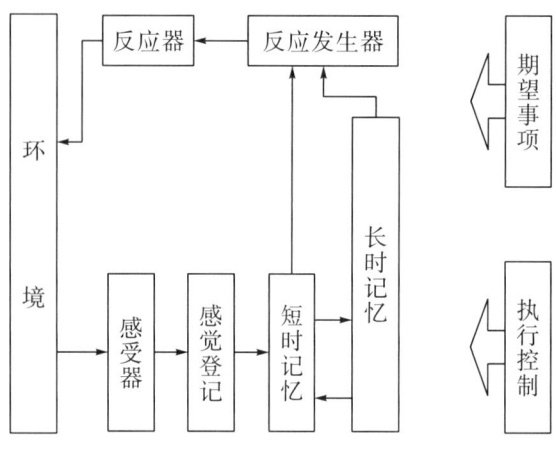

图 3-1　人类信息加工的模式①

在环境中学生接受刺激，感受器接收到这些刺激后将其转变为神经信息。这个信息首先进入一个非常短暂的记忆贮存过程进行感觉登记，信息在感觉登记后再进入一个二三十秒左右的短时记忆。短时记忆的容量有限，一般只能贮存 7 个左右的信息项目。接下来，信息将要经过编码，进入关键的长时记忆过程，以编码的形式贮存在长时记忆中。

在使用信息时，经过检索编码来提取信息。这些信息既可以直接去往反应发生器，产生一个操作行为，也可以再回到短时记忆后通向反应发生器。

图 3-1 中的期望事项是指学生期望达到的目标，即学习动机。正是因为学生对学习有某种期望，教师给予的反馈才会具有强化作用。执行控制，即认知策略，执行控制过程决定哪些信息从感觉登记进入短时记忆、如何进行编码、采用何种提取策略等。由此可见，期望事项与执行控制在信息加工过程中起着极为重要的作用。

加涅认为，学习是学习者与其环境之间相互作用的结果。学习过程由一系列事件构成，每一个学习行动都可以被分解成八个阶段，如图 3-2 所示。

---

① MBA 智库. 加涅的信息加工学习理论 [EB/OL]. (2016-02-28) [2019-03-08]. https://wiki.mbalib.com/wiki/加涅的信息加工学习理论.

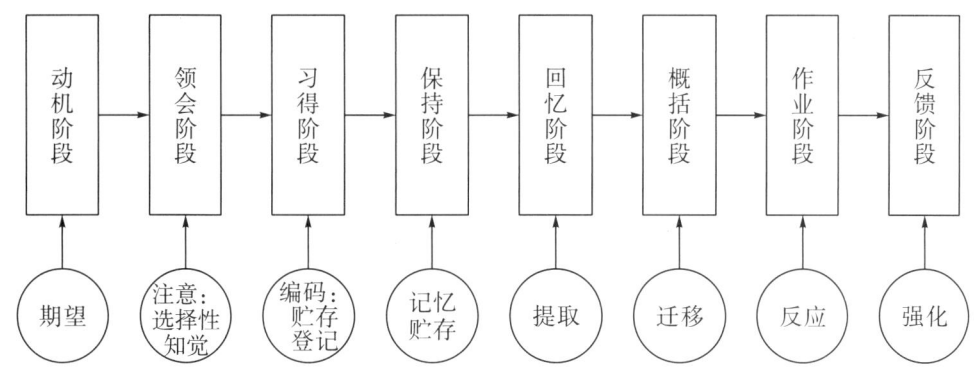

图 3-2 学习行动的过程①

图 3-2 中，方框是各阶段的名称，圆框是各阶段学生内部的主要学习过程。

建构主义

建构主义是对当代学习理论的革命，是智慧课堂教学模式建构的关键理论基础。

（一）建构主义的基本概念

瑞士著名心理学家让·皮亚杰在心理学研究方法论中实现了从结构主义向建构主义的历史性转变，这不仅使其研究成果在国际心理学界享有很高的声誉，而且对其他学科也产生了深远的影响。皮亚杰所创立的学派被人们称为日内瓦学派。皮亚杰关于建构主义的基本观点认为，学习者在与周围环境相互作用的过程中逐步建构起对外部世界的知识，从而使自身认知结构得到发展。学习者与环境的相互作用涉及两个基本过程："同化"与"顺应"。"同化"是指把外部环境中的有关信息吸收进来并结合到学习者已有的认知结构中，即个体把外界刺激所提供的信息整合到自己原有认知结构内的过程，"顺应"是指外部环境发生变化，而原有认知结构无法同化新环境提供的信息时所引起的学习者认知结构发生重组与改造的过程，即个体的认知结构因外部刺激的影响而发生改变的过程。可见，"同化"是认知结构数量的扩充，而"顺应"则是认知结构性质的改变。认知个体正是通过同化与顺应这两个过程来达到与周围环境的平衡。

建构主义倡导的以学习者为中心的学习是在教师指导和帮助下完成的，其在强调学习者的认知主体作用的同时也重视教师的指导作用。教师的作用不可或缺，教师是

---

① MBA 智库. 加涅的信息加工学习理论 [EB/OL]. (2016-02-28) [2019-03-08]. https://wiki.mbalib.com/wiki/加涅的信息加工学习理论.

意义建构的促进者、帮助者和引导者，而不再单纯是知识的占有者、传授者和灌输者。学生不能仅仅被视为外部刺激的接受者，信息加工的主体是学生，他们主动建构意义，是学习的主人。

建构主义学习理论的另一位奠基者是苏联著名心理学家维果斯基。他强调了个体心理发展的社会文化背景，研究和揭示了社会化活动在个体心理发展中的关键作用，他的研究反驳了之前学者无视动物和人差异的纯生物学观点和自然主义倾向。

维果斯基指出，人的心理发展既是个体的，又是社会的，具有两个客观规律：一是人所特有的高级心理机能产生于人们的社会化协同活动之中，不是从内部自发产生的；二是这些高级心理机能首先是在人的外部活动中形成之后才会转移到内部，最终构成复杂的内部心理过程结构。因此，学习者的知识建构过程和社会化认知过程是密不可分的。

（二）个体建构主义和社会建构主义[①]

1. 个体建构主义

个体建构主义以瑞士心理学家皮亚杰为代表，认为学习是一种以个体方式进行的认知结构逐渐建立的过程；学习是一个通过新旧知识经验的相互作用，来形成学习者认知结构的一个意义建构的过程。探究式学习就是个体建构主义在教学中的具体运用。

2. 社会建构主义

社会建构主义认为，学习是一个文化参与的过程，学习者意义的建构是通过参与社会化的活动进行的；学习不仅是学习者的主动加工，还需要与其他学习者进行互利协作。社会建构主义观点提示我们要关注学习和知识建构的社会文化机制。

（三）建构主义的知识、学习和教学隐喻

1. 知识观

建构主义认为，人们对知识的认识不是静态的，会随着认识程度的深入不断地深化、演变。知识不是对客观的静态反映，而是人们对客观世界的一种动态的、发展的假设、说明和解释。在学习的过程中，重要的是要对已有知识进行再加工、再发展和再创造。还需要注意的是，我们虽然给知识赋予了相对准确的定义和描述，但这并不能说明学生会产生同样的理解，因为知识理解不仅受特定情境下的学习历程影响，还受到每个人自己的知识经验建构的影响。

---

① 李方. 教育知识与能力［M］. 北京：高等教育出版社，2011：11.

2. 学习观

学生在学习过程中应主动地建构知识的意义，而不是被动地接受信息，因此学习是一个主动的过程。学习者主动地根据自己的知识经验对外部信息进行加工和处理，进而形成自己对知识意义的建构和理解。学习一定是因人而异的，每个人头脑中的知识经验不同，所处的情景不同，调用的经验方法不同，所以对接收到的信息的解读就不同。

3. 教学观

建构主义对忽视学生已有的知识经验、将外部信息简单粗暴地灌输给学生的"填鸭式"教学提出了挑战。教学活动不是知识的简单传递，而是要助力知识的建构。新知识的起点是学生头脑中原有的知识经验，要促进学生从这些知识经验中主动建构新的知识经验。要将教材中的知识内容结合情境转化为学生要解决的问题，并通过师生之间和生生之间的交流、倾听、探索和质疑，实现知识的建构。

（四）建构主义基本教学应用

1. 探究学习

探究学习就是基于解决问题的各项活动来建构知识的过程。在教学过程中，应该通过有意义的问题情境，让学生不断地发现问题和解决问题，探究与问题有关的知识，形成解决问题的技能以及自主学习的能力。换言之，探究学习是指学生积极主动地参与、主动地体验，通过这些活动形成自己的知识与理解的学习方式。

2. 支架式教学

支架式教学是指为学习者知识经验的建构提供一种概念框架，在学习活动中为学习者提供一定的外部支持，帮助他们完成无法独立完成的任务。随着学习活动的推进，外部支持逐渐减少，直到完全撤除支架。因此，支架式教学的目的是为了最终可以撤除支架。

3. 情境教学

情境教学是建立在生动的真实问题或场景基础上，激起学生主动学习动机，提高学习效率的教学方法。学生在基于真实情境的任务中引起一定的态度体验，从而帮助学生寻找问题、发现问题、分析问题和解决问题，并使学生的心理机能得到发展。

4. 合作学习

合作学习是指学生以完成共同任务为目标，是一种有明确的分工和实施策略的互助性学习。在合作学习活动中，学生之间以学习小组为基本组织形式，师生之间、生生之间通过讨论、交流、质疑形成共同思维成果，完成对知识的意义建构，共同达成学习目标。

总之，建构主义作为智慧课堂教学模式建构的关键理论基础，与传统学习理论的知识观、学习观和教学观存在很大的差异。而学习理论的演变必将触发教学实践框架的重构。当前，我们必须面向全新的人才需求、全新的培养目标和全新的技术条件，对现有教学范式进行深刻反思，更新教育理念，全面改革学校现有的课程与教学模式。

二 智慧课堂教学的宗旨：以学生发展为中心

"新时代高教40条"指出，办好我国高校，办出世界一流大学，人才培养是本，本科教育是根。建设高等教育强国必须坚持"以本为本"，加快建设高水平本科教育，培养大批有理想、有本领、有担当的高素质专门人才，为全面建成小康社会、基本实现社会主义现代化、建成社会主义现代化强国提供强大的人才支撑和智力支持[1]。文件强调，坚持以学生为中心、全面发展的基本原则，以促进学生全面发展为中心，既注重"教得好"，更注重"学得好"，激发学生学习兴趣和潜能，激励学生爱国、励志、求真、力行，增强学生的社会责任感、创新精神和实践能力[2]。"以学生发展为中心"成为加快建设高水平本科教育的关键理念与核心任务。

"以学生为中心"理念的发展

纵观世界高等教育教学的发展，"以学生为中心"的理念与实践经历了很长一段时间的探索。20世纪40年代，"以学生为中心"的思想逐渐萌芽，在人本主义教育家卡尔·兰塞姆·罗杰斯等一批先行者的努力下，"以学生为中心"的教学理论于20世纪60年代初步形成。随着不断实践和探究，到了20世纪70年代，"以学生为中心"已

---

[1] 教育部. 教育部关于加快建设高水平本科教育全面提高人才培养能力的意见 [EB/OL]. (2018-10-08) [2019-03-21]. http://www.moe.gov.cn/srcsite/A08/s7056/201810/t20181017_351887.html.
[2] 教育部. 教育部关于加快建设高水平本科教育全面提高人才培养能力的意见 [EB/OL]. (2018-10-08) [2019-03-21]. http://www.moe.gov.cn/srcsite/A08/s7056/201810/t20181017_351887.html.

发展成了系统的教学理论，并在世界各国的本科教育教学实践中走向成熟。

（一）"以学生为中心"思想的形成与提出

1942年，俄亥俄州立大学教授罗杰斯在《咨询和心理治疗：新近的概念和实践》一书中首次提出了应采用"以病人为中心"的治疗理论给病人实施心理咨询与治疗。"以病人为中心"的治疗充分尊重被治疗者，创建良好的情感沟通氛围，促进病人恢复健康。在此基础上，罗杰斯在教学实践中进一步发现在传统教育中存在很多违背学生发展的问题，他总结出了传统教育教学中存在的弊端：

（1）教师是"知识的拥有者"，学生是"接受知识的容器"。

（2）教师课堂教学中主要采用讲授的教学方法，目的是将知识灌输到"容器"中去。考试的目的是衡量学生掌握知识的程度，而不是了解学生真正学习了什么。灌输式的讲述和考试是传统教学的两个核心内容。

（3）教师和学校行政人员拥有绝对权力，学生只能服从。教师是课堂教学的核心人物，具有权威性。师生之间存在不平等和不信任的关系。

（4）学生无权参与选择自己的学习目标、课程内容和学习方式。

（5）教学中只注重智育培养，忽视学生的全面发展、道德人格的形成。①

罗杰斯认为师生关系是学校中最通常也是最关键的教学活动关系。为了更好地发挥学生的学习主动性，学校就必须思考在教学活动中建立何种师生关系，实现主动的、有意义的学习。罗杰斯揭示了传统教育教学中存在的很多不足，他认为医学教育过程中不应仅仅注重知识的传递，还应该关注学生持续自主学习的能力和医德的养成，这促使他将"以病人为中心"的治疗理论直接应用于学校教学实践。因此，"以病人为中心"的治疗理论普遍被认为是"以学生为中心"的教学理论的思想渊源，罗杰斯为"以学生为中心"的教学理论的形成和发展做出了突出贡献，成为"以学生为中心"的主要倡导者，对美国高等教育教学的发展影响深远。

在这一时期的探索和实践中，学校开始更加尊重学生的需求和发展；教师能够从对学生的关怀出发理解学生真实的需求，营造有利于促进学生学习和思考的教学氛围；教学方式也从"秧田式"的讲授型课堂向以合作探究等为主的方式过渡。但这一阶段的"以学生为中心"更多是被看成一种教学方式方法，而没有从教学思想的角度展开研究和实践，这导致了在实践过程中的一些极端做法，例如罗杰斯本人也曾倡导废除

---

① 钟启泉，黄志成. 美国教学论流派［M］. 西安：陕西人民教育出版社，1998：256.

学科考试制度等不切实际的做法。

（二）"以学生为中心"的思想被广泛接受

20世纪70年代，随着建构主义学习理论研究取得实质性进展，"以学生为中心"的教学思想形成了一套完整、系统的理论体系。建构主义的知识观认为，知识不是对现实的纯粹客观的反映，人们对知识的认识不是静态的，会随着认识程度的深入不断深化。在学习的过程中，重要的是要对已有知识进行再加工、再发展和再创造。建构主义的学习观认为，学习是学生自己建构知识的过程，不应简单被动地接受信息，而应主动地建构知识的意义。建构主义的教学观认为，教学不能无视学习者已有的知识经验，不能简单地、强硬地从外部对学习者实施知识的"填灌"，应该把学习者原有的知识经验作为新知识的生长点，引导学习者从原有的知识经验出发，主动建构新的知识经验。教学不是知识的简单传递，而是知识的处理和转换[①]。可见，"以学生为中心"不应仅仅是一个教学方式方法，而应该是充分体现了现代心理学研究和教育理论成果的教育教学理念，是一个重要教育价值取向。

这一时期开始，高等教育"以学生为中心"体现出了以下特征[②]：

（1）人才培养的目标是面对"真实的人"来培养"完整的人"。在教学中体现为尊重学生、关爱学生、发展学生，最终实现教育的目标——培养"完整的人"。

（2）在课程设置上体现"以学生为中心"。课程内容聚焦学生发展，课程设置考虑学生的体验，营造学生积极参与的学习氛围，赋予学生选择的权利。课程评价的方式为终结性评价和过程性评价相结合的多元化评价。

（3）创新"以学生为中心"的教学模式。学生在教学过程中主动参与，开展协作探究活动，教师则从讲授者转变为引导者、激励者和帮助者，为学生创造一个有利于知识建构的学习氛围。

（4）丰富"以学生为中心"的教学方式方法。探究性教学、小班教学、小组讨论、合作学习、沉浸式教学等丰富了教学方式方法，充分调动了学生的学习积极性。

随着研究和实践的不断深入，新人文主义教育理论研究者对"以学生为中心"的教学理论进行了补充，强调"以学生为中心"的教学不应仅仅关注智力的发展，还应关注学生的人格修养，因为学生的成长是多维度的。"以学生为中心"是以学生的全面

---

① 李方. 教育知识与能力 [M]. 北京：高等教育出版社，2011：11.
② 杨捷主. 外国教育史 [M]. 郑州：河南大学出版社，2010：456.

发展为目标的教育理念。"以学生为中心"的教学理论在不断探索和发展中走向成熟。

（三）美国高校"以学生为中心"破解本科教学困境

20世纪80年代初，对美国公立大学的调查显示，学生在各类作为样本的考试中的成绩呈持续下降趋势。美国大学本科教学不受重视导致教育质量明显下滑，由此引发了对本科生教育的社会关注和普遍批评。80年代，美国高等教育已经逐渐由"规模和数量"阶段转向"内涵与质量"的新时期。1983年4月，美国发表了一份名为《国家处于危险之中——迫切需要进行教育改革》的国家报告，该报告在全美引起极大震动，社会各界对美国本科生教育质量提出了强烈质疑，改革本科教育的呼声越来越大。因此，美国于1983年10月成立了"提高美国高等教育质量所必需具有的条件"的研究小组。1984年10月，研究小组向美国政府提交了名为《主动学习——发挥美国高等教育的潜力》的报告，总结了美国高等教育发展的历史，分析了当前本科生教育中存在的严重问题，围绕如何使学生更主动地学习，提出了改进本科生教育质量的建议。报告指出，高等教育的根本问题是教学质量下降，导致教学质量下降的主要原因是本科教育职业化，专业领域狭窄，课程设置混乱，教师教学能力弱、学习动力不足，大学盲目扩张等。报告在剖析了这些原因之后一针见血地指出，出现这些问题的根本原因是违背了"以学生为中心"的教育理念。

"以学生为中心"作为一种全新的教育理念引起了各大高校的重视，进而掀起了美国"以学生为中心"本科教学改革的浪潮，"以学生为中心"的教学改革成为改变美国本科教学现实困境的内在需求。20世纪80年代，美国高等教育的各项改革都围绕提高质量这一目标展开，解决的首要问题就是提高本科生教学质量。上述问题与当前我国高等教育面临的问题存在很大程度上的相似性，其解决途径对我们有一定的启示意义。

从80年代开始，美国绝大多数高校均成立有专门委员会推进"以学生为中心"的教学改革，督导提升教学水平和检测教学质量，"以学生为中心"为美国本科教学改革提供了新的理论武器和实践路径，取得了很好的效果。

美国高校开始改变教师评价机制，鼓励高校教师重视教学、投身教学。和我国目前的情况类似，对教师的评价，美国高校曾经也只注重科研成果的评价，后来随着对本科教学质量要求的提高，美国高校开始强调对教师教学质量的评价，不仅评价教师的"教"，更要通过评价学生的"学"来验证教学效果，构建了"以学生为中心"的教学评价体系，把教师评价和学生的学习成果有机地结合起来。美国的路易斯安那州立大学建立了"教学评价与考核体系"（the System for Teaching and Learning Assessment and Review，STAR），主要评价教师的课程设计、教学内容、教学方法对学习效果的影响，充分体现了该校教师教学评价中对学生学习的重视[①]。

促进学生"自主、合作、探究"学习的新型教学模式在美国大学中迅速推广。项目化学习（PBL）、研究性学习（RBL）、合作学习（TBL）等探究型教学模式在现今美国高校本科生教学中已成为普遍现象。教学以学生为主体，教师、教材、教学方法都服务于学生。学生提问成为美国大学课堂教学的一大特点。教师充分关注学生在教学过程中的参与、体验与获得，关注不同学生的个性发展，注重学生在课程学习过程中知识获取能力的锻炼和增强[②]。杜克大学、麻省理工学院、哥伦比亚大学等一流名校都成为创新教学模式的主力军。这些学校都重视通过新型教学模式培养学生的高阶思维能力，体现学生在学习过程中的主体地位，在教学主阵地落实"以学生为中心"的教学理念。

大学课程实现了纵向和横向两个方面的重构。纵向方面，为了培养更能适应社会经济和技术发展需要的人才，优化学科课程内容和创新课程形式，强调为学生的自主学习、全身心投入提供有效支撑，慕课和网络混合式教学便是这样一种全面支持学生自主学习，便于学生课后与老师、同学交流协作的课程新形态；横向方面，美国大学课程机构加强了各门学科之间的联系，重新组合了各门学科，创立了许多新型跨学科的边缘科目并开设跨学科课程，培养学生掌握综合知识，形成独特的跨学科界限的知识视野，建立受益终身的学习能力，从而体现"以学生为中心"的教学理念。

一方面，完善"以学生为中心"的服务与保障体系，在学校管理和服务领域，从有利于学生学习和生活出发，完善学校管理，从细节处体现人本关怀，建立以学生的发展、成功和成才为本的培养机制、保障机制，支持发挥学生学习成才的主观能动性，引导学生健康成长，帮助学生走向成功[③]。另一方面，依托美国在信息技术领域的优势，充分发挥信息技术对教育教学的变革作用。在教师教学方面，优化教学过程，变革教学模式，提升教育教学的效率、效果和效益，培养学生的问题意识和求解能力。在学生学习方面，变革学习方式，扩展学习空间，支撑线上线下一体化的新型教学流

[①] 项聪. 美国教师评价的发展历程与最新改革动向［J］. 外国教育研究，2006（9）：63-65.
[②] 李永夫，徐秋芳. 构建以学生为主体的高校课堂教学模式研究［J］. 教育教学论坛，2012（43）：107-108.
[③] 莫晓云. 美国高校"以学生为中心"的教育理念及借鉴［J］. 教育教学论坛，2018（49）：4-7.

程，提高学生学习成效。在教学评价方面，充分利用信息技术，既可以实现针对学生学习的精准记录和分析、精准的过程性评价，为学生提供学习建议，也可以为教师的教学行为提供优化建议和参考，让教研变得更加精准有效。在学校治理方面，信息技术让管理与服务更加及时、有效，以数据为基础的精细化管理进一步提高了效率，改善了师生体验。总之，信息技术的发展不但促进了人们对教育教学的重新思考，而且给高等教育的教学改革带来了新的契机，提供了有力支撑。

在知识经济全球化和信息革命浪潮的推动下，全球高等教育正发生着前所未有的深刻变化。1998年，联合国教科文组织在世界首届高等教育大会宣言中提出，高等教育需要转向"以学生为中心"的新视角和新模式，学生的学习和发展应逐渐成为教育教学改革关注的重点，把学生视为教育教学改革的主要受益对象和参与者，而不仅仅是旁观者。教学评价、课程内容、教学模式、学校治理等都应该把学生放在主体地位，改革的最终目标是促进学生的发展。"以学生为中心"的教育教学模式越来越得到广泛运用，并成为世界高等教育发展的趋势和提高高等教育质量的内在要求，这一新观念正在对高等教育生态的发展产生着深远影响。

"以学生发展为中心"中"发展"的教育价值

《教育部关于加快建设高水平本科教育 全面提高人才培养能力的意见》强调坚持以学生为中心、全面发展的基本原则。以促进学生全面发展为中心，既要注重"教得好"，更要注重"学得好"，激发学生学习兴趣和潜能，激励学生爱国、励志、求真、力行，增强学生的社会责任感、创新精神和实践能力。"以学生发展为中心"成为加快建设高水平本科教育的关键理念与核心任务。

当前强调的"以学生发展为中心"与前文所述的"以学生为中心"字面上的差异就是"发展"二字。"以学生为中心"理念的含义中本身就包含了促进学习者发展的意涵，那么"以学生发展为中心"是否就是单纯对这一意涵的强调呢？

（一）"发展"与"学生发展"

"发展"，其词义上的解释主要有三种，一是指事物由小到大、由简单到复杂、由低级到高级的变化；二是指发育、进展、变化；三是描述组织规模等的扩大和完善。由此可见，发展是一种针对目标的开发活动，是一种完善和成长的过程。从哲学意义上来说，发展是指事物由小到大、由简到繁、从低级到高级、从旧质到新质的改变过程。哲学意义上的发展是一个矢量,即发展具有明显的方向性①。

联合国教科文组织发布的《教育——财富蕴藏其中》指出,"人既是发展的第一主角,又是发展的终极目的"②。因此,从教育意义上来说,发展是指学习者作为教育中的主体,其潜能不断开发和完善的活动与过程。发展是当前教育观念变革的主题。围绕着"人的发展"这一主题,世界各国的教育改革正在确立发展的价值观、人才观和质量观。发展的教育价值观让每个学习者的潜能得到最充分的发挥,使每个学习者都走向成功③。

(二) 强调"学生发展"的教育价值

(1) 发展的教育价值观,是一种"以人为本"的教育哲学观,强调学习者的发展和以学生为中心在逻辑上是一致的。

(2) 教育不仅是社会发展的需要,也是人自身发展的需要,人受教育的最终目的是为了适应和推动社会的发展。教育和社会、人的发展是辩证统一的。

(3) 教育通过培养社会所需要的人来推动人类社会不断地延续和发展。因此,培养社会所需要的人是一切教育活动的中心。

(4) 教育最本质的要求是使学习者获得可持续发展的能力,并在获得能力的基础上实现发展的目标。

(5) 教育活动的主体是学习者自身。在教育工作中,"以人为本"的实质就是教育应当使学习者得到尽可能的发展,以适应社会和人的全面发展的需要④。

强调学生发展是社会、教育和个人发展观的辩证统一,是对以学生为中心的教育价值取向的再次聚焦。强调学生发展首先要"以人为本",明确学生是一切学习活动的主体;其次是发展方向问题,发展要体现社会和个人发展的需要,要明确"为谁培养人、培养什么人"这一根本问题;再次是发展内容问题,我们要思考让学生获得什么样的思维和实践能力,才能让学生可持续发展;最后则是怎样发展的问题。学生发展是建立在新时代社会发展和人才需求深刻认识基础上的,因此,"以学生发展为中心"是对教育观念的一次提升。促进学习者发展,是智慧课堂教学的宗旨和目的,智慧课堂教学关注课堂中教与学智慧的生成,关键是发展学习者的高阶能力。智慧课堂是对

---

① 钟志贤. 信息化教学模式 [M]. 北京:北京师范大学出版社,2016:39-65.
② 联合国教科文组织. 教育——财富蕴含其中 [M]. 北京:教育科学出版社,2001:30.
③ 钟志贤. 信息化教学模式 [M]. 北京:北京师范大学出版社,2016:39-65.
④ 钟志贤. 促进学习者高阶思维发展的教学设计假设 [J]. 电化教育研究,2004 (12):21-28.

传统教学模式局限于低阶能力的一种超越。在理论与实践中，学习者高阶能力的发展，必须融合素质教育理念、当代学习理论和信息技术，发展高阶思维，开展高阶学习，而这一切需要通过高阶教学模式的支持才能得以有效实现。因此，在智慧课堂的建构中，要把促进学习者高阶能力的培养作为追求的宗旨。

三 "金课"建设与智慧课堂教学创新

2018年6月21日，教育部召开了改革开放以来第一次新时代中国高等学校本科教育工作会议。教育部发出了一系列非常强烈的信号，其中"消灭水课、打造金课"更是得到了高校的热烈响应，与此同时关于"金课"的内涵、特征和建设路径也成为高等教育界研究的热点。

课程与中国大学"金课"

课程（Curriculum）一词最早见于英国教育家赫伯特·斯宾塞的《什么知识最有价值》一文中。它是从拉丁语"Currere"一词派生出来的，意为"跑道"（Racecourse）。最常见的课程定义是"学习的进程"（Course of study），简称学程。形象地讲，就是让一个学习者沿着跑道（课程）到达终点（学习目标）。广义上的课程是一个学校为实现培养目标而设定的教育内容及其过程安排，它包括各门学科和有目的、有计划的教育活动。狭义上的课程则是特指某一门学科。课程是对教育的目标、教学内容、教学活动方式的规划、设计和实施过程的总和。由此可见，课程是高校教学的基本单元，是人类文明、科技文化传承与创新的重要载体，是教学目标的具体化和过程化，是学校实现人才培养目标的必要前提和提高人才培养质量的根本保证，有了高质量的课程才能确保培养出高水平的人才。但是，传统课程体系信奉客观主义的知识观，视知识为普遍的、外在于人的、供人掌握的真理。由于以主客分离为基础，传统课程当之无愧地成为知识的载体，成为一堆事实、理论和方法的总汇[①]。这种情况在众多

---

① 钟启泉. 课程的逻辑 [M]. 上海：华东师范大学出版社，2008：27.

高校课程的设置和实施中普遍存在，其弊端是显而易见的。

其一，课程目标直接体现教育目的和培养目标，传统课程中，很多高校课程的目标就是实现知识的传递，关注的是知识量的积累和内容体系的完整，注重考查学生记忆了多少知识，而很少考察学生形成了哪些能力。

其二，由教学计划与教学大纲组成的课程方案，更多表现为教材中心、教师中心和教室中心的"旧三中心论"①，课程实施中重视知识的传授，忽视过程与方法，淡漠情感、态度、价值观。

其三，课程体系臃肿、课程组织僵化、课程设置不当，课程之间彼此脱节与重复并存。

其四，课程内容陈旧、知识不新、信息量不足，不能适应时代发展对人才培养的需要。

其五，课程实施是达成学科课程目标的步骤和方式，传统课程实施过程最突出的问题在于手段和形式陈旧，没有以学生的学习和发展为中心开展教学活动，缺乏激发学生主动参与、自主探究、相互合作的有效教学策略和方法。

由此可见，课程的目标、方案、体系、内容和实施是当前制约教育质量的核心环节，也是提高人才培养能力的必由之路。当前大力推进一流本科教育、一流人才培养的重大任务，必须把"课程"作为主攻方向②。

"金课"的特征分论

"金课"相对于其他课程的特征，吴岩将其归结为"两性一度"，即高阶性、创新性和挑战度③。

高阶性就是知识、能力、素质有机融合，培养学生解决复杂问题的综合能力和高级思维。

创新性体现在三个方面，一是课程内容的前沿性和时代性；二是教学形式的先进性和互动性；三是学习结果的探究性和个性化。

---

① 赵炬明，高筱卉. 关于实施"以学生为中心"的本科教学改革的思考［J］. 中国高教研究，2017（08）：36—40.
② 吴岩. 建设中国"金课"［J］. 中国大学教学，2018（12）：6—9.
③ 吴岩. 建设中国"金课"［J］. 中国大学教学，2018（12）：6—9.

挑战度是指课程要有一定难度，需要学生和教师一起，"跳一跳"才能够得着，教师要认真花时间、精力、情感备课讲课，学生课上课下要有较多的学习和思考时间做保障。

目前，关于"金课"的讨论很多，但多是以"两性一度"为基础讨论如何建设和实施"金课"以及对"金课"的必要性和时代意义进行讨论，很少对"两性一度"本身进行理论上的探究，这将导致对"金课"认识与实践缺乏必要的学理依据和理论指导，最终使"两性一度"浮于表面，无法从根本上改造课程，从而影响"金课"成为提高人才培养能力的"金刚钻"。针对这一问题，我们将从以下三个方面进行理论探究：

（一）高阶性

课程的目标就是要让学生在某一领域形成问题解决能力和该领域的高阶思维，课程教学不能仅仅是简单的知识传授，它应是一个从知识到能力再形成素质的过程。因此，"金课"高阶性的核心就是如何通过课程培养学生的高阶思维能力。发展高阶思维能力，是促进学习者发展的核心。多数研究者认为，发展的最有效方法是将高阶思维与课程和教学整合起来，形成预期的教学目标和学习结果。目前，在教学目标定位和学习结果预期方面，对实施高阶思维教学影响较大的理论是本杰明·布鲁姆等人于1956年提出的认知目标分类学说和加涅等学者于1992年提出的学习结果分类学说。

1. 布鲁姆认知目标分类学说

1956年，美国著名教育心理学家布鲁姆发表《教育目标分类：认知领域》，提出了教育目标分类系统（Taxonomy of Educational Objectives），这个系统被称为布鲁姆教育目标分类法。布鲁姆认为，认知目标可以分为六个层次，分别是：记忆，对具体事实的记忆；领会，把握知识材料的意义，对事实进行组织，从而搞清事物的意思；应用，应用信息和规则去解决问题或理解事物的本质；分析，把复杂的知识整体分解，并理解各部分之间的联系，解释因果关系，理解事物的本质；综合，发现事物之间的相互关系和联系，从而创建新的思想和预测可能的结果；评价，根据标准评判或选择其他办法。这六个认知层次按照从最简单到最复杂的顺序排列，最简单的认知技能是对知识的回忆，最复杂的认知技能则是对观点的价值做出判断。这个模型反映了人类认知发展的阶段性，可以用来对认知发展水平和各种学习方法进行分类研究，从而厘清学习类型与认知发展的关系。该模型一经提出就获得好评，产生了广泛影响，被认为是20世纪以来对课程论有显著影响的学说之一。

2001年，布鲁姆的学生洛林·安德森等认知心理学家重新修订了布鲁姆分类法，把认知目标分类的6个层级分别修改为：记忆（remember）、理解（understand）、应用（apply）、分析（analyze）、评价（evaluate）、创造（create），见表3－1。这个修订中增加了"创造"，创造作为一类高级思维能力被突显出来。在这些层级中，分析、评价和创造被称为高阶思维，因此，在教学中发展这些层级的认知水平，就是培养高阶思维能力；学生能够运用高阶思维进行有意义的学习就是高阶学习，这种学习通常是主动的、有意图的、建构的、真实的和合作的[1]，高阶学习以低阶学习为基础。一个课程的高阶性就是要培养高阶思维能力和促进学生高阶学习。

表3－1 修订后的布鲁姆教育目标分类法

高阶思维	创造	将要素重新组织成新的模型或结构 它强调的是创造能力，需要产生新的模式或结构
	评价	基于准则和标准作出判断，包括检查和评论
	分析	将整体材料分解成它的组成部分，确定部分之间的相互关系，以及各部分与总体结构或目的之间的关系，包括区别、组织、归因
低阶思维	应用	指在给定的情境中执行或使用程序，包括执行和实施
	理解	指从口头、书面和图像等交流形式的教学信息中建构意义，包括解释、列举、分类、总结、推断、比较、说明
	记忆	指从长时记忆中提取相关的知识，查找和呈现与材料相吻合的知识

布鲁姆的认知目标分类学说从实际教学应用的角度描述了高阶思维和认知能力，对创设促进学习者高阶能力发展的教学条件或学习环境设计来说具有直接的指导作用。

2. 培养学生的高阶能力

（1）培养高阶能力的关键是发展学生的高阶思维。钟志贤认为，知识时代对人才素质的要求表现为以下九种能力：批判性思维、团队协作、信息素养、获取隐性知识、自我管理、决策、兼容、创新和可持续发展能力，这些能力被称为高阶能力，是解决劣构问题或复杂任务的心理特征，是问题求解、决策制定、批判性思维和创造性思维能力，是综合运用分析性、创造性和实践性思维的能力[2]。因此，根据认知目标分类学说，要在教学目标中体现分析、评价和创造这些高认知水平层次的能力，开展促进学生较高认知能力水平的教学活动，促进学生高阶能力的发展。这是体现新时代人才

---

[1] 吴岩. 建设中国"金课"[J]. 中国大学教学，2018（12）：6－9.
[2] 钟志贤. 信息化教学模式[M]. 北京：北京师范大学出版社，2016：39－65.

培养要求的课程建设宗旨。

（2）发展高阶思维需要促进高阶学习。按照布鲁姆认知目标分类模型，根据不同层次认知能力培养的目标，对应不同类型的学习，即以知识的记忆、理解和应用为目标的低阶学习和以分析、评价、创造为目标的高阶学习，低阶学习要向高阶学习发展，高阶学习以低阶学习为基础，这体现了认知与学习发展的阶段性。在传统课堂中，学习主要体现为以教师讲授和学生被动接受为主的低阶学习，忽视了高阶学习，这不利于学生高阶能力的培养，学生心智得不到全面发展①。哈佛大学教授大卫·珀金斯认为，高阶思维需要专门进行训练和培养。日常思维是每个人与生俱来的，而更高的思维能力是一种技术或技巧上的训练结果。良好的思维能力需要相应的教学支持，包括一系列有针对性的练习。通过有效的课程设置、教学设计和学习环境支持，学习者的高阶学习能力能够得到培养和训练。这说明要发展学习者的高阶思维能力，需要从高阶学习的特点出发，构建教学模式，进行教学支持。

（3）高阶学习需要高阶教学模式支持。通常我们把在一定的教育观念、教学理论指导下，由教学过程中教师、学生、媒体和教材四个要素相互作用、相互影响形成的稳定结构形式称为教学模式。传统的教学模式以教师为中心，以教材为基础，通过讲授、板书等教学手段与方法向学生传授知识，学生则被动地接受教师传递的知识。在这种模式中，教师是教学活动的中心，是知识的传播者和灌输者；学生处于被支配地位，是外界刺激被动的接受者和灌输对象；教科书是学习内容的载体；教学媒体则是教师向学生灌输的方法与手段②。这种教学模式面向的是低阶认知，学生高阶思维能力得不到有效的发展，我们把这类教学模式称为低阶教学模式。高阶教学模式应该是建立在建构主义基础上的，支持学生主动建构认知结构，进行以学习者为中心的学习，学生成为信息加工的主体，教师成为意义建构的促进者、引导者和学习支架的搭建者。

研究发现，在项目化教学、合作学习、研究性教学、混合式教学、翻转课堂等教学模式中，运用探究、发现和研究的学习方法，通过合作小组学习、讨论、案例学习、项目研究和问题求解学习活动，有利于发展学习者的高阶思维能力。高阶思维能力的发展需要高阶学习活动予以支持。高阶学习是一种需要学习者运用高阶思维的学习活动，这种学习是主动的、建构的、真实的和合作的。在教学模式属性上，属于建构主

---

① 赵炬明. 聚焦设计：实践与方法（上）——美国"以学生为中心"的本科教学改革研究之三 [J]. 高等工程教育研究，2018（02）：30-44.

② 张屹，祝智庭. 建构主义理论指导下的信息化教育 [J]. 电化教育研究，2002（1）：19-23.

义学习模式。在这样的模式里，学习者在教师创设的情境、协作与会话等学习环境中充分发挥自身的主动性和积极性，对知识进行意义建构并用其所学解决实际问题；学生是知识的主动建构者和运用者；教师是教学过程的指导者与组织者，是意义建构的促进者；承载知识的信息不再是被动接受的内容，而是学生主动建构意义的对象；学习环境中的"情境""协作""会话"等要素一定要有利于学生的学习；以协作为主体的社会化活动发生在学习的全过程，学生之间通过会话协商共同完成学习任务；教学信息也不再局限为教材载体而是作为学生主动学习、协作式探索、意义建构、解决实际问题的认知工具。在这样的教学模式中，需要把教师要讲解的内容转化为学生要解决的问题，学生运用高阶思维策略，通过完整的、情境化的学习活动，以发展清晰的表达、推理和自我监控等方面的能力，进而提高学习者的高阶思维能力。

因此，摒弃教师一言堂的灌输式低阶教学模式，创新发展学生高阶思维能力的高阶教学模式，是确保"金课"建设"高阶性"特性的关键。

另外需要指出的是，高阶教学模式要求教师和学生掌握一定的教学方法、学习策略和思维技能。麦克朗林、霍灵沃思认为，在支持学习者发展高阶思维能力方面产生了不少新型的教学模式，但有效的运作需要相关的知识和技能。因此，要有效实施高阶教学模式，就必须对教师进行系统的培训，并对学生的学习进行有效的支持和引导。另一方面，正如前文所述，高阶学习以低阶学习为基础，低阶学习要向高阶学习发展。不要只有低阶学习而忽视高阶学习，也不能一味追求高阶学习而忽视低阶学习，要根据学科特点、教学内容和知识类型均衡地进行课程设计。这就把课程设计提到了空前重要的地位。课程教学需要设计，并以此促进学生心智发展[①]。

（二）创新性

"金课"的创新性体现在三个方面，一是课程内容的前沿性和时代性；二是教学形式的先进性和互动性；三是学习结果的探究性和个性化。课程内容的创新性要体现教学内容和学科的前沿性、时代性，这通常是由学科自身特点决定的，因此我们在这里不做研究。这里重点探讨教学方式方法的创新和学习结果的探究性、个性化问题。

创新是指以提出的问题为导向，利用现有的知识和物质，在特定的环境中，本着理想化需要或为满足社会需求，而改进或创造新的事物、方法、元素、路径、环境，并能

---

① 赵炬明. 聚焦设计：实践与方法（上）——美国"以学生为中心"的本科教学改革研究之三[J]. 高等工程教育研究，2018（02）：30-44.

获得一定有益效果的行为。因此,"金课"的"创新性"也应该体现定义中三个方面的内容:一是问题导向,"金课"的创新必须明确所要解决的问题是什么;二是瞄准要素,围绕构成课程的诸要素开展创新;三是取得实效,创新是能够取得和验证效果的行为。

1. "金课"创新必须坚持问题导向

2018 年 5 月 2 日,习近平总书记在北京大学师生座谈会上指出:"教育兴则国家兴,教育强则国家强。高等教育是一个国家发展水平和发展潜力的重要标志。今天,党和国家事业发展对高等教育的需要,对科学知识和优秀人才的需要,比以往任何时候都更为迫切。"现阶段,有的学校的课程还不能满足新时代人才培养的现实需求,课程质量与卓越拔尖人才培养之间的矛盾日益凸显。因此,"金课"创新的根本任务在于如何培养高水平学术型创新人才和应用型创新人才,支撑创新型国家和人才强国建设,为实现中华民族伟大复兴提供人才保证。

"金课"的产生具有典型的时代性特征。2021 年是中国共产党成立 100 周年,中国发展进入了新时代。在促进世界和平和繁荣发展方面,中国担负着重要的国际责任与义务,为全世界提供了可借鉴的中国经验和中国案例。因此,"金课"创新的任务还在于如何把"金课"作为中国原创课程形态,在形态上具备时代特征,抓住新一轮科技革命驱动教育变革的契机,打造具有鲜明中国特色的课程品牌,为国际教育发展提供中国经验和中国案例[①]。

因此,"金课"创新要回应和解决两个基本问题:一是建设具有一流水平和质量的课程,让"金课"成为掀起高等教育质量革命的重要引擎;二是建设体现高等教育和教育技术发展方向的新形态课程,让"金课"成为引领高等教育潮流和中国特色的重要载体。

2. "金课"创新要实现课程要素和生态创新

课程是对教育目标、教学内容、教学活动方式进行规划、设计和实施的总和,课程创新就是要针对课程的目标、内容、方法、路径、评价进行结构性的革新和创造,并获得显著成效。

对课程目标而言应定位准确、目标明确,课程的目标不能仅仅满足于死记硬背的知识积累,而是要突出知识、能力和素质的有机融合,把培养高素质、高能力、能创

---

① 王运武,黄荣怀. 打造新时代中国"金课"培养"卓越拔尖"人才[J]. 中国医学教育技术,2019(4):380-388.

新、会实践的综合性人才作为课程的根本目标。

对课程内容而言不仅要体现前沿性和时代性,更要创新课程内容形式,充分利用信息技术,通过 MOOC、小规模限制性在线课程(Small Private Online Lowse,SPOC)等课程资源新形态满足学生个性化学习和自主探究的需要。

在方法和路径上要体现先进教学理念和学习科学发展的最新成果,从根本上改变师生角色和课堂教学模式,教师作为课程的实施者必然要转变观念。教师应从知识的权威到平等地参与学生的学生过程,从知识的传递者转变为学生学习的促进者、组织者和指导者,以及学生心灵的影响者、激励者和鼓舞者。

在评价方面,有效的课程评价能判定课程教学效果和课程教学目标的实现情况,对反馈课程教学方法的应用效果以及评价学生的学习效果等具有重要的现实意义。不科学的评价机制、方法和手段是出现"水课"和"清考"现象的一个重要原因。要创新评价理念、指标体系、评价环节,科学、全面、客观地进行课程评价,从课程评价环节为培养高素质、高技能的创新型人才提供保障。

对课程的每个关键要素的创新固然重要,但如果只针对单个要素实施改革,是不可能引发课程系统范式改变的。根据托马斯·塞缪尔·库恩提出的范式革命理论,只有当包含课程理念、理论、模式、策略和方法的范式发生更迭时,革命才会发生,此时的创新将不再是"渐进式创新",而会被称为"颠覆式创新"。因此,应该在要素创新的基础上强调要素之间的系统关系和系统性创新,特别是要从课程生态观的角度研究课程创新问题,这为我们思考和解决"金课"建设问题提供了新视野。

生态是存在于生物和环境之间的各种因素相互联系和相互作用的关系,研究这种关系的科学就是生态学。生态学(ecology)一词是自然科学家亨利·戴维·梭罗在 1858 年提出的,其蕴含着"整体、全部、系统"的关系结构,这种结构始终保持着与生存、生命、生产的密切关联,又具有总体性、整体性和全面性的特征。教育生态学(Educational Ecology)由美国哥伦比亚师范学院院长劳伦斯·A. 克雷明于 1976 在《公共教育》一书中提出,它是一门与教育学、生态学、心理学、社会学等学科相互交叉渗透而形成的边缘学科。课程生态从"生态视角"(Ecological Perspective)、生态方法(Ecological Approach)和生态理论(EcologicalTheory)等维度系统地研究课程不同要素之间的关联和相互作用。①

基于课程生态观创新的特征主要表现为：

（1）基于课程生态观的创新要求教师和学生改变传统的角色，教师不只是过去的知识传授者、教材的控制者、成绩的评判者，学生也不只是知识被动的接受者，而是积极地参与到课堂活动中，通过师生间的信息交流，实现师生相互沟通、相互影响和相互补充，达到共识、共享和共同发展、共同提高的目的②。

（2）基于课程生态观的创新关注课程规划、课程目标、手段方法、课程计划的均衡发展和相互作用，强调教学流程再造和重构课堂教学结构，形成新的课程生态平衡。新的平衡建立在新理论框架和问题解决模式的新范式基础上，并且是在"范式"约束下进行实践，这种约束作用使得创新具有很强的稳定性，也只有高稳定性的创新才能使课程创新持续产生成效。

（3）基于课程生态观的创新需要信息技术的融合。随着信息技术的发展，互联网与各种信息终端的普及，教师、教材、教室已不再是唯一的知识来源。西蒙斯的"联通主义"思想认为信息从哪里来并不重要，重要的是人们获取知识的"通道"。学习也不再是一个人的活动，而可以成为分布式的建构活动。

信息技术为课程各要素提供了新的联结通道、共生平台和运行规律，进而彻底改变了课程生态系统结构。网络教学平台、网络学习空间、网络学习共同体、网络课程资源和学科教学工具为学生更有效地获得知识提供了可能。"金课"建设中的"线上金课"和"混合式金课"正在加快创建"互联网＋教育"的新课程生态，为构建终身学习和"四化三学"的学习型社会奠定了坚实的基础。

（三）挑战度

学业挑战度（Level of Academic Challenge，LAC）的概念最早出现在美国等西方国家的大学开展的学情调查分析中。其中，影响力最大的是 1998 年由美国印第安纳大学发起的"全美大学生学习性投入调查"（NSSE），这当中便有学业挑战度这一指标，并且是 NSSE 五个跨院校可比指标之一。当时的指标含义主要有三个方面：一是学生学习的努力程度，指学生学习投入时间、课程要求、教师任务的完成程度；二是学生

---

① 荆洁兰. 从课程生态观探讨教师和学生角色的转变［J］. 西安电子科技大学学报（社会科学版），2014（2）：108-111.
② 荆洁兰. 从课程生态观探讨教师和学生角色的转变［J］. 西安电子科技大学学报（社会科学版），2014（2）：108-111.

的高阶学习，教学对高阶认知能力（分析、综合、判断）的强调程度；三是学生的学习环境，院校如何通过政策、环境、价值评价等促进学生学业投入。随着 NSSE 的不断发展完善，学业挑战度的指标内涵也在发生变化，弱化了对课业量的关注，更加强调对高阶认知能力的培养，这与高等教育的发展趋势是一致的。

课程挑战度不足，是我国发展世界一流本科教育事业的瓶颈之一[①]。2010 年史静寰等人发表的《清华大学本科教育学情调研报告 2010》指出，清华大学本科教育总体上与美国同类大学相当，但是清华学生在学业挑战度、主动合作学习水平和生师互动程度等方面落后于美国顶尖研究型大学学生[②]。对学生而言，提高课程的挑战度可以有效激发学生潜能和学习动机，培养学生思维创新、克服困难、探究并发现新知识的能力，以及综合运用相关知识解决实际问题的能力，使学生通过既有知识综合运用或新知识创造，最终享受成功喜悦；对教师而言，课程内容上要对知识进行整合和综合应用，问题和项目要涉及学科前沿或者实践情境，要做到高目标、高难度和有挑战；在教学模式上，要弱化课内课外界限，摒弃满堂灌的传统教学模式，通过高阶教学模式形成良好的师生互动和生生互动，培养学生发现问题、解决问题的能力，并使团队协作精神和终身学习能力得以提升。

因此，提高课程挑战度需要师生共同在课内外增加投入和协作，需要学生和教师一起努力，教师要认真花时间、花精力、花情感备课讲课，学生课上课下要有较多的学习时间和思考作保障[③]。

对于课程挑战度，不能仅仅从增加师生精力投入的角度来理解，应该从学理支撑和教学模式出发深入研究，形成稳定而有效的教学模式、策略和方法。通过对提高课程挑战度的关键因素进行研究发现，高挑战度的课程在思维层次、知识体系、学习动机、学习投入、元认知、学习结果的迁移能力等方面与低挑战度课程具有明显差异，并具有以下特征：一是高挑战度的课程强调更有效的反思和更高的认知目标层次，二是高挑战度的课程强调更强的学习动机和更多的学习投入，三是高挑战度的课程强调真实情境和基于问题或项目的学习。研究发现，这些特征与实现途径和深度学习理论具有一致性。常立娜认为深度学习具有四个特征：强调理解性的学习，培养学习者的高阶认知能力，强调行为和情感的高投入，发生在真实情境中的基于问题的学习[④]。

---

① 孙宏斌. 挑战性学习课程的提出与实践［J］. 中国大学教学，2016（7）：26-30.
② 史静寰，文雯. 清华大学本科教育学情调查报告 2010［J］. 清华大学教育研究．2012（1）：4-16.
③ 吴岩. 建设中国"金课"［J］. 中国大学教学，2018（12）：6-9.
④ 常立娜. 深度学习文献综述［J］. 开放学习研究，2018（2）：30-35.

可见，提高课程挑战度的关键在于通过促进深度学习，为建设高挑战度课程提供理论支撑和有效教学模式。

1. 深度学习的内涵

深度学习（deep learning）由美国学者费伦斯·马顿和罗杰·萨尔霍在《学习的本质区别：结果和过程》中提出。他们根据布鲁姆的认知目标分类学说，提出了深度学习的概念并借助实验推进了深度学习的研究[①]。深度学习的目标是培养学习者的深度学习能力，核心是发展学习者的高阶思维能力。《新媒体联盟地平线报告：2016 高等教育版》明确提出了未来五年高等教育会逐渐转向深度学习，而《新媒体联盟地平线报告：2017 高等教育版》再次强调了高等教育发展的长期趋势是深层学习方法的应用[②]。根据相关文献可知，深度学习是指以高阶思维和问题解决能力发展为目标，通过基于元认知策略的学习活动，强调整合知识、积极主动、合作探究，对知识进行结构化和深度加工。深度学习不只是一种学习方式，也是为了培养学生的核心素养、促进学生全面发展的积极的、有意义的建构活动；深度学习不只是学生单方面的努力，也是教师和学生面临的共同挑战。挑战度与深度学习的关系如图 3—3 所示。

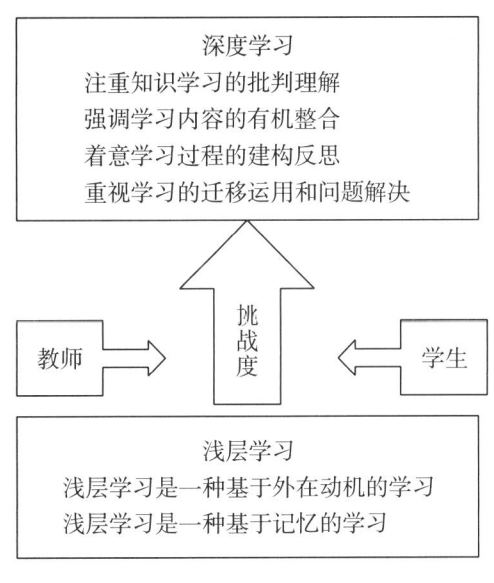

图 3—3 挑战度与深度学习关系示意图

---

① Marton F，Saljo R. On Qualitative Diference in Learning：Outcome and Process[J]. British：Journal of Educational Psychology，1976（46）：4—11.
② 安富海. 促进深度学习的课堂教学策略研究 [J]. 课程教材教法，2014（11）：57—62.

2. 深度学习的策略

浅层学习是通过简单描述、重复记忆和反复训练等方式学习新知识和思维的一种学习形式。首先，就学习动机而言，浅层学习是一种基于外在动机的学习，是在外在任务的驱动下，被动地、消极地进行的一种学习，考试内容是浅层学习最主要的目标，等级评分是促进浅层学习最有效的方法；其次，浅层学习是一种基于低阶思维的学习，布鲁姆认知目标层次中的"记忆和理解"往往是浅层记忆的主要维度，新知识与已有知识之间没有建构有意义的结构和联系。学生通过死记硬背和短期记忆来应付考试，这样的学习是缺乏挑战度的，不能促进学生的深度理解、高阶思维和批判精神的培养。浅层学习是我国大学本科教学中存在的一个突出问题。在深度学习理论视域下，针对浅层学习中的问题，可从提高目标、强化体验、促进建构、全面评价、促进合作五个方面，探讨在课程建设和教学过程中如何提高课程挑战度，促进深度学习。

策略一：提高目标，确立高阶思维发展的学习目标。

高阶思维能力的发展程度是深度学习与浅层学习的最大区别[1]。浅层学习的目标主要停留在"记忆和理解"的认知层次上，深度学习把高阶思维的发展作为教学目标，将"分析、评价和创造"作为教学重点关注对象，在理解学习的基础上，学习者能够批判性地学习新的思想和事实，并将它们融入原有的认知结构中，能够在众多思想间进行联系，并能够将已有的知识迁移到新的情境中，通过较高认知水平层次上的心智活动提高认知能力。目标的提高必然带来挑战，促进学生高阶能力的发展符合新时代人才培养的课程建设宗旨。

策略二：强化体验，建立学生全身心投入的学习机制。

在深度学习中，学生不是被动接受外在知识的灌输，也不是从实践开始的盲目试误，而是通过主动的、协作的、有目的的活动，对人类已有认识成果及其过程的学习与体验，它需要学生增加投入，真正成为教学活动的主体。教师通过对学习内容的特点、教学目标的要求、学生思维的发展状况的把握，基于情境和现实设计问题任务，让学生产生真实体验，吸引学生主动参与到学习过程中，主动挑战"探索""发现"知识形成的过程。这种实质性的参与和体验为学生运用高阶思维进行深度学习奠定了一个良好的基础，是学生深度学习的重要机制。

---

[1] 安富海. 促进深度学习的课堂教学策略研究[J]. 课程教材教法，2014（11）：57-62.

策略三：促进建构，整合意义联接的学习内容。

在传统的教学中，教师将孤立的、非情境性的知识呈现给学生，然后通过举例、活动等方式让学生记忆和理解知识。这种知识的表征方式不利于促进学习者对知识有意义的整体感知。由于学习过程没有在新旧知识之间建立联结，新知识没有进入学生原有的认知结构，就会出现解决问题效率低、效果差的现象①。深度学习的内容特点是基于问题的多维知识整合，在进行教学内容分析和设计时，需要跨越学科、跨越教材和跨越课堂，分析教学内容，深入地挖掘知识，灵活地整合知识，充分利用信息技术对内容重新组合，建立有知识路径的"路网系统"，将孤立的知识要素联结起来，引导学生将知识以整合的、情境化的方式存储于记忆中。这样不仅有利于学生进行有意义的知识建构，还有利于知识的提取、迁移和应用，促进学生在批判反思的基础上建构属于自己的新的认知结构。

策略四：全面评价，促进学生持续有深度的学习反思。

首先，及时反馈的形成性评价是促进学生反思学习状况并及时调整学习策略，实现深度学习的有效途径。它不仅可以促进学生深入理解学习内容，改进学习策略，还可以帮助教师及时调整教学策略，增强课堂学习的实效性。其次，多元化的评价不仅对学生个人进行评价，还会针对合作学习中的共同体进行评价。这种评价可以有效促进组内合作和组间竞争，而充分有效的合作学习是深度学习的重要促进因素。再次，伴随式的评价反馈会让学生关注学习的过程和方法，这会使学生将自己的学习成果与自己的努力相关联，不仅可以保护学生的发展性思维，还会形成进一步的学习动机。因此，深度学习要求教师要重视形成性等多元化的评价在学习中的价值，关注学生的学习进展并及时给予反馈，进而引导学生根据自己的学习状况调整学习策略，在教师的支持下，学生元认知能力和思维品质的改善会进一步激发学生深入学习、积极探究的动机，将学生的学习引入更高层次。

策略五：强调合作，在交流碰撞中促使学习者进行深度的认知加工。

促进深度学习的协作学习活动一般包括创设问题情境、个体自主探究、组内讨论、组间交流、师生总结评价五个阶段②。在创设问题情境阶段，教师要讲授的内容被转

---

① 乐会进，蔡亮文. 混合教学模式何以促进深度学习——基于翻转课堂的研究[J]. 中国信息技术教育，2018，(15)：143-147.

② 乐会进，蔡亮文. 混合教学模式何以促进深度学习——基于翻转课堂的研究[J]. 中国信息技术教育，2018，(15)：143-147.

化为学生要解决的问题，为学生创建有意义的结构化学习任务。个体自主探究阶段，学生进行独立思考，教师为学生提供学习支架。组内讨论阶段小组成员通过观点的碰撞，互相影响，补充、修正并加深每个学习者对问题的理解，小组形成统一方案的过程正是说服他人和自己、进行深度理解和深度认知加工的过程，其有助于学习者的深度学习。组间交流阶段实现了更大范围的思想碰撞，学习者无论是说服别人还是接受他人的方案，这一过程都会促进学习者的深度学习。师生总结评价阶段要求进行过程性评价，包括学生自评、互评以及教师评价。合作学习中的形成性评价和小组多元评价会有效促进学生的元认知，强化成长性思维，发展学生的分析、评价等高阶思维能力，从而增强学生的深度学习能力。

NSSE 的创始人乔治·库曾经指出，影响学业挑战度的主要因素，是学生能否在课堂中使用信息技术、能否获得足够的师生互动。富有挑战度的课程并非简单布置大量学习任务和提高考试难度，而是通过政策、环境、价值评价等促进高阶学习，鼓励学生能够对经验和知识进行深度认知加工，学生有充分的机会使用信息资源。学生的学业挑战不仅是投入大量时间、完成高难度任务，更重要的是能够科学合理地开展深度学习，并在课程学习中开展深层认知活动。

通过对"金课"特征的高阶性、创新性、挑战度的理论探讨，我们不难发现，通过"培养学生高阶能力掀起质量革命"这一主线，课程的高阶性体现为构建高阶教学模式，促进高阶学习，发展高阶思维，形成高阶能力；课程的创新性从课程生态观角度实现师生角色、课程规划、课程目标、手段方法、课程形态的均衡发展和范式变革，促进学生习得问题求解方法和思维创新的认知策略；挑战度通过促进深度学习，开展有挑战的教学活动，提高学生在较高认知层次上的心智活动水平或较高层次的认知能力，这均是典型的高阶学习，也是培养创新精神、实践能力的作用点和生长点。

以智慧课堂促进"金课"建设

"金课"是在新时代的背景下为了提高本科课程教学质量而提出的一个新举措。淘汰"水课"，打造"金课"，已经成为各高校提高人才培养能力的"金刚钻"，而如何建设具备高阶性、创新性和挑战度的大学"金课"，成为一个亟待解决的关键问题，也成为当前的一个研究热点。李芒等研究者从认识现代教学的角度提出了"七度"教学观，分别是教学的难度、教学的深度、教学的广度、教学的高度、教学的强度、教学的精度以及教学的温度，认为这是大学教师能否上出"金课"的关键[①]。王竹立则从信息时代的"金课"特征角度进行了讨论，肯定了信息技术对于"金课"的关键作用，提出了信息时代新理念、新模式、新评价的"金课"建设三原则。实际上，"金课"并非一个严格意义上的学术概念[②]，"金课"建设实质是建设高水平课程，使其体现"两性一度"的特征，最终有效培养创新型、复合型和应用型的人才。建设高水平课程必然需要先进的教学理念、科学的教学方法共同来支撑，智慧课堂正是通过对以上两点的支撑成为建设大学"金课"的有效手段。

智慧课堂是在新兴信息技术的支持下，通过课程生态重建、课堂结构变革和教学流程再造，构建精准化、智能化、个性化、协作化和动态化的课堂学习环境，适配以建构主义学习理论为基础的高阶课堂教学模式，有效促进师生智慧能力形成的新型课堂[③]。智慧课堂在技术层面通过新一代信息技术如物联网、云计算、移动互联网等技术对教育信息进行互动、感知、识别、捕获、汇聚、分析，进而辅助智能化的教育管理与决策；在教育层面通过教师、学生、教学内容和教学环境的结构性变革，实现课堂教学模式、策略和方法的创新，支持学生个性化的学习探究，促进教师的教学智慧，促进学生形成智慧能力。

通过对相关文献的分析，相对于传统课堂，大多数研究者认为智慧课堂具有以下七个方面的优势：

(1) 以学生为中心的课堂结构。

(2) 开放多元的教学流程再造。

(3) 高效互动的反馈与数据化教学决策。

(4) 促进合作探究的教学模式。

(5) 规模与个性兼顾的个性化教学。

(6) 让课堂灵动开放的生成性教学。

(7) 数据为实证化教学导航。

根据对智慧课堂的内涵以及优势的理解，我们不难看出，智慧课堂的根本目标就是通过课堂教学创新，改变传统课堂教学结构，建立新的教学范式，实现课堂教学革

[①] 李芒，李子运，刘洁滢. "七度"教学观：大学金课的关键特征 [J]. 中国电化教育，2019 (11)：1—8.
[②] 王竹立. 论信息时代的"金课"[J]. 煤炭高等教育，2019，37 (03)：14—21，42.
[③] 唐烨伟，庞敬文，钟绍春，等. 信息技术环境下智慧课堂构建方法及案例研究 [J]. 中国电化教育，2014 (11)：23—29，34.

命。只有新范式才能改变传统课堂教学结构，重新定义课堂中各要素之间的关系，实现以学生为中心，变革教学模式，切实提高课堂教学成效，提高人才培养质量，这与"金课"的建设目标有着高度的一致性。

（一）智慧课堂对高阶性的支撑作用

根据前文所述的教育目标分类模型。发展学生分析、评价和创造层次的认知水平和能力，就是培养学生的高阶思维能力；学生调用这些层次的认知开展有意义的建构学习就是高阶学习，这种学习通常是主动的、有意义的、真实的和合作的[①]。这些都需要高阶教学模式的支持。

高阶教学模式应该建立在建构主义基础上，支持学生主动建构认知结构，以学习者为中心，学生成为信息加工的主体，教师成为意义建构的促进者、引导者和学习支架的搭建者。在教学要素之间的关系和教学活动上，则体现为促进意义建构的探究、协作和自主学习，教学手段上以当代信息技术为重要特征。

在智慧课堂中应用TBL（合作学习）、PBL（项目化学习）、探究式、参与式教学等高阶教学模式，有利于发展学习者的高阶思维能力。这些高阶教学模式需要一定的教学环境和教学方法、学习策略和思维技能来支撑。智慧课堂让协作式、研究型、项目化的教学模式更加有效，已经成了国际高等教育领域的共识。智慧课堂的目标绝不是让传统灌输式的课堂更加高效，而是通过智慧课堂中平台软件与智能终端提供的高效分组交流互动、数据分析反馈和智能化教学支架等建立教学新范式。在智慧课堂教学环境中，瞄准学生高阶思维能力培养，开展高阶教学模式创新，是确保"金课"建设"高阶性"特征的关键。

（二）智慧课堂对创新性的推动作用

智慧课堂对课程内容而言不仅要体现前沿性和时代性，还要创新课程内容的形式，充分利用信息技术。在以往的教学中，知识最主要的来源有两个，一是教材，二是教师。学生的学习主要是通过听老师讲和学习教学内容进行的，而这两方面在知识更新速度上有着明显的滞后性。当今网络时代，信息和知识的存在方式已经发生了根本变化，它们在网络上以视频、声音或文字的形式分布式存在着，人们获取知识的方式因此发生了根本的变化，知识存放的位置已经不再重要，重要的是人们获取知识的途径。

---

① MBA智库. 加涅的信息加工学习理论 [EB/OL]. (2016-02-28) [2019-03-08]. https://wiki.mbalib.com/wiki/加涅的信息加工学习理论.

互联网时代，知识的存在与获取方式已经发生了根本性变化，人类的认知方式越来越多地体现为"分布式"和"人机一体"。在智慧课堂中，通过MOOCS、SPOC、微课等课程资源新形态与网络世界无缝对接，确保信息的前沿性和时代性。线上线下一体化、课内课外相融通的课程生态系统，也能够真正使学生个性化的按需学习成为现实，满足自主探究的需要。

在传统课堂中始终存在这样一个矛盾，就是大班额批量化的教学很难兼顾每个学生的个体差异。教学中的各要素也只能适应批量化教学的需要，课程是静态匀速推进的，课堂也是整齐划一的。因此，以学生为中心和个性化教学的先进理念的作用始终受限。在智慧课堂环境下，方便的教学反馈和分析，能够准确把握每个学习者的个性化学习需求。教学系统将有针对性地制订学习方案和支持策略，推荐个性化的学习资源。网络教学平台中的微课、慕课等课程资源拓展了学生主动探究和个性化学习的时空。按需学习不再是一个梦想，批量教学和个性化学习之间、规模效益与个性发展之间的难题最终得到破解。智慧课堂是一个多元开放的教学系统，突破了时空限制，实现了线上线下的多元一体和课内课外相融通。在多元开放的教学环境中，学生将拥有更多选择的权利，为学生激发潜能、发展智慧提供了有利条件。课前，在线上网络学习平台中，教师引导学生对学习内容进行前置学习，积极主动地检索资料、探讨研究，教师通过检测和学习数据分析充分了解学情；课中，通过协作式、研究型、项目化的教学模式引导学生发现问题，表达观点，展开讨论，寻求真知；课后，通过线上合作学习和辅导，让学习继续。线上线下一体化的混合式学习和课内课外相融通的翻转课堂模式是智慧课堂的重要特征。

"金课"的方式方法创新需要信息技术的融合，而信息技术的融合并非简单地相加，需要通过智慧课堂为课程各要素提供新的联结通道、新的共生平台，形成新的运行规律，进而彻底改变课程生态系统结构。网络教学平台、网络学习空间、网络学习共同体、网络课程资源和学科教学工具为学生更有效地获得知识提供了可能。"金课"建设中的"线上金课"和"混合式金课"正在加快创建"互联网＋教育"的新课程生态，为构建终身学习和"四化三学"的学习型社会奠定坚实的基础。

（三）智慧课堂对挑战度的促进作用

课程挑战度不足，是我国本科教育的一个普遍性问题，提高课程的挑战度的关键就是促进深度学习。智慧课堂对促进深度学习、提高课程挑战度有积极作用。

1. 智慧课堂有助于培养学生的高阶思维

目标的提高必然对师生带来挑战。浅层学习的目标主要停留在"记忆和理解"的认知层次上,而深度学习是在此基础上学习者能够批判性地学习新知,并融入原有的认知结构中,通过教学活动提高学生在更高认知水平层次上的认知能力。高阶思维能力的发展程度是深度学习与浅层学习的最大区别[①]。高阶思维培养需要促进高阶学习,而高阶学习需要高阶教学模式的支撑,智慧课堂通过合作学习、探究发现和项目化学习等高阶教学模式,促进高阶学习的落实。

2. 智慧课堂有助于提高学习投入

在传统课堂中,学生完全处于封闭状态,课堂只能按照教师的预设稳步推进,学生的思维怠滞,既没有精彩也没有意外。智慧课堂的富媒体情境、教学数据分析等手段为教学生成提供了丰富的资源,让体现"高超教学艺术"的生成性教学不再神秘。学生不再被动接受知识灌输,而是通过主动的、协作的、有目的的活动建构新知。学生只有增加投入,才能够成为教学活动的主体。教师基于对学习内容、教学目标和学生发展状况的分析,基于情境和现实设计问题任务,让学生产生真实体验,主动参与到学习过程中,主动挑战知识形成的过程。学生的参与和体验为运用高阶思维开展深度学习奠定了基础。

3. 智慧课堂有助于学习意义建构

传统教学中,教师将非情境性的孤立知识呈现给学生,这不利于学生对知识有意义的建构。在智慧课堂中,多元化的资源系统对内容重新组合,形成知识"路网系统",联结彼此孤立的知识要素;教学支持系统让项目化、问题化和合作化的教学为知识的整合提供有意义的情境;数据系统分析教学内容,深入地挖掘和整合知识,这样不仅有利于学生进行有意义的知识建构,还有利于知识的应用和迁移,促进学生在反思的基础上形成新的认知结构。

4. 智慧课堂有助于促进师生反思

促进深度学习的一个有效途径是通过评价促进学生反思,及时调整学习策略,深入理解学习内容。智慧课堂的形成性评价会让学生关注完成学习任务的过程和方法,使学生将学习成果与自己的努力相关联,这不仅可以保护学生的成长性思维,还会形成进一步的学习挑战动机。因此,形成性等多元化评价,在促进深度学习策略中有重

---

① 吴岩. 建设中国"金课"[J]. 中国大学教学,2018,(12):6-9.

要价值。与此同时,有效的评价也可以帮助教师优化和调整教学策略,提高课堂教学的实效性。智慧课堂可以通过生成课堂数据报告的方式对动态教学数据进行分析和记录,让教师的教学反思和教研活动从依赖教学经验转向依赖于对海量教学数据的分析。一方面,挖掘历史数据,通过数据可视化技术精准地反映教学情况,发现最有价值的教学策略和方法,使教研从"经验"走向"实证";另一方面,实时数据的多元化采集,实现动态教学数据分析和评价,提供对学习和教学的形成性评价和诊断性评价,使教研从"偶然"走向"常态"。通过及时反馈实现对学生学习发展的关注,引导教师、学生调整教与学的策略,在教师的支持下,学生改善思维品质,激发探究的动机,提升元认知能力,将学习引入更高境界。

5. 智慧课堂有助于促进认知加工的深度

与传统课堂中以教师为中心的教学不同,智慧课堂使学生发挥主体作用成为现实,在智慧教学环境中采用协作式、个别化、小组讨论等教学形式开展教学。学生的主动性、积极性得到发挥,学生由知识灌输对象转变为知识信息加工的主体,成为知识意义的主动构建者;教师由知识灌输者转变为学生主动意义构建的帮助者、促进者。教材不再是简单传授的内容而成为学生主动意义建构的对象。教学媒体也不只是帮助教师传授知识的手段和方法而成为学生的认知工具。在这种情况下,教师、学生、教材、教学媒体所形成的要素结构与传统课堂的教学结构截然不同,有效促进了认知加工的深度,促进课堂教学从"教"向"学"转变。智慧课堂通过重构课堂教学结构,既发挥教师的主导作用,又充分体现学生的主体地位,使传统的以教师为中心的课堂教学结构发生根本性变革,把沉默单向的课堂变成碰撞思想、启迪智慧的互动场所,有效促进学生的成长性思维和元认知,发展学生的分析、评价、创造等思维能力,学生的深度学习能力得到进一步增强。

通过对智慧课堂内涵、优势以及"金课"特征的探讨,我们不难发现智慧课堂对"金课"建设的支撑作用。智慧课堂的最终目标是为了促进学习者学习,体现了建构主义学习理论、情境认知与学习理论以及学习科学的知识观和学习观,通过信息技术的增强来促进学习者的学习。

第四章

智慧课堂教学范式

　　智慧课堂是实现课堂革命的关键路径，而课堂革命只有当课堂教学范式发生迭代时才会发生。智慧课堂通过信息技术建立新型课堂教学范式，实现传统课堂教学中难以实现的课程生态重建、课堂结构变革和教学流程再造，最终实现"课堂教学革命"。因此，建立课堂教学新范式是智慧课堂变革总体结构的关键。

一　智慧课堂教学的总体架构

传统课堂教学范式结构

范式是一种广为接受的模型或模式。教学范式是在教学活动中被广泛认可、运用和传承的范例，包括理念、理论、方法、应用、教材、环境等。库恩认为，范式是一种对本体论、认识论和方法论的基本承诺，是共同接受的一组假说、理论、准则和方法的总和，在观念上形成人们的共同信念[①]。对传统教学进行基于范式的剖析，可以看出长期占领统治地位的是"以教师为中心"的理念，理论上围绕着"知识传递"展开。教学的各个要素在这样的理念和理论指导下，围绕如何提高"教"的效果和"知识传递"效率展开流程、建构模型、形成方法，学习成了被动接受的过程，学生成为被灌输的对象。

传统教学范式在"教师中心"教育观念的统领下，体现的是以"知识传递"为核心要义的教学过程的稳定结构。在这种范式中，明显呈现出传统教学的"三中心"，即教师中心、教科书中心、课堂中心[②]，教师是知识的输出者，教科书是学习内容的载体，教学媒体主要存在于课堂内，是教师向学生灌输的方法与手段，见图4—1。

---

① 库恩. 科学革命的结构 [M]. 金吾伦. 胡新和，译. 北京：北京大学出版社，2003：13-19.
② 赵炬明，高筱卉. 关于实施"以学生为中心"的本科教学改革的思考 [J]. 中国高教研究，2017（08）：36-40.

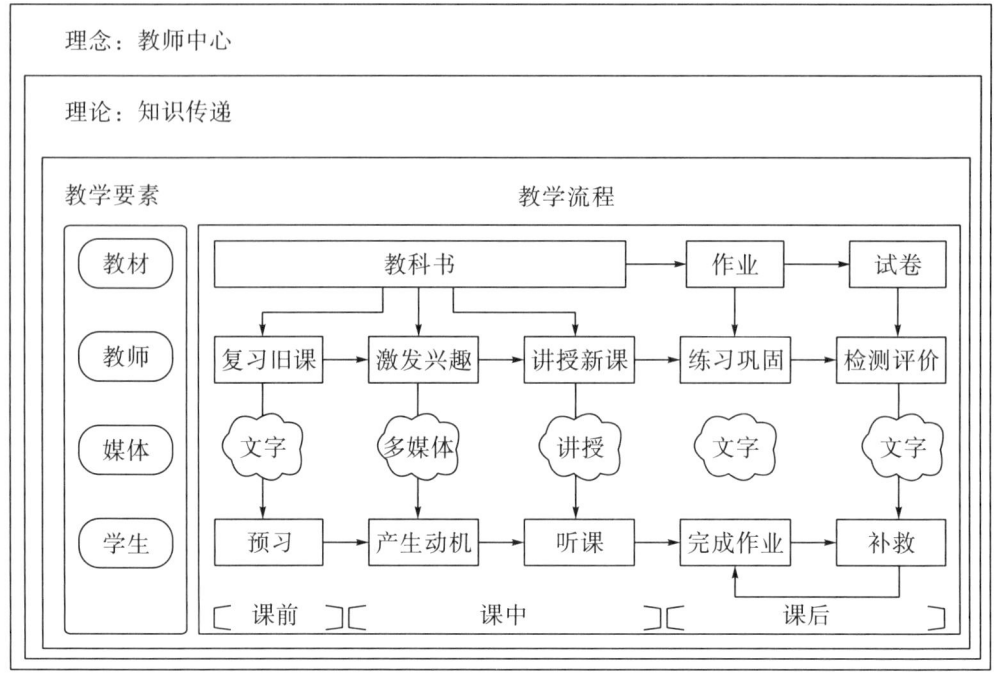

图 4-1 传统课堂教学范式

智慧课堂教学范式结构

　　智慧课堂教学范式的基石是"以学生为中心"的理念，体现的是以人为本的教育哲学观，强调培养具备可持续发展能力的人，学生是一切教育活动的中心。随着教育学、心理学甚至脑科学研究的不断深入，教学理论和学习理论发生了由"知识传递"向"知识建构"的转变，为"以学生为中心"的理念提供了理论基础。建构主义理论认为，学生才是信息加工的主体，是认知结构的主动建构者，不是外部刺激的被动接受者。教师是意义建构的帮助者、引导者与促进者，而不是知识的占有者和灌输者。建构主义指导下的课堂将会产生根本的转型，信息技术不仅从根本上改变了知识的存在和获取方式，还为这种课堂转型提供了新流程、新结构和新生态。智慧课堂教学中，教师、学生、教科书和媒体四个要素的关系转变为了教师、学生、教学信息和学习环境四个要素的关系[①]。教学流程也颠覆了苏联教育家凯洛夫所倡导的五段式教学模式，

---

① 张屹，祝智庭. 建构主义理论指导下的信息化教育[J]. 电化教育研究，2002 (01)：19-23.

实现了教学流程的再造，如图 4-2 所示。

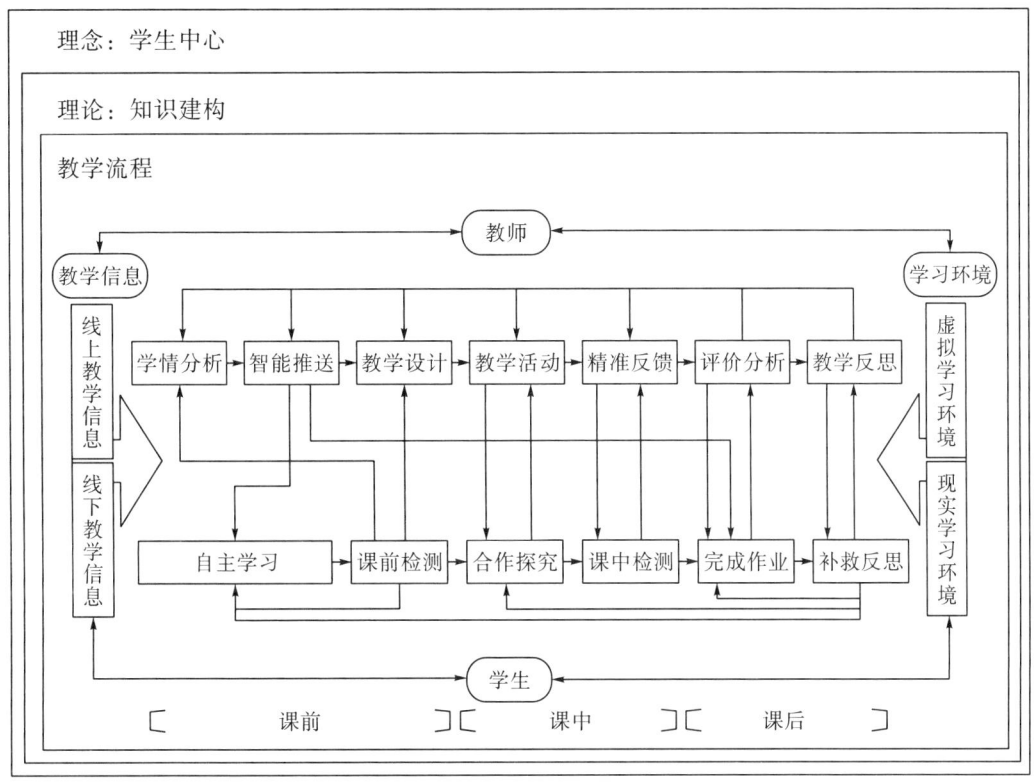

图 4-2 智慧课堂教学范式

（一）课前

（1）学情分析：教师根据智慧课堂教学系统对学生学习数据进行分析，了解掌握每个学生的学习特点、学习方法、知识掌握等情况。学情分析从传统的定性分析转变为定量分析，更加科学准确。

（2）智能推送：根据学情分析结果，针对每个学生的个性化学习需求，向学生精准推送教学信息资源，让学生的学习活动更加有效。

（3）自主学习：学生按照系统供给的信息资源和教师的学习要求开展自主学习活动，尽可能多地解决学习过程中的问题，并完成检测。课前自主学习活动既可以独立完成，也可以通过小组合作探究完成，这就要求智慧课堂教学系统必须具备虚拟学习空间功能，为学生的线上协作探究提供支持。

（4）课前检测：对学生自主学习的成果进行检测，从中分析学生的学习需求。需要强调的是，课前检测重在分析学生在学习中遇到的问题。

（5）教学设计：教师根据学情分析和课前检测的结果，合理设定教学目标和教学内容，选择有效的教学策略，科学制订教学方案。

（二）课中

（1）教学活动：教学活动是教师根据教学设计和学生获取知识的过程，为学生创设教学情境，向学生传授知识和技能的过程。教师根据学情设计问题，动态调整实施教学策略，以智慧课堂有效的数据反馈为依据开展生成性教学。

（2）合作探究：学生在教师的引导下，通过小组合作进行互动、讨论和分享，主动探索和学习知识，解决教师提出的问题，积极参与学习活动，是学生建构知识、解决问题的全过程。

（3）课中检测：教师随堂进行问题推送和检测，这些问题可以是学习任务要求，也可以是教学过程中生成的问题。智慧课堂的课中检测是一种伴随性和形成性的诊断。

（4）精准反馈：通过对课堂教学数据进行及时分析，暴露教学中存在的问题，动态生成相应策略，开展生成性的教学活动，与教学活动形成闭环。

（三）课后

（1）完成作业：学生在课后完成作业，区别于传统的作业，这些学习任务既可以是来自教师的安排，也可以由系统基于个体分析推送，或者是小组合作任务的延续。这样的作业更多体现了支持个性化按需学习。

（2）评价分析：对教学成果主要从两个方面进行评价分析，一是对教师教学过程进行数据分析，形成课堂教学报告；二是对学生课前学习、课中检测和课后作业的完成情况进行数据分析。

（3）教学反思：通过对动态教学数据的分析，教师的教学反思从经验判断转向对教学数据的分析，通过数据可视化技术精准地反映教学真实情况，发现最有价值的教学策略和方法。

（4）补救反思：学生在教师和学习分析报告的指导下，对学习中存在的问题进行有针对性的思考，总结问题、反思方法，找到今后努力的方向，对自己的学习活动进行积极地监控和调节，促进元认知的发展。

两类范式的比较

从两类范式的分析比较中我们能够看到一些关键的区别。首先，两类范式所基于的教学理念是不同的,智慧课堂教学具有以学生为中心的基本教育价值取向,是建立在建构主义学习理论等当代主流学习理论基础上的,这样的知识观和学习观必然会导致课堂教学模式、策略和方法的转型。其次,课堂教学的要素也发生了变化,教学信息表现为线上和线下信息相融合,学习环境也从物理空间向虚拟空间拓展,教学信息和教学环境通过与信息技术的融合能更好地促进学习者的学习。再次,以实践层面的教学流程看,传统教学流程呈现出两个明显的单向性,一是教师到学生的单向性,二是教学环节间的单向性;智慧课堂教学流程中,教师和学生之间是双向互动的,教学环节也是具备反馈流程的闭环系统。最后,只有在智慧课堂平台系统、资源系统和互动系统的支撑下,新范式才有可能成为现实。两类范式的比较如表4—1所示。

表4—1 传统教学范式与智慧课堂教学范式的比较

范式 要素	传统教学范式	智慧课堂教学范式
教学理念	以教师为中心	以学生为中心
教学理论	强调知识传递	强调知识建构
教师角色	知识的占有者、输出者	引导者、帮助者、参与者
教学信息	来源于教材,以文字呈现	来源多样,形式多元
教学环境	系统封闭,信息单项灌输,学生被动学习	系统开放,注重交互协作和知识的建构,促进学习发生
教学流程	单向重复	可翻转,信息流形成闭环
教学评价	通过考试来评价学生,轻过程重结果,定量分析	智能评价,过程和结果并重,定量与定性分析相结合

要构建智慧课堂教学新范式,关键路径主要有三个方面:改变课堂教学要素及其结构,再造教学流程和建立动态的课程生态系统。

二 课堂教学结构变革

通过信息技术与教育教学的深度融合,营造或创设教学环境,支持情境创设、启发思考、信息获取、资源共享、多重交互、自主探究、协作学习等多方面的教与学要求,实施新型的教学方式与学习方式,把学生的主动性、积极性和创造性激发出来,达到培养学生的创新意识、创新思维与创新能力的目标。但一段时间以来人们似乎没有看到教育信息化产生上述影响，问题在哪里呢？2010 NETP 认为，教育系统若是想要像企业那样，运用信息技术实现教育生产力的显著提高，必须实施由技术支持的重大结构性变革。

课堂教学与教学结构

（一）班级教学的出现

人类教学活动的组织形式并非是从课堂开始的，随着人类文明的进步，教育对象逐步扩大，教学内容也迅速增加，这就需要有一种更为高效的教学组织形式来实现更高的"产出"。16 世纪欧洲资本主义工商业快速发展，人们认为提高教育"产出"的最佳模式便是让学校像工厂那样分类分级有序运作。欧洲一些国家的古典中学逐渐开始尝试班级教学，德国斯特拉斯堡的文科中学按照预科和九个年级组成的十年级制组织教学；法国居耶讷中学也分为十个年级组织教学，十年级为最低年级，一年级为最高年级，在一年级以后，还附设二年制的大学预科。在所有尝试采用班级制授课的学校中，由教会设立的耶稣会学院的班级制更具代表性。耶稣会学院分为初级和高级两个学部，初级部又分为五个年级，高级部一般为三个年级，学院章程中详细规定了每月、每周的教学内容和每天的课程表。这些都是班级教学的萌芽。17 世纪 30 年代，捷克教育家扬·阿姆斯·夸美纽斯在总结前人实践经验的基础上，在其著作《大教学论》中奠定了班级教学的理论基础，加速了班级教学在欧洲各个国家的普及和推广。中国采用班级教学最早始于同治元年（1862 年）清政府在北京开办的京师同文馆。随着 20 世纪初期中国废除科举、兴办新学，班级教学逐渐成为全国普遍实施的教学组织形式。

（二）班级教学中的教学结构

课堂教学是指在一定条件支持下，在可稳定持续使用的场所中，由教师教与学生学构成的双边活动，是学校最主要的教学组织形式。班级授课制被确立之后，这种以教师为中心的教学结构就基本成型并延续至今，今天我们不太可能脱离班级教学制来探讨课堂教学。

班级教学的课堂中，把年龄和知识程度相近的学生编为班级，相互促进和提高，各门学科交替上课，既能扩大学生的知识领域，又可以提高学生的学习兴趣和效果，减轻学习疲劳程度；教师按照相同的时间进度和内容安排，对整班学生进行教学，教学效率大大提高，教学有目标、有内容、有计划、有组织地推进，也有利于提高教学质量；实施班级教学的课堂确实有利于实现"高效优质"，是教育史上一次重大的进步。与此同时，班级授课制也给课堂教学带来了一些问题：

一是不能充分地适应学生的个体差异，照顾每个学生的需求、爱好和特长，学生被假设为相同认知需求、相同认知起点、相同认知特点的同质群体；

二是整个教学流程以"教"为中心，忽视了学生的学习主体地位，教学过程更像是教师完成教案的过程，学情分析容易被忽视，教学效果大打折扣；

三是教材根据班级授课进行编制，教师忠实地执行教材，把毫无遗漏、毫不越位地传授教材内容视为课堂教学目的。

四是教室成了与班级授课相配合的场所，是以知识传授为本位的教学空间，教师负责教，学生负责学，教室里开展的是对学生单向"灌输"的活动。

以上问题也正是当前课堂教学中被大家诟病的短板。产生这些问题的原因其实并非教师的方法、喜好或是学生的习惯，其根源来自班级授课制本身的以教师为中心、以教材为中心和以教室为中心的结构性问题，是教学各要素之间不合理的关系造成的。因此，仅仅改变各要素本身，不改变要素间的关系，是无法从根本上解决传统课堂教学中存在的问题的。既然是不良结构造成的问题，我们就必须通过"教育系统结构性变革"来解决问题。

那么"教育系统结构性变革"的具体内涵是什么，以及到底应该如何来有效实施教育系统的这种"结构性变革"呢？何克抗教授认为，"教育系统结构性变革"的关键在于教育系统最基础、最微观的领域的结构性变革，这就是课堂结构变革，并在此基础上逐渐形成了教学结构理论。他认为，教学结构是在一定的教育思想、教学理论和学习理论指导下，在某种环境中展开的教学活动的稳定结构形式，是教学系统中教师、学生、教学内容和教学媒体四个要素相互联系、相互作用、彼此关联形成的一个相对稳定的有机整体[①]。

（三）教学结构的特性

根据何克抗教授的理论，教学结构具有以下五个基本特性：

（1）依附性：教学结构是依附于教育思想、教学理论和学习理论的，有不同的教育思想、教学理论和学习理论指导就必然形成不同的教学结构。教学策略与教学方法对于思想、理论不一定具有这种依附性。这种对理论的依附性是教学结构区别于教学策略、教学方法的本质特性。

---

① 何克抗. 论教育信息化发展新阶段 [M]. 北京：北京师范大学，2016：131-138，179-186.

（2）动态性：教学结构是教学活动进程中的稳定结构形式，这种结构表现为在教学活动过程中的动态平衡状态。

（3）系统性：教学结构是由教学系统的四个要素在教学活动中相互联系、相互作用而形成的稳定系统整体，不是其中某个要素的个别特性或某几个要素的若干种特性的体现。

（4）层次性：由于教学结构是由教学要素相互联系、相互作用而形成的，既可以存在于学科教学，也可以存在于同一学科内不同教学单元，或表现为一节课的"课堂教学结构"，因此教学结构具有层次性。

（5）稳定性：虽然教学结构具有动态性，但它并不随意变化，是一种稳定的动态平衡结构形式。这种稳定性来源于教学结构所依附的教育思想、教学理论、学习理论的稳定性。

通过以上分析我们会更加明白，要形成"以学生为中心"的教学结构，不仅是教学策略和教学方法的问题，根本是要改变"以教师为中心"的教学结构形式。由于教学结构对教学思想和理论有强烈依附性，改变教学结构的起点在于改变其所依赖的教学思想和理论。课堂教学结构变革最终体现在课堂教学系统四个要素的地位和作用的转变上。

课堂教学结构变革的途径

要实现课堂教学结构变革，实现课堂教学系统四个要素地位和作用的改变，必须从课堂教学设计出发，在不同的学科中实施能够实现课堂教学结构变革的相应教学模式来开展教学创新。尽管不同学科所采用的教学模式的具体环节、操作方式有所不同，但都必须关注并力图实现课堂教学系统四个要素地位与作用的改变，也就是必须努力实现课堂教学结构的根本变革，以达到信息技术与教育深度融合的最终目标[①]。课堂教学结构的变化如图4—3所示。

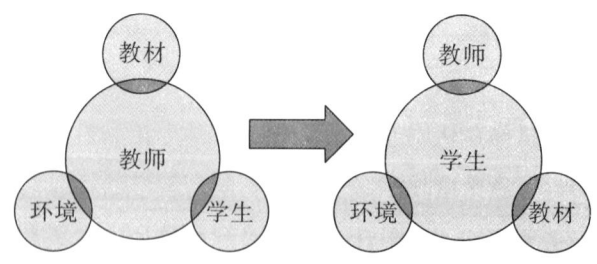

图4—3 课堂教学结构的变化

---

① 何克抗. 论教育信息化发展新阶段[M]. 北京：北京师范大学，2016：131-138，174-186.

（一）以学生为中心的教学模式

以学生为中心是结构变革的一个关键目标，课堂教学系统的各个要素在教学中体现出学生的主体性，教师、教材、教学方法都服务于学生，课堂从为支持"教师讲"的结构转向为支持"学生学"的结构。在项目化学习（PBL）、研究性教学（RBL）、合作学习（TBL）等教学模式中，教师就可以充分关注学生在教学过程中的参与、体验与发展，注重通过新型教学模式培养学生的高阶思维能力，体现学生在学习过程中的主体地位，从教学模式的角度落实"以学生为中心"教学改革的理念。这里以项目化学习（PBL）为例，具体分析以学生为中心的教学结构的实现途径。

20世纪60年代，随着科学技术的迅猛发展，知识信息爆炸式增长，大学教育一时不知所措，学生面对知识的海洋常常辨不清方向，学习动机被削弱了，变得盲目而缺乏积极性，学生的专业知识与技能没有办法满足日新月异的社会需要。学校为了解决这一问题而增加更多课程和教师，不仅没有解决问题反而使问题更加复杂，这段时间可以称为高等教育的第一次课堂教学危机。此时，从教育哲学出发的范式革命是走出危机的唯一选择，项目化学习（PBL）就在这个关键时刻出现在加拿大麦克玛斯特大学医学院，其思想精髓就是以学生为中心，这也从一个侧面证明了教学结构与教学思想之间强烈的依附关系。

在项目化学习中，学生必须直面问题、转化问题和解决问题，开展自主学习、小组活动、主动探究和学习调控，学习是学生在教师支持下主动建构的结果。根据经济合作与发展组织教育研究革新中心的研究，项目化学习同问题学习、设计学习一样，在问题解决、知识运用和假设生成方面，具有传统知识教学无法匹敌的优势[①]。

（二）项目化学习的实施路径

一是其作为是一种教育理念，并非教学方法；二是强调以学生主动学习为主轴；三是强调"以学生为中心""以问题为教材""以小组为模式"和"以讨论为学习"的教学形式。这恰恰体现了项目化学习是一个由价值观领域、方法论领域和行动领域组成的教学范式而非教学策略和方法[②]。

（1）价值观领域：项目化学习的教育价值取向以学生发展为中心，强调知识、能力、素质的有机融合，为学生提供学习态度、学习方法和知识运用可持续发展的支持。

---

① 钟启泉. 课堂革命［M］. 南京：江苏人民出版社，2017：50-57.
② 关超然，李孟智. 问题导向学习之理念、方法、实务与经验（第2版）［M］. 北京：北京大学医学出版社，2015：45.

（2）方法论领域：问题学习的理论基础是建构主义，主要体现在三个方面。首先，学习是学习者对课题提出疑问、展开思考，探索解决方法、进行考察与反思，解决问题并建构知识的过程；其次，学习是同伴之间的协作，正是借助学习伙伴之间不同思考的交互作用，理解教学内容；最后，知识依存于情境，学习者借助和周遭环境的交互作用，通过连续的结构过程建构知识。

（3）行动领域：项目化学习将传统的被动学习转化为主动学习，强调学生主动、互动、生动的学习。学生围绕一个具有开放性和复杂性的问题展开学习活动。项目化学习流程如图4－4所示。

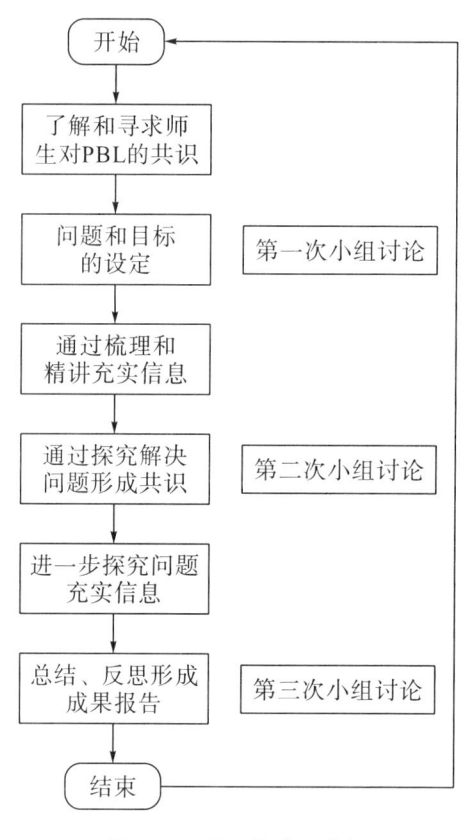

图4－4 项目化学习流程

（三）"以学生为中心"教学结构的特点

（1）以学生为中心是学生主动学习的基础。在实际教学中，"以学生为中心"不能流于形式，关键是要做到放手，让学生自己提出问题、思考问题，寻求方法，直到解决问题。在这个过程中，学生暴露出来的问题、错误或是奇思妙想正是教师开展生成教学最宝贵的资源。

（2）以问题为导引，问题和目标是让学习真实发生的关键。问题是讨论中生成的，来自于学生的思考分析，形成了学生学习的内在动机。基于真实情境的问题的提出是整个学习过程的开端，师生为解决问题对各种信息、材料和资源进行识别、组织，这样的问题诱发学生进行有意义的学习，教师也不再是直接的知识提供者。

（3）以小组为模式，小组构成了以学生为中心的基本组织结构。小组在协作和讨论中形成社会化的探究和实践的社群关系，帮助学生有效协同努力，充分发挥自身及同伴的学习优势。小组一般由6~8人组成，设一名组长和若干角色，每个成员按照角色要求有序开展合作、讨论和探究。

（4）以讨论为学习方式，讨论是教学的动力。学生在教师的指导下为解决问题进行探讨，辨明是非真伪以获取知识，实现真正的学习。学生在讨论学习中能更好地发挥主动性、积极性，培养独立思考能力、口头表达能力，以便更灵活地运用知识。

三 课程生态重建

课程是学习知识和技能的组织形式，是对教学目标、内容、活动、文化等的规划、设计和实施过程的总和。课程虽然涵盖了学生所要掌握的知识和技能，但并不能简单认为是知识和技能的堆积，也包含了在教师的组织指导下的学生活动。课程的目标也不能仅仅满足于知识的死记硬背，而是要突出知识、能力和素质的有机融合。课程是培养高素质、高能力、能创新、会实践的综合性人才的根本保障。在西方，"课程"一词源自于拉丁文"跑道"（cursum race course），意为学习者学习的路径，是每一名学生通向成功的通道，而传统教学中，"课程"这条路径却是静态的、单向的、匀速的和无法互通的[1]。

---

[1] 钟启泉. 课程的逻辑[M]. 上海：华东师范大学出版社，2008：27.

课程生态系统的内涵

"生态"通常是指生物和环境之间的各种因素相互联系和相互作用的关系。教育生态学由美国哥伦比亚大学师范学院院长劳伦斯·亚瑟·克雷明提出，其对教育系统各要素的关系结构进行基于"生态学"视角、方法和理论的整体和系统分析，并探索教育生态发展的有效途径。生态因子、生态环境、生态系统、生态平衡是教育生态学的核心概念。课程生态位于教育生态体系之中，课程作为教育系统的重要组成部分，是教育生态系统的一个生态因子，同时自身也作为一个独立的生态系统而存在，拥有自己的生态环境、生态因子及所具有的生态学特征[①]。

（1）课程生态因子。课程生态因子是指对课程有效实施起着直接或间接影响的各种因素，如学生、教师、目标、内容、环境和方式等组成要素，以及课程的规划、设计、实施和评价等流程要素。它们彼此依赖、约束和进行信息的交换，对课程起着促进或抑制作用，与课程系统内部诸要素构成了整体关联、动态平衡和开放的生态综合体。

（2）课程生态环境。课程的各种生态因子综合起来，影响单个课程或课程群的周围环境，是对课程的规划、设计和实施起着制约和调控作用的多维空间和多元环境系统。课程生态环境由外部教学环境、教学资源、教师因素（包括师资力量、教学文化等）、学生因素（包括学习环境、学习文化）等构成。

（3）课程生态系统。课程生态系统是指课程各个组成要素及流程要素之间交互作用，并与外部环境形成动态关系。以系统的视角研究课程的结构、特点、行为、动态、原则、规律以及要素间的联系，课程生态系统把课程的所有生态因子和环境看作一个整体来对待，研究课程整体和组成要素的相互关系，从本质上分析其结构、功能和动态，从而把握课程整体，达到最优的目标。

（4）课程生态平衡。课程生态平衡是指在一定时间或范围内，课程生态系统中的课程生态因子和环境之间达成的高度适应、协调和统一的状态。在这种情况下，系统内各组成成分之间保持一定的比例关系，结构和功能相对稳定，在受到外来干扰时能通过自我调节恢复到平衡的稳定状态，是动态平衡、运行高效、效果良好并与环境友好的一种状态。

---

① 赵丽娜. 课程的生态学基础研究 [D]. 天津：天津师范大学，2012：3-5.

传统课程生态系统

（1）从整个系统的结构看，在传统课程生态中学生位于整个系统的外围，只有通过教师、教材和教室这三个传统教学的中心[①]才能开展有效的课程学习，换言之，学生的学习成效很大程度上是由这个中间层决定的，中间层的有效性成为学习的关键。课程目标的确定、课程规划、课程设计、课程评价这些课程实施的要素均与学生关系不大，基本上是由教师和教材决定和主宰的，学生只能被动接受。

（2）从课程生态因子的角度看，在传统课程生态中教材是知识的载体，教师是知识的讲授者，教室是知识加工的车间。这是传统教学的一个基本特征，即"教师在教室里讲教材"[②]，教材是知识的权威来源，教材内容成为教师教和学生学的边界的唯一交集。传统课程生态系统如图4-5所示。

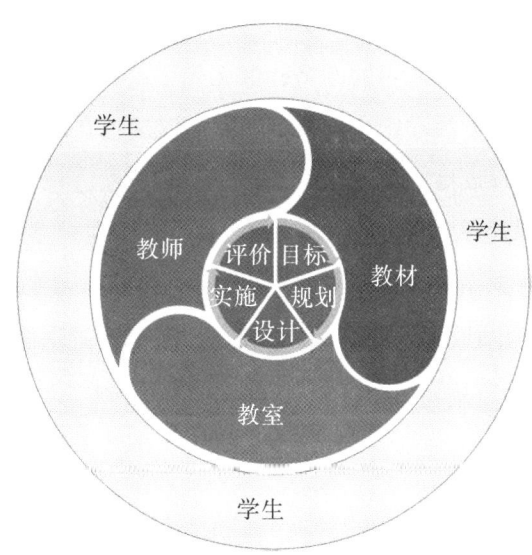

图4-5 传统课程生态系统

[①] 赵炬明，高筱卉. 关于实施"以学生为中心"的本科教学改革的思考［J］. 中国高教研究，2017（08）：36-40.
[②] 赵炬明，高筱卉. 关于实施"以学生为中心"的本科教学改革的思考［J］. 中国高教研究，2017（08）：36-40.

课程生态系统的重建

（1）重建课程生态首先要改变传统课程中教师和学生的角色。在新系统中，学生处在中心的位置，不再是知识被动的接受者，他们拥有更加丰富的学习通道，既可以开展线上学习，也可以在线下积极地参与到课堂活动中，学习也不再是一个人的活动，可以分布式地建构开展。师生通过交流互动、合作探究，实现学习目的。教师不只是知识的传授者，还是学生学习的支持者、帮助者和引导者。

（2）构成课程新生态的因子在当今时代信息技术的融合下，发生了前所未有的变化，教师、教材、教室已不再是唯一的知识来源。加拿大学者西蒙斯认为，在信息技术的影响下，学习是连接知识专门节点和信息源的过程。教学信息不仅存在于传统教材中，也会以微课、慕课等网络在线资源的方式分布式存在，教学信息内容与信息网络同频共振，破解了传统教材信息陈旧的顽疾；教师也不再是知识的垄断者，不再是一个人孤军奋战，作为学习支持者的网络社群无处不在，学生既可以和线下的教师学习，也可以加入到线上教学活动中去；教学环境不仅发生在现实的物理场景中，也可以发生在虚拟场景中，形成虚拟学习环境。

（3）信息技术为课程各要素提供了新的联结通道、新的共生平台和新的运行规律，进而彻底改变了课程生态系统结构。网络教学平台、网络学习空间、网络学习共同体、网络课程资源等通道可以让学生直达学习目标，无需中转。课程的流程要素也在学习者的参与下，从关注"教"的流程转化为关注"学"的流程。

（4）新课程生态系统的平衡关注各课程生态因子的均衡发展和相互作用，强调教学流程再造和重构课堂教学结构。新的课程生态平衡建立在新理论框架和问题解决模式的新范式基础上，并在"范式"约束下进行实践，这种约束作用使得这种平衡具有很强的稳定性。

新课程生态系统包含课程理念、理论、模式、策略和方法的"范式"均发生了更迭，根据库恩的范式革命理论，此时的课程教学创新将不再是"渐进式创新"，而是面向新时代的"颠覆式创新"，如图4—6所示。

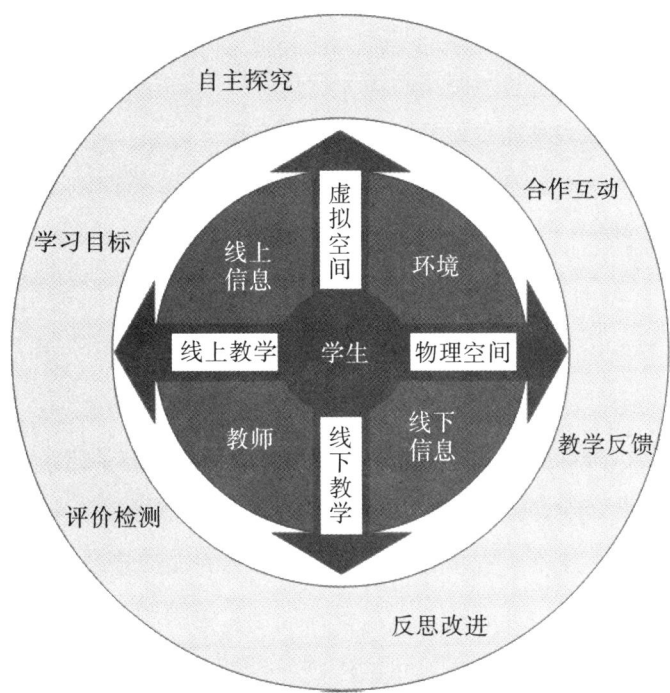

图 4-6 新课程生态系统

四　教学流程再造

教学流程是指师生在共同实现教学任务中的活动状态变换及时间流程。随着教学理论和实践的发展，教学流程也在不断发生演变。以传授式教学为代表的古典教学模式，教学流程是"讲—听—读—记—练"，特点是教师灌输知识，学生机械地接受知识，教师的讲解和书中文字一致，学生学会的和教师的讲解一致，学生像机器一样重复学习，因此有学者把它称为"刻印式教学"。约翰·弗里德里希·赫尔巴特的学生莱茵在赫尔巴特研究的基础上提出了由"预备—提示—联合—总结—应用"组成的五阶段教学。教育家杜威提出了"以儿童为中心"从"做中学"的实用主义教学模式。这一模式的基本流程是"创设情境—确定问题—占有资料—提出假设—检验假设"，强调学生的主体作用和活动教学，促进学生发现探索的技能，获得探究问题和解决问题的能力，奠定了现代教学模式的新方向。教学模式的发展趋势由单一的教学模式向多样化教学模式转变,由以"教"为中心向以"学"为中心转变。但是无论是"讲—听—读—记—练"还是"创设情境—确定问题—占有资料—提出假设—检验假设",都存在一个共同的问题:这些教学流程均是单向的线性流程。

传统教学流程分析

在所有的古典或传统教学流程中,在中国影响最大的是凯洛夫提出的"五步教学法",它影响了中国教育大半个世纪,影响了一代又一代的中国教师,几乎成为我国教育界具有统治地位的标准模式和通用流程。因此,本节以该教学法为样本进行探讨。

五步教学法是指控制课堂教学的五个主要步骤:组织教学、复习旧课、讲解新课、巩固新课、布置作业。凯洛夫五步教学法在中国影响的深远程度超过了苏联,这主要有三方面的原因:一是学习苏联的教育经验曾经是新中国成立初期的教育方针;二是凯洛夫教育思想符合中国尊师重教、知识传授和强调用功学习的传统;三是这种高度结构化的流程在一定程度上帮助教师规范和简化了课堂讲授教学的步骤、策略和技巧,一定程度上提升了课堂教学的效率,也是应试教育乐于采用的。传统五步教学法如图4—7所示。

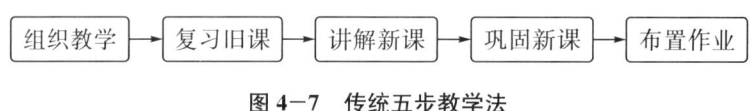

图 4—7 传统五步教学法

凯洛夫五步教学法的缺陷和弊端也显而易见,最为显著的问题就在于过分注重和强调教师的"教",而忽视了学生的"学"。传统五步教学法流程存在的主要问题是:

(1) 学生作为学习知识的主体,在流程中没有体现。

(2) 缺乏对高阶思维的发展,不利于创新型人才的培养。

(3) 没有体现自主、探究和协作在知识建构中的作用。

(4) 课堂线性单向运行,教学千篇一律,过于刻板和简单化。

(5) 过分强调课中,忽视了课前和课后的重要作用。

对于凯洛夫教学法的反思很早以前就开始了,以上问题也是显而易见的,那为什么其还是如此根深蒂固地存在呢?其中一个重要原因就是缺少环境和手段的支持,很难找到一个模式好且效率高的流程来取而代之。

翻转课堂的教学流程

（一）翻转课堂的概念

信息技术的高速发展为教学模式的创新提供了可能，翻转课堂教学模式就是在这种背景下应运而生的。

翻转课堂产生于 2007 年前后的美国，最初是两个中学教师为了帮助偶尔缺课的学生学习想出的办法。他们把教学内容录成视频放在网上，让那些没法来上课的学生在家自主学习，不会的问题带到学校再由教师帮助解决。初衷非常简单，过程也十分简洁。这个方法实施以后取得了意想不到的效果，并且在美国开始风靡。有更多的学校开始运用这种方法开展教学，信息技术企业也不断提供更好的技术和平台给予支撑，使得该方法不断发展和完善，最终形成了一个完备的教学模式。

我们可以在翻转课堂流程中看到几个关键点：

（1）教学内容数字化，通过资源开展自主学习。

（2）通过信息化平台，开展在线学习和学习管理。

（3）从先教后学到先学后教，教学流程翻转再造。

从这几点我们很容易看出，翻转课堂流程看似简单，但需要信息技术的支撑，只能产生在信息时代的背景下。

（二）翻转课堂教学流程[①]

翻转课堂教学流程最基本的特征就是"先学后教"，在流程上实现翻转。翻转课堂教学流程如图 4-8 所示。

（1）学生在课前利用网络学习平台和教学视频进行自主学习。

（2）在课前学习的过程中利用平台社群与同学、教师进行交流互动。

（3）在平台上对自己所学的知识进行检测，确定课中学习的重点与难点。

（4）学生带着问题进入课堂，教师通过对学生课前检测结果的分析，进行二次备课，明确教学的主要问题。

（5）课中摒弃满堂灌方法，以探究、协作为主组织教学活动，教学内容侧重于学生自主学习过程中未解决的问题，开展生成性教学。

---

① 张金磊，王颖，张宝辉. 翻转课堂教学模式研究 [J]. 远程教育杂志，2012，30（04）：46—51.

（6）布置作业，翻转课堂的作业并非仅仅为了巩固所学知识，其重点在于对下一个课前过程进行指导和安排。

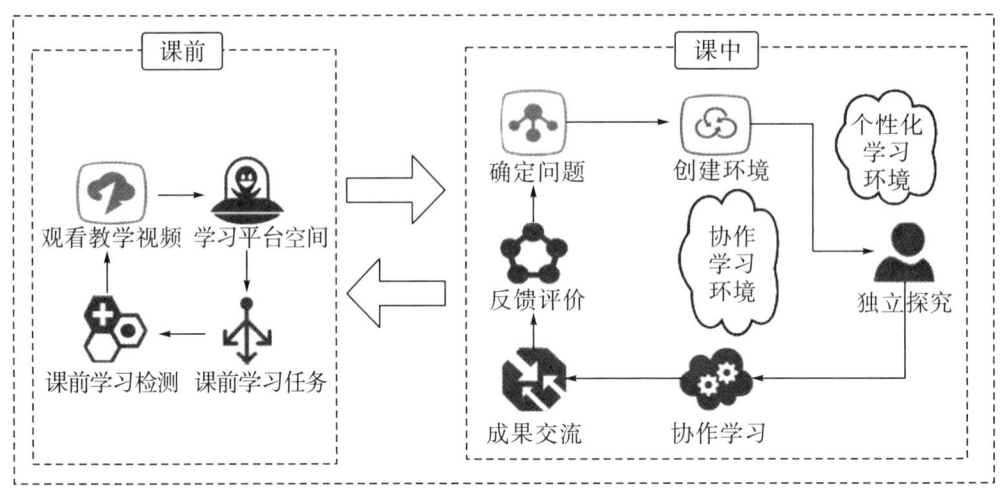

图 4-8　翻转课堂教学流程

（三）翻转课堂的优势[①]

1. 翻转课堂构建了"以学生为中心"的师生关系

翻转课堂改变了传统教学中以教师讲授为知识唯一来源的模式。无论是课前学生在家学习教学视频，还是在课堂中学生和教师面对面探讨问题，这两个重要过程都是围绕着"以学生为中心"展开的。学生课前自主调控自己的学习，教师课中围绕学生提出的问题展开教学和讨论，学生真正获得了学习主动权，这是从新型师生关系角度来看待翻转课堂作用与效果的一种代表性观点。在翻转课堂中，教师和学生的角色定位发生了变化。教师从传统课堂中的知识传授者和课堂管理者转变成为学习指导者和促进者，学生则由知识被动接受者转变成为主动研究者。

2. 翻转课堂更符合人类的认知规律

翻转课堂赋予学生更多的学习自主性，把知识传授的过程放在教室外，让学生选择最适合自己的方式接受新知识，而把知识内化的过程放在教室内，以便同学之间、师生之间有更多的沟通和交流。这更加符合人类认知规律，学生课外学习形成问题，微课视频也有利于强化情境，在试图解决问题的过程中更容易引发深度学习；课中时间利用更加高效，学习经验的交流与观点的相互碰撞能够深化认知。

---

① 何克抗. 论教育信息化发展新阶段 [M]. 北京：北京师范大学，2016：131-138，179-186.

3. 翻转课堂促进了教学资源的利用与整合

从一开始的教师自建教学视频，到可汗学院大量的微课视频，再到美国 MOOCs 运动兴起后的海量视频课程，翻转课堂始终离不开视频教学资源的支撑。反过来说，翻转课堂是各类教学视频资源非常有效的利用模式，在某种程度上解决了大量视频资源建设后闲置或利用率低的问题。翻转课堂是各高校利用在线精品课程开展教学的关键模式。

4. 翻转课堂体现了"混合式学习"的优势

翻转课堂不仅是增加学生与教师之间互动以及学生个性化学习的一种手段，它更是一种互联网时代提倡的"混合式学习"（B-Learning）模式。翻转课堂体现了线上和线下的混合、课内和课外的混合、自主和合作的混合以及传统知识传授和知识建构的混合，能够让学习更加富有效率，更好的培养学生的高阶认知能力。

5. 翻转课堂是"生成课程"的充分体现

"生成课程"（Emergent Curriculum）由美国太平洋橡树学院贝蒂·琼斯提出，目的是从根本上改变以知识传授为目标的教学理念。传统教学模式更多体现为预设。"生成课程"强调课程的创造品质和生成品质，强调课程应该是在教师、学生、教材、环境等多种因素的持续相互作用中动态生长的建构性课程，课程成为师生展现与创造生命意义的动态生成过程，而不是单纯的认识活动。陶西平先生认为，"生成课程"的理念在翻转课堂的实践中得到了生动的体现。

五 智慧课堂中的有效教学模式举例

智慧课堂中的教学模式是传统教学模式在新型教学环境下的发展，是在信息技术支持下相关教学策略和方法的稳定关系模型。通过对智慧课堂教学的研究和实践发现，合作学习（TBL）、项目化学习（PBL）、基于案例的学习（CBL）、研究性学习（RBL）和探究式教学（FCL）等教学模式可以与智慧课堂实现深度融合。这些教学模式具有一些共同的特征，即都建立在建构主义的基础上，支持学生主动建构认知结构，强调以学习者为中心，学生成为信息加工的主体，教师成为意义建构的促进者、引导者和学习支架的搭建者。在教学要素之间的关系和教学活动上，则体现为促进意义建构的探究、协作和自主学习，教学手段上以信息技术为重要特征。这些模式的表层特征是信息技术的应用，深层特征则涉及教育观、人才观、教学观、学习观、技术应用观、评价观等方面的系列变化，是适应新时代需求的必然选择。本节重点介绍项目化学习和研究性学习，合作学习因其在多种教学模式中具有支撑作用，因此在第七章专门进行探讨。

项目化学习内涵辨析

项目化学习（PBL）教学模式关注某一学科的中心概念和原理，旨在把学生融入有意义的任务完成过程中，让学生积极地学习，自主进行知识的建构，以现实的、学生生成的知识和培养起来的能力为最高成就目标。学生围绕具体学习项目，充分选择和利用最优化的学习资源，在实践体验、内化吸收、探索创新中获得较为完整和具体的知识，形成专门的技能，得到充分的发展。[①]

项目化学习促进课堂从教到学的转变，通过让学生围绕问题进行合作探究，发展学生的能力，促进学生"学力"的提升。但在实际教学应用中，项目化学习模式存在混淆现象。常见的混淆主要有两类，一是混淆"基于问题的学习（问题化 PBL）"和"基于项目的学习（项目化 PBL）"；二是混淆"基于项目的学习（项目化 PBL）"与"做项目"的区别。

（一）问题化 PBL 和项目化 PBL

为便于两个概念的讨论，我们采用董艳老师的表示方法，将问题化 PBL 标注为 PiBL，取探究（Inquiry）之意；将项目式 PBL 简称为 PjBL，取工作（Job）之意[②]。

1. PiBL 与 PjBL 的联系

PiBL 与 PjBL 都是以课题为本位，通过直接同伙伴一起指向问题的解决，借以发展学习者各种素质的学习方式。PiBL 和 PjBL 的理论基础都是建构主义，因此二者之间具有很多相似的地方。

（1）PiBL 和 PjBL 都是由学习者自身建构知识。杜威认为真正的学习是学习者对

---

① 高志军，陶玉凤. 基于项目的学习（PBL）模式在教学中的应用 [J]. 电化教育研究，2009（12）：92—95.
② 董艳，孙巍. 促进跨学科学习的产生式学习（Do PBL）模式研究——基于问题式 PBL 和项目式 PBL 的整合视角 [J]. 远程教育杂志，2019，37（02）：81—89.

课题持有疑问，展开主体性思考，探索解决方法，进行考察与反思的过程。杜威的"做中学"就是一种通过主体问题探究来建构知识的建构主义教学理论。

（2）PiBL 和 PjBL 都要求在共同体中开展协作学习。维果斯基揭示了教师转型为协同学习者伙伴的重要性。在项目化学习中，师生与生生之间交互作用，理解教学内容，探索解决方法，实现共同进步。

（3）PiBL 和 PjBL 都依赖情境来建构知识。传统教学中，知识常常被分割成学习者容易理解的分量，从易到难地教授。这会因为缺少知识产生的情境，使得学生在解决问题的时候不易与知识产生关联。创设真实或虚拟的情境可以促进建立现实与知识的关联，促进学习者理解水平的发展。皮亚杰主张学习者是主体，周遭环境是客体，借助主客体交互作用的连续结构过程才能建构知识。

（4）PiBL 和 PjBL 的教学理念是相同的，其理论基础都是建构主义的知识观。因此，虽然 PiBL 和 PjBL 产生的渊源有所不同，但仍然可以看到这两个模式的同源性。项目本身就是一类具体化的问题，问题则是项目的概念化，随着理论与实践的发展，人们开始融合二者的优势，对他们进行整合，例如奥尔堡大学提出的 POPBL 模式和董艳等提出的产生式学习（DoPBL）模式。

2. PiBL 与 PjBL 的差异[①]

（1）概念的起源有所不同。

PiBL 起源于西方 20 世纪 60—70 年代的医学教育领域，由加拿大麦克玛斯特大学提出，旨在用真实但结构不良的问题案例来提升学生的诊断技能。该模式设置真实的问题情境，让学生面对问题并思考如何解决问题，经过对问题的探究，形成对知识的系统性理解。

PjBL 最早可以追溯到教育家杜威所倡导的"做中学"，在这之后克伯屈提出了项目教学法（The Project Method），认为只有经过实践才能获得知识，强调在社会环境中运用工程方法，鼓励学生全身心、有计划地参与教学活动。基于项目的学习任务应该具有复杂性和挑战性的特征，关键是要搭建连接学科内容与真实世界的桥梁，学习者将调用所学知识自主进行项目设计、决策、调查和开发，并以最终的现实产品为成果。

---

① 董艳，孙巍. 促进跨学科学习的产生式学习（Do PBL）模式研究——基于问题式 PBL 和项目式 PBL 的整合视角［J］. 远程教育杂志，2019，37（02）：81—89.

（2）实施流程有所不同。

PiBL 更关注问题的解决。实施流程相对比较固定，主要由组建小组、提出问题、解决问题、小组汇报和问题反思组成。提出的问题和问题情境往往由教师提供。

PjBL 通常以物化的方式展示学习成果。实施流程主要有项目设置、计划制订、活动探究、作品制作、成果交流和活动评价六个步骤。PjBL 实施流程易受项目特点的影响，弹性较大，基本流程是对项目所涉及的知识进行认识和定义，在真实情境中开展实践探索，最终完成相应作品。项目化学习更关注调动学生的自主性，PjBL 并不是让教师告诉学生应该怎样做，而是学生主导项目的分析、计划、协作、探究和制作。因此，那些由教师主导、学生做项目的教学就不是真正意义的项目化学习，仅仅是由教师带着做手工而已。

由于 PiBL 是为了让学生更好掌握学科知识，所以 PiBL 教学单元往往不需要很大，所用课时也不会太多。而 PjBL 往往更接近真实的问题解决场景，教学单元的大小与项目的难易程度相关，有些项目一两周就能完成，而有些项目需要长达一两个月甚至更长时间。由于信息技术的长足发展，PiBL 与 PjBL 的实施流程也从线下延伸到了线上，学生参与项目的研究、探究、讨论和实施也变得更加便捷。

（3）应用领域有所不同。

PiBL 强调让学生从定义问题出发，在非良构问题的解决过程中掌握知识、提高能力。而 PjBL 更关注在物化成果的实现过程中对学生能力进行全面的培养。因此，PiBL 多在医学、法律等学科的理论教学中运用，PjBL 则多用于计算机科学和工程学等学科。当然，PiBL 与 PjBL 的应用领域也不是泾渭分明的，要根据学科专业特点和学生情况综合考虑。PiBL 与 PjBL 也可以在同一课程中结合运用，比如，在理论知识学习阶段运用 PiBL，让学习者在问题情境中进行理论建构，促进学生的深度学习；在实践阶段运用 PjBL，通过实现真实作品，提升学生的能力。

（二）项目化学习与"做项目"

项目化学习另一个容易混淆的是常常有教师把课堂教学以外带领学生"做项目"也称为项目化学习。其实从项目化学习的内涵可以看出二者的区别还是非常明显的。

（1）"做项目"仅仅是课堂教学整个过程中的一个环节，它往往发生在课堂教学之后，用以对课堂学习知识的运用，进而发现问题并进行反思和补救。而项目化学习是将项目贯穿于整个教学过程的每一个环节，是在解决项目问题过程中实现知识的建构。二者最大的区别在于不同的知识观。

（2）学习的重点不同。"做项目"将理论知识的学习和实践能力的训练分成两个不同的部分来完成，学习的重点是实践能力的提高。项目化学习则通过"做中学"实现师生与生生之间不同思考的交互，在交流中借助主体之间的相互沟通而生成和建构知识。

（3）师生的角色不同。在项目化学习中，学生主动了解项目背景，明确知道自己为什么要学习这些知识，他们的学习有了实际的价值和意义。

（4）学习环境不同。在"做项目"的教学过程中，课堂教学和项目实践分别在不同环境中进行，例如在教室上课，在计算机房实践，这是"做项目"教学的常见做法。这两个环境的不同也就决定了问题解决过程和知识建构过程是分裂的，只能做到对知识的巩固。这就不是"做中学"，而是"学后做"。项目化学习过程则是在具备项目情境、支持项目开展、有利协作交流和促进知识建构的环境下完成的。

由此可见，项目化学习与"做项目"有着本质的区别，我们要认真加以区分，让项目化学习成为培养新时代学生关键能力的利器。

项目化学习教学流程[①]

项目化学习是以学生为中心的教学结构，由以下六个步骤组成。

1. 项目设置

项目化学习中项目设置的依据是如何在真实的情境下激发学生的兴趣，因此在选定项目时首先应该考虑与学生的真实生活经历相关；其次，项目应能融合多门学科，如 STEAM 就融合了多门学科等；再次，项目的内容应该充实丰富并且有一定的深度，便于进行深入的探究；最后，所选定的项目应该能够进行有效的评价和验证。总之，对于项目的选定，应该充分考虑学生现有的知识经验和能力水平，以及在这一过程中学生可能遇到的问题，明确学生通过努力将要达到的目标。

2. 计划制订

计划内容包括学习时间的详细安排和活动安排。时间安排是学生对项目学习所需时间的总体规划。活动安排是指对项目学习所涉及活动预先进行规划。目前已经有部分教材是按照项目化的要求进行开发的，其中项目流程和计划都很详细，教师可以根

---

① 钟志贤. 信息化教学模式[M]. 北京：北京师范大学出版社，2006：115—117.

据自身需要采用。

3. 活动探究

这一步骤是项目化学习的核心组成部分。学生绝大多数的知识和技能学习发生在这一过程之中。学生在真实场景中通过合作探究对活动内容、设想和反思作必要的记录，提出解决问题的构想，然后定义需要学习的新知识和新方法；借助一定的研究方法和技术工具来搜集信息，并对搜集到的信息进行加工处理，对初始提出的假设进行验证，最终得出解决问题的方案或结果。

4. 作品制作

作品制作是项目化学习区别于一般教学活动的典型特征。这一过程常常与活动探究交织在一起。在作品制作过程中，学生运用所获得的知识和技能来完成作品的制作。作品的形式多种多样，可以是研究报告、产品实体、实物模型、综合解决方案等。作品是学生在项目化学习中收获知识和技能的直接体现。

5. 成果交流

在学生作品形成过程中，各项目组要开展交流活动，交流活动可以是竞争性的，也可以是合作性的。学生通过展示会、报告会、辩论会、竞赛形式等开展交流，分享作品制作的经验和教训。参与人员除本校领导、教师和学生外，还可能包括家长、行业专家等。

6. 活动评价

项目化学习注重定量与定性、形成性与总结性、个人与小组、自我与他人评价的结合。评价内容是多元化的，包括项目选择、小组表现、学生表现、项目计划、项目总结和成果展示等方面。与传统教学模式只注重知识掌握的一次性评价不同，项目化学习评价强调学生知识获得和技能掌握的程度，特别是对实验记录、各种原始数据、活动记录表、调查表、访谈表、学习体会等学习过程的评价。评价者可以是行业专家、教师、同伴或学习者自己。教师可以观察学生在项目学习过程中所运用的知识和技能的方法。学生可反映他们自身以及同伴的学习和学习流程、小组的学习情况、对学习和学习流程的感受以及所获得的知识和技能。

项目化学习的系统设计[①]

项目化学习的目的是为了促进学生更好地建构知识，发展高阶思维能力，因此项目化学习的设计离不开对知识观的探讨。项目化学习的系统设计涉及六个维度。

上海市教育科学研究院的夏雪梅博士认为，无论是学科项目化学习，还是跨学科项目化学习，都会涉及知识观的变革，也会涉及如何引发学生主动学习与积极思维，如何实践知识，如何独立地或与同伴合作利用技术支持完成项目成果。她认为一个完整的项目化学习设计需要从六个维度进行。

六个维度既涉及课程也涉及学习，既包含课堂也包含课外，体现了项目化学习关于知识建构和能力培养的基本特点，这样从系统角度出发的思考已经超出了原来的"教学设计"的范畴，是在知识观、学生学习、学习关系等多个层面项目化学习上的统合。六个维度是对学习设计、课程设计的整合，也是设计项目化学习时需要思考的六个步骤。

1. 核心知识

项目化学习不是学科的活动化，而是学科核心知识在情境中的建构与创造，应以学科专业中需要学生理解和掌握的核心知识为知识建构的起点。因此，项目化学习设计的第一步应是在众多的学科知识中定位关键概念或能力，及其相关的一系列基础知识和技能作为项目化学习的目标和主线。

约翰·罗伯特·安德森将知识分为四类，即事实性知识，指学生通晓一门学科或解决问题所必须了解的基本要素；概念性知识，指在一个更大的体系内共同产生作用的要素之间的关系，包括分类和类别的知识，原理和通则，以及理论、模型和结构的知识；程序性知识，指做某事的方法、探究的方法，以及使用技能、算法、技术和方法的准则；元认知知识，指关于认知的知识以及关于自我认知的意识和知识，包括策略性知识和关于认知任务的知识、适当的情境性和条件性知识、自我知识。在这四类知识中一个比较常见的误区是认为项目化学习与"做项目"有关，应该与"如何做"的知识相关联，所以项目化学习主要解决的是"程序性知识"。产生这个误区的主要原因在于片面关注"做项目"这一表象，而忽略了在情境中再建构知识这一核心问题。

[①] 夏雪梅. 项目化学习设计：学习素养视角下的国际与本土实践［M］. 北京：教育科学出版社，2018：34—45.

从知识的再建构、高阶思维的发展和培养学生能力的角度出发，项目化学习实际上应该聚焦概念性知识。

概念性知识的掌握能够让学生理解这个概念的原理、规则、模型和关联，能够利用这一概念举一反三，分析新的情境。概念性知识应该超越事实性知识，促成各种事实性知识的整合。如果没有概念，事实性知识将是零散的。概念的建立就是让学生将事实性知识作为材料和内容来进行抽象。埃里克森等人认为，学习的关键在于形成概念性思维，运用概念来整合思维，进行迁移。同样，程序性知识也是需要抽象和迁移的，因此也需要挖掘程序性知识背后的概念。如果在项目化学习中学生仅仅是越来越娴熟地掌握了程序性知识，而没有理解其背后所蕴含的概念性知识，这样的项目化学习也是毫无意义的。

2. 挑战性问题

挑战性问题就是将提取出来的核心知识用问题方式表现出来，并且这样的问题带有抽象性和认知冲突，以激发学生主动投入项目的探索中。一个好的问题可以给学生提供一个广阔的探索空间。如何设计挑战性问题呢？

（1）一个好的问题应该是开放的，能够引发高阶思维。

例：

秦始皇卒于哪一年？

秦始皇何以英年早逝？

很显然，第一个问题是事实性知识，不需要讨论，死记硬背就可以了，而第二个问题就是一个开放性问题，学生要想回答好这个问题就必须找到事实性信息进行分析、推理，提出观点，拿出论据。第二个问题包含了第一个问题的知识，并且涉及对大量相关知识的归纳。开放性问题没有标准答案。

（2）一个好的问题应该是有深度的，抽象更本质的问题。

例：

从以上表现来看，小明是抑郁症吗？

现在抑郁症患者为什么越来越多？

第一个问题需要通过诊断标准来评估一名患者的病情，而后一个问题则要从抑郁症的本质上分析产生这种疾病的原因。

（3）一个好的问题应该与学生的经验建立联系。挑战性问题要与学生的经验和特点相结合，首先要创设学生感兴趣的情境，其次要让问题具有一定的挑战度，即问题应该具有"兴趣＋挑战"的特点。

例：

利用传染病 SEIR 模型计算……

如何运用 SEIR 模型和媒体公开信息预测新型冠状病毒肺炎疫情的发展趋势？

第二个问题背后的概念性知识具有一定难度和复杂性，要解答这个问题必须挑战一个不确定的非良构问题。但是，如果是在疫情防控期间与学生探讨这个问题，就创建了一个很好的问题情境。

3. 高阶认知

对项目化学习挑战性问题的兴趣会促使学生积极投入到学习中来，而要让学生产生持续的兴趣，需要充分调动学生的高阶认知，让学生经历高阶学习的过程，整合基础知识与技能，实现概念知识的项目化学习。

4. 学习实践

项目化学习并不是简单地让学生完成活动、形成成果，而是要让学生经历有意义的学习实践历程。项目化学习要锻炼和培育的是学生在复杂情境中灵活的心智转换，是一种包含知识、行动和态度的"实习实践"，体现的是知、行、思合一。不能简单地将项目化学习定义为查找资料、合作探究、记录过程和呈现结果的线性流程。项目化学习中的实践强调的是"做"和"学"的统一，着力点在于对知识的深度理解。

(1) 项目化学习中需要学生的亲身实践。这种实践不是观看，也不是只动手，或者做出来就可以了，这种"行动"或"制作"是带有思考、假设、验证概念性质的，是动手动脑，整合了技能、态度的行动。

(2) 在真实世界中，解决问题是多样的实践组合，而不是一组孤立的探究流程。在真实世界中，从来就不存在单一看待问题和处理问题的方法，即使是科学家，也会应用多个领域的多种方法。科学本身就是基于不同的文化和技术基础的，所以即便世界范围内的科学家共享一套科学话语系统，但是解决问题的具体方法也是多样的。

(3) 实践具有情境依赖和身份代入的特征。也就是说，学习实践代表着某个领域的人们在处理与本领域有关的事件时的主要行动形态。比如教师的教学实践是让学生理解科学知识是如何发展的，提供机会让学生掌握调查、建模和解释世界的方法；而工程师的实践是通过设计来解决生活中的实际问题。

5. 展示成果

项目化学习和其他教学模式的一个重要区别就是前者最终要形成一定形式的成果

并进行公开的交流。项目化学习成果是指在项目化学习结束时产生的作品、产品、报告等，其形成带有不确定性，形式也多种多样，不应限制学生成果呈现的多样性，或是给学生一个样例让其模仿，这会限制学生的思考和想象。关于成果，有以下几个重要的特点：

（1）成果要指向挑战性问题，具有思维的真实性。

（2）成果包括个人成果和团队成果。

（3）成果要指向对核心知识的深度理解。

（4）成果应包含对结果的说明，更应该包含对过程的说明。

要考虑成果的要点有哪些、最低标准是什么、用怎样的方式呈现或怎样应用到个体生活中。这其实已经开始对最终成果的评价进行初步设计了。

6. 全程评价

项目化学习的评价是多元和丰富的，要求以过程性评价和总结性评价相结合的方式促进学生对项目化学习的投入，而且评价主体也要实现教师、学生甚至第三方共同参与的多元化评价。项目化学习的评价既要指向学习目标的达成情况，也要运用过程性评价考察学生的认知策略和实践活动，确保"目标—实践—成果"的一致性。项目化学习中列出的知识网络、认知策略和实践活动有很多，但并不一定都要进行评价。核心知识、主要的高阶认知策略、重要的学习实践活动是需要在过程性和总结性评价中体现出来的。项目化学习评价主要聚焦在以下几个方面：

（1）最终成果是否回答了挑战性问题。

（2）在最终成果中是否产生了对概念的深度理解和掌握了相关知识技能。

（3）学习实践的质量如何。

（4）在过程性的成果中是否证明了相应的学习实践活动的产生。

（5）在类似的情境中是否产生了迁移。

研究性学习教学模式概述

德国洪堡大学著名学者亚历山大·冯·洪堡等人认为，大学不仅要传授知识，更重要的是应"发展"知识，大学教学活动的关键是师生能够探究"创造性的学问"。进入 21 世纪，随着对具有高水平问题解决能力和创新思维学生需求的增加，对大学教育提出了更高的要求，多数研究者认为大学应将研究（research）、学识（scholar-ship）、教授（teaching）和学习（learning）融为一体，开展以研究为基础的教学，就是实现这一目标的有效途径。研究性学习提高了研究与教学之间的联结度，鼓励学生主动参与研究活动，有助于激发学生的内在学习热情。[1]

大学是高层次的教育，其培养的人才既应有较扎实的基础知识和专业知识，还应该具备一定的科学研究能力[2]。研究性学习的中心思想是让学生主动参与到科学研究中，并以此培养学生的研究兴趣、提出自己的科学问题[3]。以研究为基础的学习是一种开放的教学模式，可有机整合教学和科研以及学习、实践活动，充分调动和培养自主学习和科研能力，提高创新思维能力和综合能力。[4]

研究性学习是一种多元化的教学模式。首先其带有项目化学习的特点，在研究性学习中学生必须介入到研究活动中，运用研究方法和手段解决科学研究项目问题，目标不仅是完成科研工作，而且是在这个工作中实现核心知识的建构和深度理解；项目化学习成果发布，在研究性学习中主要以论文、报告和设计等科学研究的成果方式呈现；研究性学习在项目学习组织方式上，二者都依赖于小组协作学习。因此，可以认为研究性学习模式是项目化学习模式的一个子集。

项目化学习和研究性学习最大的区别在于基于核心知识的挑战性问题生成的机制上，项目化学习的挑战性问题往往来自于教师的精心设计，而研究性学习的问题主要来自对现象观察、分析之后，由学生提出问题，要求具有更强的科学性、挑战性、生成性和不确定性。因此，研究性学习对学生和教师都提出了更高的要求。

在研究性学习教学设计中，还应注意以下原则[5]：

（1）培养研究兴趣。以学科专业的科学问题引导学生选题，提高学生的研究兴趣。

（2）培养科学思维。重视科学理论和研究方法的示范作用，使学生对相应科研课题有全面了解，学会怎样提出科学问题，培养科学思考能力；在课题实施过程中，培养学生的自我指导能力。

---

[1] 邱瑜，崔永耀，侯丽娜，等. 国外以研究为基础的教学模式对我国医学教育的启示［J］. 医学教育研究与实践，2017，25（04）：592-595.

[2] 王广顺，陈小雷. 论大学生的科研能力及培养途径［J］. 河北师范大学学报（教育科学版），2006（06）：95-97.

[3] 邱瑜，崔永耀，侯丽娜，等. 国外以研究为基础的教学模式对我国医学教育的启示［J］. 医学教育研究与实践，2017，25（04）：592-595.

[4] 于爽. RBL教学模式及其在医学教学中的应用［J］. 文化创新比较研究，2019，3（35）：96-97.

[5] 李敏，王颖莉，李睿，等. 遗传学实验教学中RBL模式的探索［J］. 中国中医药现代远程教育，2019，17（13）：155-157.

（3）加强学生参与。研究性学习的根本目的是促进知识的深度理解和研究方法的掌握，参与研究的学生大多尚未掌握足够专业知识是正常现象，没必要因此降低研究性学习课题难度，课题要兼顾挑战性和兴趣性，在课题的具体实施上培养学生学习的兴趣和创新能力。但鉴于多数学生知识体系和实验能力方面的欠缺，研究应以相对难度低的基于某个具体问题的小课题为宜，以提高学生的参与度和课题的完成率。

（4）培养学生数据分析能力。必要时应提供课题已有的实验数据，让学生进行数据分析，得出实验结论，并学会怎样根据结论开展下一步实验研究。

（5）不畏艰难的品质。通过研究性学习学习，应使学生充分认识到科学研究所面临的理论和方法上的困难，有时候甚至面临困境，以使学生对科学研究有正确客观的认识。

（6）研究文化的熏陶。鼓励学生参与课题讨论、学术交流，充分利用网络社群引导学生自己组织课题交流活动。

（7）明确研究意义。使学生认识到学术成果通过会议交流和论文发表的重要性，但更应使学生充分认识到科学研究的社会价值，并注意其中可能涉及的伦理问题，培养正确的科学研究理念。

在研究性学习中运用 5E 学习环

（一）应用 5E 学习环开展研究性学习教学

随着科学技术的飞速发展，人们越来越重视学生科学素养的培养，也开发出了各种教学策略，希望用"科学研究"的方法提高学生的科学素养，促进学生全面发展。在这些策略中，以"科学探究"为知识获取途径的 Atkin-Karplus 学习环教学模式就是其中之一。学习环是探究教学中一种很有效的教学模式，它具有多种操作形式，一般的程序包括探研、概念引入和概念应用三个环节。首先是探研阶段，让学生从事各种探索活动，以便从经验中产生新观念；其次是概念引入阶段，让学生将发现的观点或产生的想法抽象，形成概念性知识；最后是概念应用阶段，让学生有机会把新概念运用到不同的情境中。1989 年，研究者在原有学习环的基础上，进一步提出了基于建构主义理论和概念转变理论的 5E 教学环，其包括 5 个教学环节，即参与（engagement）、探索（exploration）、解释（explanation）、细化（elaboration）和评价（evaluation）。其中"参与"和"评价"是新增的 2 个环节，而"探索""解释"和"细化"

则与原来的"初步探究""概念引入"和"概念应用"相对应。

（1）参与。这一阶段的目的是引发学生的好奇和兴趣，通过活动使学生将过去和现在的学习经验联系起来，了解学生的想法，并且关注学生在活动中获取学习成果的思考历程。

（2）探索。学生是探究过程中的主体，教师鼓励学生收集材料展开研究，为学生提供必要的支持，更多的是倾听学生的观点，而不是告诉学生答案是什么，起到导师的作用，必要时给予学生引导和纠偏。

（3）解释。学生用自己的语言描述研究或实验的经过，要求学生根据现象得出概念；教师应该以学生先前经验为基础来解释概念，并适时进行概念的定义和解释。

（4）细化。师生共同对得到的概念进行剖析，并予以挑战及延伸，给学生提供验证预期问题的实验或思考机会，鼓励学生将概念应用到新的情境中，获得更多信息和发展更高层次的技能。

（5）评价。观察学生是如何应用新的概念和技能来解决问题的，能否形成公开的研究成果并进行分享。可以通过结题答辩等形式来评价学生，并鼓励学生进行自我评价。

（二）5E学习环与学生研究能力培养

科研能力是人们开展科学研究活动时，在运用科学方法探求事物的本质和规律的过程中所表现出的本领。学生的研究能力的培养要求学生不仅需要掌握专业领域的基本知识和基础理论，还要具备一定的基本研究技能。一般来说研究能力包含以下几个方面：

（1）获取信息的能力。包括阅读文献、收集资料、鉴别和归纳资料的能力，即能够利用图书馆等传统渠道以及网络等新技术环境查找与课题有关的中外文文献。必要时还需进行实地调查访问，对搜集或调研得来的各种资料加以梳理和归纳，鉴别其真伪与价值，掌握有关课题的研究现状和进展动态。

（2）发现和提出问题的能力。对所收集的资料和实验数据、调查结果，从不同角度进行深入分析和研究，并提出有意义的问题。

（3）逻辑思维和分析综合能力。能够遵循逻辑规则，运用比较、综合、归纳、演绎等逻辑方法和统计方法，运用辩证法、系统科学的观点和方法进行判断、推理。

（4）实验和实践能力。深入学科的实验室进行验证型、改进型、创新型实验和进行教学实践、社会实践、社会调查，从观察、了解和总结中发现问题。

（5）发现创造的能力。通过对所发现问题的分析，运用新材料，以创新思维和技法为手段，能够提出改进或改革解决问题的新方法、新角度、新观点、新假设。

（6）论文写作能力。论文是研究结果或科学思维结果的社会表达。将研究的结论用文字有条有理、有论有据地表述出来，以成果的形式呈现出来，这既是进行交流和讨论的需要，也是在研究结束或告一段落后进行总结的需要。①

上述几种能力对于学生掌握科研方法来说都是不可或缺的，我们可以在研究性学习中运用 5E 学习环加以重点培养，如图 4-9 所示。

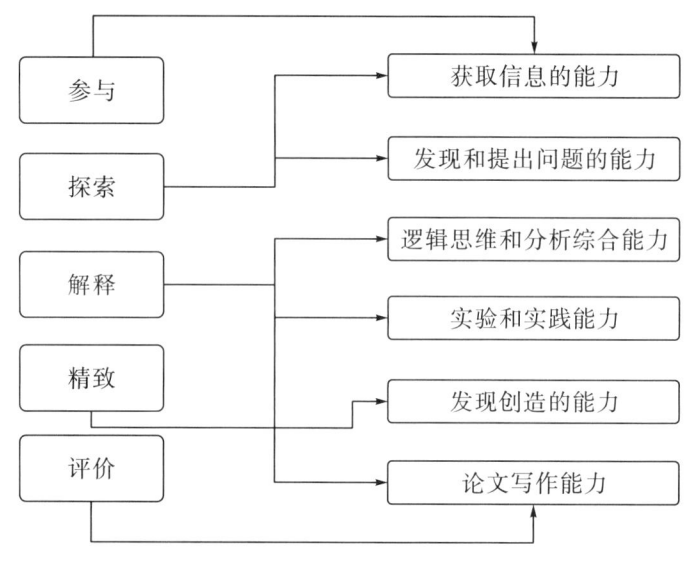

图 4-9　5E 学习环

通过图 4-9 中与学生研究能力的要点联系比较，5E 学习环确实可以提供与培养学生研究能力相对应的学习情境。相关研究都指出了教师实施探究教学的两个重点，那就是尊重并激发学生进行探究的兴趣和鼓励学生进行持续不断地探究活动。科学探究应是一个循环，吸引学生参与是一个重要的起始点，也是循环的动力，每一次的探究结果都在为下一次做准备。

---

① 王广顺，陈小雷. 论大学生的科研能力及培养途径 [J]. 河北师范大学学报（教育科学版），2006（06）：95-97.

第五章

智慧课堂教学设计

　　人们一看到"设计"二字，更多的是想到"服装设计""机械设计""程序设计"等，很少会有人想到"教学设计"。其实，从设计的概念出发我们会发现，几乎一切人工造就的美好事物都是需要设计的，一堂好课也不例外。

一　设计与设计思维

设计的概念

设计是把一种设想通过合理的规划、周密的计划等各种感觉形式传达出来的过程。人类通过劳动改造世界，创造物质财富和精神财富，而最基础、最主要的创造活动就是造物。设计便是造物活动进行预先的计划，可以把任何造物活动的计划技术和计划过程理解为设计。设计一般出现在生成产品或执行计划之前，为了解决问题进行系统的、有意识地构思和计划。这些需要解决的问题应该是多因素构成的一个复杂系统，属于"非良构"问题，对于显而易见的问题是不需要系统构思的。因此，设计是一种解决复杂问题的方式。为了更好地理解设计，我们还应该从以下几个方面来认识设计：

（1）设计受到设计理念的强烈影响。
（2）设计是一个目标导向的创新过程。
（3）设计是要将要求和想法变成蓝图。
（4）设计是一门科学，更是一门艺术。
（5）设计属于认知中的高阶思维层次。

从古至今，特别是工业时代之后，设计在人们的生活中越来越重要。但是设计理念本身也经历了演变发展的过程。以产品设计为例，现在越来越多的产品是在以人为本的设计理念指导下设计出来的，因此我们会觉得体验好。而几十年前则不是这样，在"以产品为中心"的设计理念指导下，绝大多数的产品在设计的时候只考虑产品的性能、功能，并不关注用户的体验。设计出来的产品需要用户熟悉并掌握它的功能，是让用户适应产品，而不是产品适应用户。那个时代精心设计的产品往往是性能优越、功能强大但用户体验差，甚至需要把用户变成专家后才能把全部的设计意图发挥出来，这种用户被叫作"发烧友"。不幸的是，目前对广大教师具有深远影响的一些教学设计理念和方法就诞生在这个时代，换而言之，这些有着重要影响的教学理念和方法是在以产品为中心的工业化设计理念影响下产生的。其突出的表现就是"以教为中心"，强调基于教师、教材和教室的设计，是为"教"进行的设计。在这种情况下学生能做的就是被动地接受这些"性能优越"的设计，适应教师设计出来的这些"强大功能"，如果要学好就得把自己变成"发烧友"。

时至今日，其他设计领域已经历了数次重大的变化，已经形成了一整套先进的设计理念、模式和方法，以人为本、注重用户体验已经成为基本共识，并且已经改变了人们的日常生活。与此同时，教学设计的理论和方法却发展缓慢，仍未脱离为"教"设计的桎梏，更没有把"学习者体验"作为一条关键的标准。因此，必须深入了解全新设计思维，并将先进的设计理念、模式和方法引进到教学设计当中。

走进设计思维

一直以来优秀的设计与设计者的能力是密切相关的，高超的设计能力被看作一种复杂的思维能力，而具备这种能力的人是很少的，获得这种能力也是比较困难的。我们需要大量与众不同的创造者，他们不以模仿为目标，而是具备在观察中发现问题、在思考中转化问题和在探索中解决问题的能力，目标是得到全新的产品、服务或者体验。有没有一种方法可以让更多的人具备某种思维能力呢？

设计思维就是这样一个进行创新探索的方法论系统。如今，设计思维已成为一种重要的"在行动中进行创意思考"的实践方式。它以人为本，把提高人们的体验品质作为目标，依据文化的方式与方法开展创意设计与实践。

设计思维的概念最早可以追溯到20世纪，赫伯特·西蒙于1969年出版的《人工制造的科学》一书中首次提出设计是一种可以结构化和流程化的"思维方式"。20世纪80年代和90年代，斯坦福大学把"设计思维"作为创意活动的一种方式，进行了定义和推广。在1987年出版的《设计思维》一书中首次对这一概念进行了系统化论述，其成为众多设计者完成实用创意流程的依据。1992年，理查德·布坎南发表了《设计思维中的难题》一文，对设计思维的理念进行了拓展，使设计思维在处理更多类型的复杂系统设计问题上具备了更好的适应性。为此，设计思维不再仅仅是设计师的思维工具，而成为服务于各个领域的通用方法论。进入21世纪后，因为设计思维在创新领域的突出作用，目前已经成为学术界和商业界共同关注的焦点。

世界知名设计企业联合创始人大卫·凯利2005年在欧洲软件企业SAP创办人哈索·普莱特纳的支持下，在斯坦福大学成立了世界上第一所设计思维学院（D.

School），这成为设计思维进入高等教育人才培养体系的标志性事件。斯坦福大学设计思维学院并非一个招收学生并授予学位的常规教学组织，更多的是研究中心的性质，只面向斯坦福大学的硕士和博士，授课教师也多来自学校的其他院系。由于有着出众的师资，且地处硅谷，与产业界交流密切，加之近年来设计在科技界的地位与日俱增，这个学院及其课程在业界享有盛誉[①]。

设计思维的特点与流程

（一）设计思维的特点[②]

1. 以人为本

设计思维的核心思想就是"以人为本"。相比传统设计，设计思维把关注点放在人身上，放在真实用户的需求和期望上，为解决用户的问题而提出创新的方案，倡导共情、合作、探索和求真。以人为中心，意味着一切始于人的需求，这被称为"以人为中心的设计"（Human-Centered Design）。运用设计思维的第一步不是要思考设计什么，而是要考虑为谁设计。在解决问题的时候，要知道利益相关者是谁，服务的是哪一部分人，谁会对过程有影响，谁又是最终受益者，这样才能保证解决方案始终贴近人的需求。

以人为中心，要求设计者以"共情"感受体会对方。共情（empathy），又译作同理心，是指设计者的视角需要转变，务必要从对方的角度而不是自己的角度观察问题和审视体验。

2. 多元思维

在通常的思考当中，有人认为多数人往往更习惯于调用左脑，例如遵守规则、遵循逻辑、尊重事实等思维习惯。虽然目前左右脑是否有这样的分工存在争议，但这样的思维习惯是客观存在的，以往的教育和工作更偏重于这些思维方式。而鼓励创造的设计思维则需要我们启动与创造力相关的各种思维，学会发散、想象和关联思考。设计思维偏重于使用图像思维、关联思维、情境思维和同理心思维来解决问题，设计思维的实践过程会叠加所有这些思维。

[①] 秦仪，张焱. 欧美商学院设计思维教育的历史、特征与启示［J］. 创新与创业教育，2016，7（06）：42—48.

[②] 张凌燕. 设计思维——右脑时代必备创新思考力［M］. 北京：人民邮电出版社，2015：9.

图像思维，也称视觉思维，是用图形、图解来表达想法、概念、流程及关系的思维。借助一些视觉化的思维工具可以很好地起到引导思维的作用。

情境思维，也称场景思维，是一种以场景中的人为思考对象、以交互关系为思考核心的思维方式。它要求对人、物、环境的动态关系进行整体的思考。

关联思维，是指将看似不相关的一组事物、问题或想法关联起来思考的思维方式，这种思维方式能够发现内在联系，启发新的视角和想象力。

同理心思维，是站在他人角度看待和理解事物的思维方式，在精神和感情上与对方产生共鸣，体会他人的感受并做出符合对方期待的反应。

3. 用手思考

三思而后行是多数人的行动准则，这是一种审慎的行事方式，能够在一定程度上降低意外和差错，但也意味着要付出更多的时间成本。特别是设计领域，在瞬息万变的今天随时都有可能被抢先一步，因而"用手思考"被很多人所接受。蒂姆·布朗把"用手思考"描述为在设计过程中不是等想法完善了才做，而是敢于试错，通过行动让想法快速地在雏形阶段得到验证，再通过结果的反馈迅速进行修正，动态地接近设计目标。它类似于软件开发过程中的快速原型法。

"用手思考"一定要借助"原型"，它是反映现有设计想法具象化的一个简易模型，不仅可以验证想法、理清思路，还可以让对方直观地理解设计意图并进行反馈。根据反馈的结果进一步对"原型"进行修正，这种螺旋上升过程既可以无限接近人们的需求，也可以极大地提高设计的效率。

"用手思考"也是斯坦福大学设计思维学院创始人凯利的名言，他认为光看光想是没有用的，唯有行动、体验才能让参与者与设计思维之间擦出火花。

（二）设计思维的流程[①]

（1）共情：即前述的同理心，就是需要站在用户的角度看待问题，要做到移情，需要学会观察，与用户交谈，以及体验用户所体验的感受。

（2）定义：在观察和体察用户体验的过程中，发现用户的问题，并以此为基准点来考虑解决方案。

（3）构想：针对问题尽可能多地创意出各种解决方案，然后找到其中一个最好的

---

① 秦仪，张焱. 欧美商学院设计思维教育的历史、特征与启示［J］. 创新与创业教育，2016，7（06）：42—48.

思路或方案。

（4）原型：想出方案之后就需要动手把这个方案展示出来。视觉化和动手做也是设计思维与其他创造性解决问题方法不一样的地方。

（5）测试：对原型产品进行测试，看其是否是合适的解决方案，如果不合适，就需要对方案进行迭代或者从第一步找问题再开始设计。

设计思维对教育的意义

设计思维对教育的意义一方面体现在对学生设计思维能力的培养，另一方面表现为如何运用设计思维创意教学，为教学创新提供方法论。

1. 培养学生的设计思维能力

《人工制造的科学》的作者西蒙认为，设计思维不仅是设计师的思维和专业技能，工程技术、工商管理、医疗卫生等领域都应当开设相关课程，让更多的人接受这种思维方式。2007年德国波茨坦大学成立了HPI设计思维学院，他们希望通过在高等教育中引入设计思维的教学，建立设计思维意识，帮助各专业的学生建立一整套方法论体系[1]，学习一系列结构化的启发式规则、步骤或策略，运用到复杂的创新问题中，具备针对不同的领域提出解决方案的能力。与此同时，更多的企业机构也纷纷引入设计思维的结构化方法，革新设计过程，提高创新水平，期望在当今的全球经济中创建出一种竞争优势。

在培养目标方面，上述设计思维学院均以T型人才为培养目标。所谓T型人才，就是纵向上在专业领域具有一定造诣，横向上可以利用设计思维与跨领域伙伴协作解决问题[2]。这样的人更容易成为在本专业领域有深厚造诣，同时对其他领域亦表现出浓厚兴趣的跨界融合型的人才，这是新时代创新团队带领者和参与者的关键特质。设计思维是一种多学科融合的思维方式，能够把各领域专业人士从各自的"专业思维陷阱"中解放出来，并引导到融合创新的共同视角下[3]。

---

[1] 秦仪，张焱. 基于设计思维的创新创业课程设计与实践[J]. 创新与创业教育，2017，8（04）：63-67，70.
[2] 穆胜. "跨客"——新T型人才[J]. 中欧商业评论，2014（8）：80-82
[3] GREVING W，刘蓁. 为什么你不必是设计师，却需要成为设计思维者[J]. 中国社会组织，2015（20）：61-63.

2. 以设计思维开展教学创新[①]

设计思维并非一门课程,它是一组解决创新问题的方法。与科学技术和商业领域一样,教学也是一个需要创新并蕴含着无穷创意可能的场景。设计思维为教师设计创造性教学和持续改进教学提供了很好的策略及指导方法。运用设计思维可以改变教师的思维方式、教学理念,促进教学实践,以适应未来教育的要求。美国教育技术国际协会(The International Society for Technology in Education,ISTE)发布的《教师标准》(ISTE Standards for Educators)指出:未来教师的重要角色是"设计者",为教学改革而设计是未来教师必备的一项重要能力。

斯坦福大学"设计思维入校园"项目为当地学校的学科教师开展持续多样的探索活动提供了帮助。教师在熟悉设计思维的基础之上,结合自身的学科专业知识背景,与研究人员共同探索设计思维与学科融合的方法。通过合作开展教学创新改革,助力设计思维在教育中发挥作用。

设计思维以人为本的理念可以让教师真正站在学生的角度去体会学生的需求,从关注课程内容本身转变为关注学生的真实兴趣和素养的提升。未来在教师培养及发展中列入设计思维的内容,可以帮助教师理解创新与设计的本质,体验并掌握设计思维方法及过程,从而更好地开展基于设计思维的教育教学实践,实现学生创新能力的培养。

二　教学创新从设计开始

一个好的产品往往来源于一个优秀的设计,服装设计、工业设计、服务设计都在源源不断满足我们对美好生活的向往。一个优秀的课堂是由教师、学生、信息和环境等多要素相互作用形成的复杂系统,同样也依赖于优秀的设计。

教学是一门科学,教学设计是建立在这门科学之上的一项技术,教学的目的是使学生得到能力及素质的全面发展,教学设计的目的就是创设和开发促进学生获得这些

[①] 陈鹏,黄荣怀. 设计思维带来什么?——基于2000—2018年WOS核心数据库相关文献分析[J]. 现代远程教育研究,2019,31(06):102-111.

能力一切可能的支持。

如果我们问教师一个问题："你的教学是经过设计的吗？"我们也许会得到否定的答案，很多教师并没有对教学进行专门的设计，而是忠实地将教材内容转移给学生，吸引学生的并不是对一堂课精良的设计，往往来自于教师的本体能力，例如教师渊博的知识、幽默的口才、丰富的阅历等，这种与教师本体能力高度相关的课堂会导致优秀的教学难以复制。

关于教学设计，国内外学者有很多定义，当代教学设计大师加涅在《教学设计原理》中把教学设计定义为一个系统化规划教学系统的过程①。当代另一位著名教学设计理论家史密斯和雷根在《教学设计》（第三版）中认为，教学设计是把学习与教学原理转化成对于教学材料、活动、信息资源和评价的规划这一系统的、反思性的过程。他们认为教学设计者就像工程师。需要基于那些已被证明是成功的原理来规划自己的工作。工程师所依据的是科学和工程定律，教学设计者所依据的是教与学的基本原理。他们都要努力设计一些方案，让这些方案不仅能够发挥作用，而且对终端用户产生吸引力。无论是工程师还是教学设计者，他们都要确定解决问题的程序步骤，并以此来引导自己的设计决策②。

因此，无论是采用什么样的教学策略和教学环境，要想真正激发学生的学习动机，开展有效教学，我们就必须从精良的设计出发。

智慧课堂教学设计

（一）智慧课堂教学设计的内涵

智慧课堂，完备于大数据、互联网等新兴信息技术的赋能，聚焦于教育教学中人才培养能力提升，根植于先进学习理论的成果，其内涵体现在以下四个方面：

（1）新兴信息技术是智慧课堂构建的环境基础。

（2）建构主义学习理论是智慧课堂的构建依据。

（3）"课堂教学革命"是智慧课堂的关键目标。

（4）促进师生智慧发展是智慧课堂追求的宗旨。

---

① 加涅，韦杰，戈勒斯，等. 教学设计原理 [M]. 上海：华东师范大学出版社，2018：33.
② 史密斯，雷根. 教学设计 [M]. 3版. 上海：华东师范大学出版社，2008：10.

目前一些学者已经开始对智慧课堂教学进行深入的研究，但尚未对智慧课堂教学设计形成统一的认识。我们认为，智慧课堂教学设计是在现代学习和教学理念的基础上，充分利用现代信息技术，科学安排教学过程的各个环节和要素，为学习者提供精准化、智能化、个性化、协作化和动态化的学习支持，实现教学结构与过程最优化的系统方法。

（二）智慧课堂教学设计的特征

信息化教学设计主要有五个方面的特征：以建构主义学习理论为基础，以建立新型的学习方式为宗旨，以发展学生的高阶思维能力为核心，以技术作为促进学习的支柱，以提高学习挑战度为设计的关注点。

1. 以建构主义学习理论为基础

建构主义理论对客观主义提出了截然不同的观点。建构主义认为，知识不是通过传授得到的，而是经过意义建构得到的。知识是个体与环境交互的产物，强调情境对意义建构的作用，强调会话与协作对意义建构的作用。建构主义学习理论从知识观、学生观、教学观和学习观等方面提出的许多观点，特别适合复杂领域及问题解决的学习，标志着人类对学习本质的认识有了质的飞跃。作为对教学设计影响最为直接的学习理论，其发展和变化都将促使教学设计随之有所改变。信息化教学设计以建构主义为理论基础，形成了不同于传统教学设计的理论与方法。

2. 以建立新型的学习方式为宗旨

学习方式是学生完成学习任务过程中基本的行为及认知取向。传统的接受式教学中，学生的基本行为是记忆、理解学习内容，实现知识的迁移，学习是个体的行为，其最大弊端在于学生学习了大量的知识，但在遇到实际问题时，却不知道如何解决，课堂学习的知识与现实生活存在脱节现象。信息化教学设计强调学生是学习的主体，并能利用学生已有的经验，在学习环境的支持下，通过和学习同伴的协作交流，进行探究发现，通过问题解决建构知识意义。信息化教学设计的宗旨为建立凸显自主性、合作性、探究性等特点的学习方式。

3. 以发展学生的高阶思维能力为核心

高阶思维能力是以高层次认知水平为主的综合性能力，创新能力、问题解决能力、批判性思维能力、团队协作能力、自主学习能力和元认知能力的培养均可促进高阶思维能力的发展。高阶思维具有多种能力综合、复杂、反思、调控及多元化标准的特点，信息化教学设计以发展学生的高阶思维能力为核心，在真实复杂的情境中培养学生探究和解决问题的能力，通过主动学习、协商学习、意义建构促进高阶思维能力的发展。

4. 以技术作为促进学习的支柱

技术涉及物化技术和智能技术，前者为解决问题或完成任务中运用的工具和设备，后者则指应用的知识方法、策略和技巧，二者的综合能有效地支持学习。信息化教学设计中强调信息技术作为学习工具和认知工具，技术作为学习工具有演示功能、交流功能、探究功能、管理功能等，学习者通过技术学习可提高学习的效率，支持意义建构。技术作为学习的支柱，可形成信息化教学方法与信息化教学模式。

5. 以提高学习挑战度为设计的关注点

提高学习挑战度，要求学习者对学习负责，能够自我控制，选定学习目标并进行自评；要求对学习充满热情，愿意持续学习以便于解决问题；要求他们富有策略，知道如何将知识进行转化以创造性地解决实际问题。投入型学习还涉及协作，即学习者有意愿、有能力与他人一道工作。高挑战度学习是一种主动性学习，具有自主活动决策权和学习策略；学习充满交互，具有开放、建构的特征。信息化教学设计强调学习环境的设计，通过丰富的学习资源和学习工具的支持，学习者可以进行基于真实人物、情境化、问题解决的学习，主动地制订学习计划，进行决策，教师提供必要的引导和帮助，学习评价关注学习者在真实生活中的绩效表现。这样产生的学习在认知方面采用了深层次加工处理，并且在行为方面和情感方面均有投入。信息化教学设计的关注焦点正是在于提高学生学习的投入程度。

基于设计思维的教学设计方法

从上述内涵和特征分析中我们可以看到，智慧课堂是一个全新的教学系统，它是基于新的教学理论，以学生为中心，依托新兴的信息化教学环境、手段和信息资源建构的课堂教学结构。

工厂化的人才培养模式要求在规定的时间内，采用标准化的教材、统一的教学方式、统一的教学媒体以及标准化的考核评价方式，实现标准化的教学过程。在教学设计的过程中，教师被迫选择以中等水平的学生群体作为参照，开展教学设计、教学进程安排和教学评价等活动，其结果必然会导致学生之间出现学习差异和成绩分化的现象[①]。这样的设计方法是难以胜任以人为本的教学系统和流程的，必须运用全新的设

---

① 李逢庆. 混合式教学的理论基础与教学设计 [J]. 现代教育技术，2016，26 (09)：18-24.

计模型和方法。设计思维以人为本的核心理念、面向复杂系统要素的流程、激发创造力的方法、快速迭代的高效率与智慧课堂的需要高度契合，而且设计思维聚焦创新的基本属性正是智慧课堂的基本特征。因此，我们有必要引入设计思维的方法论，作为智慧课堂教学设计的基本方法。

（一）设计思维教学设计矩阵

我们通过对智慧课堂教学设计实践的分析和总结，将设计思维的流程要素与课堂教学活动关键环节分别对应，形成了一个教学设计矩阵模型，如表5-1所示。

表 5-1 基于设计思维的教学设计矩阵

	共情	定义	构想	原型	测试
目标					
结构					
信息内容					
活动					
评价					

从表5-1中可以看出，教学设计矩阵横向分为5列，分别是共情、定义、构想、原型和测试，这与设计思维流程的五个步骤相同；纵向也有5项，分别代表了教学设计的五项设计任务，即目标、结构、信息内容、活动和评价。我们可以从横、纵两个方向填制每个空格，最终快捷地完成教学设计的主要框架。

教学设计矩阵的横向是教学设计的主要内容，描述的是系统规划教学所涉及的过程。史密斯和雷根认为教学设计就是要回答三个基本的问题[①]：

• 我们要到哪里去？（教学目标是什么？）
• 我们如何到那里？（采用什么样的教学策略和教学媒体？）
• 我们到那里了吗？（如何测试、评价、反思和更正？）

我们根据智慧课堂教学的内涵特征，将教学设计从史密斯和雷根提出的三个问题出发，划分为三个阶段，第一阶段，进行目标设计，确定"到哪去"；第二阶段，进行教学过程设计，确定"如何到那里"；第三阶段，进行评价设计，验证教学的有效性，确定"到那里了吗"。教学设计的要素如图5-1所示。

---

① 史密斯，雷根. 教学设计（第三版）[M]. 上海：华东师范大学出版社，2008：10.

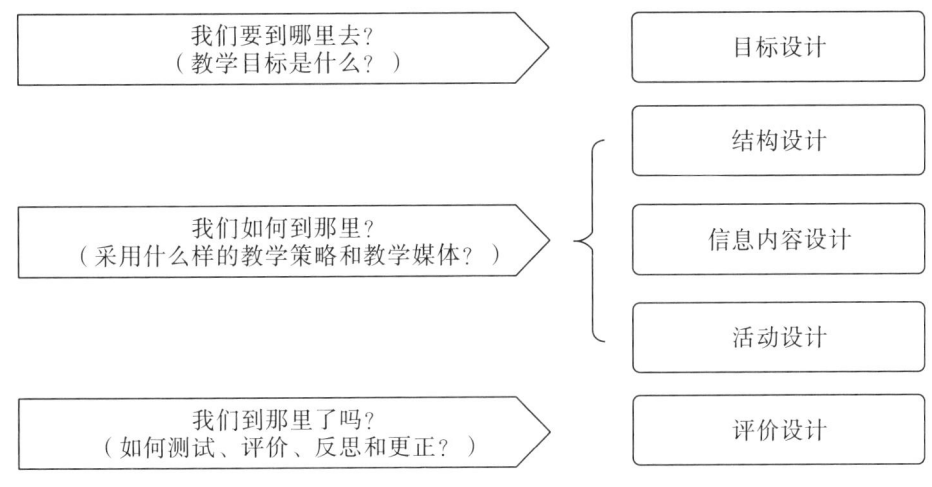

图 5-1 教学设计的要素

（二）利用矩阵开展教学设计

教学设计矩阵的纵向是设计思维的五个关键环节，每一个环节的具体内容已经在前文叙述。我们将重点结合教学设计矩阵描述如何运用这五个环节。与传统教学设计由设计者一个人自导自演的方式不同，这里介绍如何利用教学设计工作坊开展教学设计。

1. 共情（同理心）

共情阶段的关键是要站在学习者的角度思考和确定学习需求，该阶段与学习目标和学习内容的确定直接相关。在以往的教学设计过程中，教学目标的确定往往来自课程标准或教师经验，很少站在学生认知和体验需求的角度来确定。按照设计思维以人为本的教学设计方法，首先要了解学生需求和现有知识水平来找到最近发展区，确定学习的目标。智慧课堂的流程翻转、课前测试和数据及时反馈，可以精准地反映出学习者的学习需求和体验倾向。共情阶段还可以邀请不同的教师和学生在工作坊中通过对现有教学的观察、体验、分析、发现其存在的不足；设计需要站在学生的角度看待问题，需要观察和记录学生的学习过程和反应，与不同的学生交谈，了解学生的学习感受以及需求。例如，教师从前可能这样问学生："你听懂了吗？"而站在共情的角度我们应该问："你感觉如何？"这样我们才能准确地知道学生需要什么，应该用何种方式提供他们所需要的知识，最大限度调动学生的内在学习动力，促进学生的学习。

2. 定义

定义是对于教学设计中的目标、结构、活动、内容等的内涵和外延的确切说明，用来描述或规范其意义。在这一环节，教学设计每个部分需求、内容和边界都将得到确定，将会呈现出一个教学设计的目标蓝图。该过程可以通过听课记录、聊天记录等载体分享所见所闻，定义学生的需求。在观察学生的体验的过程中，发现学生的问题，并由此为基准点来考虑解决方案。能否定义出学生的需求很大程度上取决于在"共情"阶段采集的数据和收集的问题。设计思维的流程就是先不要急着给出解决方案，而是正确地设计问题并得到有效的反馈。

3. 构思

当教学设计各部分的内容和目标都得到定义之后，就要通过发散思维，尽可能多地想各种解决方案。这与传统教学设计有三点不同，一是设计思维教学设计是一个发散的过程，强调从若干可能中选择最合适的方案，而传统教学设计是线性的过程，要求教师按部就班；二是设计思维教学设计往往不是一个人的工作，最好是有多人共同来交流和碰撞，比如同行、学科专家和学习者，获得共同创意成果；三是由于"构思"来自于"定义"，因此形成的解决方案一定是瞄准学习者需求的，而传统教学设计更多是聚焦教师需求，即"教师如何教"。构思阶段可以开展集体备课形式的"教学设计工作坊"，通过头脑风暴分享创意想法，并将想法写在便利贴上，大家一起讨论，找到其中最好的思路或方案。如果难以达成妥协，也可以通过投票选出最佳方案。例如，在活动设计中可以针对某个教学活动，大家头脑风暴构想出若干个可能的方案，从中选择一个最佳的方案，填写在矩阵的相应位置。

4. 原型

教学设计者将相应的最佳方案编制成原型方案，这个步骤是设计思维"用手思考"的关键，也是设计思维与设计方法不一样的地方。我们可以针对学习目标、学习内容、教学活动和教学评价给出一个原型，目的是能够在接下来的测试中寻找问题，实现迭代提升。

5. 测验

"试课"是这一过程的关键，就是对设计形成的"原型课"进行试讲，在与学生交流中找感觉、找问题，不断修改后再"试课"，多次迭代后生成富有创意的教学设计方案。"试课"的过程与通常所说的"磨课"是不同的，"磨课"是围绕着一个定型的设计开展的，目的是要通过打磨，让教学越来越接近设计的样子；而"试课"则是让一堂"原型课"不断地修正、迭代，越来越完美，越来越超过设计的样子。

当我们完成了矩阵中的各个项目以后，原型这一列就是一堂"原型课"的设计了。而每一行则是五项具体内容的设计思维过程。教学设计矩阵在实际运用时要尽可能用大一点的表格，因为每一项都有可能填写较多内容，因此推荐采用电子表格进行填制。

对于教学设计工作坊，可能很多教师会比较陌生。其实工作坊有着悠久的历史，其最早源于德国以培养工程设计师和建筑设计师为主要目标的包豪斯学院。教师工作坊把教学实践环节设在特定的场地进行，教师（徒弟）不仅要听专家（师父）讲，而且还要和同行们分享；不仅要观摩别人上课，更要自己备课、讲课让别人观摩。通过集体备课、集体讨论、教学实践、评价反思等，让教师们对教学形成全新的认识。在国外的高校，教师工作坊是非常活跃的。近年来，我国各高校纷纷成立了教师发展中心，其实质就是教师工作坊。教育部教师工作司在2014年3月发布的《网络研修与校本研修整合培训实施指南》中指出，要发挥教师工作坊作用，组建跨校学习共同体，引领本学科教师开展研修[①]。教师工作坊既可以是实体形式，也可以充分利用网络社群软件，开展网络教师工作坊研修，这是一个非常好的形式。

智慧课堂教学设计的内容

（一）教学目标设计

教学目标既是教学活动的归宿，也是教学活动的起点，科学合理的教学目标具有导引教学方向、监控教学流程、激励学生学习、体现教育意义和指导评价教学的功能。科学合理的教学目标对整个教学过程的师生活动起着统领和指引作用，避免教学中普遍存在的随意性、盲目性和经验至上等问题。一堂课是否能够体现教育的意义，能否培养学生更高阶的思维能力，很大程度上取决于教学目标的设计。因此，对教学目标进行分析和设计是智慧课堂教学设计的首要环节。

教学目标设计的依据通常被认为是专业课程标准、教学大纲、教材内容和教师的教学经验。但从智慧课堂的教学特征角度看，仅仅依靠这些依据是远远不够的。

首先，课程标准、教学大纲以及教材内容等都是相对稳定的因素，具有一定的静态性和单一性，这与动态多样的学生知识经验和实际问题关联度不高，更难以体现日新月异的新内容、新知识、新需求，在进行教学目标设计时单纯依赖以上因素会导致教学目标千篇一律，大纲怎么要求教学设计就怎么写，教材印什么上课就教什么，这

[①] 赵炬明，高筱卉. 关于实施"以学生为中心"的本科教学改革的思考[J]. 中国高教研究，2017（08）：36—40.

是造成目前"千课一面"的重要原因。

其次，建构主义认为学习是学生根据自己的知识经验对外部信息进行加工和处理，进而形成自己对知识意义的建构和理解的过程，每个人的知识经验不同，调用的经验方法不同，对接收到的信息的解释就不同，所以学习一定是因人而异的。因此，在进行教学目标设计的时候就必须对学习者进行分析，分析他们认知起点的差异，分析他们认知方法的异同。

再次，教学目标是人才培养目标的载体，是人才培养规格的具体化，只有将人才培养目标转化为一系列具体的可操作的教学目标并有效达成时，人才培养目标才会实现。因此，要想面向学生创新精神的高阶能力培养目标最终能够得以实现，就必须对课标和教材内容等进行充分消化和重构，从不同维度对目标进行分解。通常可以将目标分为"知识与技能""过程与方法""情感态度与价值观"的三维目标，也可以根据布鲁姆教育目标分类学中的记忆、理解、应用、分析、评价、创造六个逐层递增的认知层次重构教学目标和教学活动，从学生基础认知出发，实现学生高阶思维培养。

最后，课程标准、教学大纲和教材内容中是很少提及教学策略的。而教学策略的运用是完成教学目标的基本措施和程序，没有教学策略就没有教学目标的实现，反之，教学目标也制约并指导着教学策略的选择。在设计教学目标时一定要对可以运用的教学策略做到心中有数，才能在达成教学目标时做到有的放矢。有效的教学策略可以激励学生的积极性和主动性，激发学生学习新知识的兴趣和达到教学目标的动机。在智慧课堂中，信息技术的融合应用为教学策略提供了更加丰富的选择，这为在智慧课堂中实现更高阶的教学目标提供了有力支撑。

结合智慧课堂的特征，我们可从以下几点把握智慧课堂教学目标设计的关键：

1. 智慧课堂教学目标设计的高阶性

一堂好课的标准首先是"有意义"，必须能够为学习者赋能[①]。学生学习一堂课的意义、学习一门专业的意义甚至来学校上学的意义其实都是为了"赋能"，一个人通过学习从"不能"到"能够"，这就是教育最朴素的意义。因此，教学目标中"赋能"的蕴意就决定了教学的意义。在布鲁姆教育目标分类理论中（见图5-2），分析、评价和创造通常被称为高阶思维，当我们的教学以高阶思维能力培养为更高的赋能目标时，我们的教学就被赋予了更大的意义。相反，如果我们仅仅以低阶思维为目标，带领学

[①] 叶澜. 一堂好课的标准 [J]. 考试（理论实践），2014（12）：15.

生死记硬背,这样的教学其实是无须设计的,只要对学生施加强烈的刺激就足够了。当前不少课程教学"高阶性"不足,这与在教学目标设计中对高阶认知目标体现不够有着直接的关系。因此,以布鲁姆教育目标分类理论为依据开展教学目标设计,是实现教学"高阶性"的关键步骤。

另一方面,只有当教学目标呈现出一定"高阶性"的时候,那些能够支持高阶学习的教学模式、策略、方法和工具才有运用的空间和价值。为了在教学中实现高阶目标,就必须运用探究、协作等有效策略,充分利用信息技术增强的手段和工具,开展合作学习、讨论、案例学习、项目研究和问题求解等学习活动,发展学生的高阶思维能力,进而达成高阶教学目标。

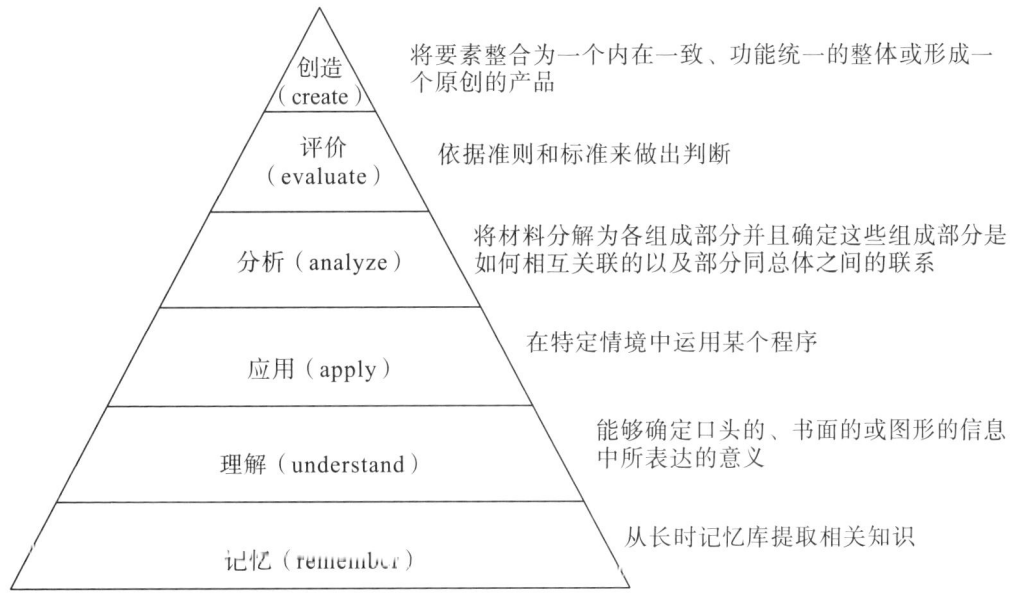

图 5-2　布鲁姆教育目标分类

2. 智慧课堂中学情特征分析的精准性

学情特征分析是制订教学目标的关键环节,是教学策略选择和教学活动设计的落脚点。精准的学情分析可以将"以学生为中心"和"以学定教"的教学理念落实在教学目标中。缺乏精准学情分析与诊断的教学目标往往是千篇一律的、静态的、浅层的和主观的,无法满足学生学习的个性化需求。

学情特征主要指学生在学习活动中的状态,包含学生认知起点、知识经验、兴趣动机、学习风格等。目前普遍采用的学情分析方法主要有问卷法、经验分析法等。但这些方法主观性强，无法动态地客观反映学生的学情特征，满足教学目标设计的需要。

智慧课堂为开展基于数据和智能技术的学情精准分析提供了有效的信息技术平台。学生在网络学习平台上完成课前学习任务后，选择进入测试，系统会综合分析学生的学习投入情况、诊断结果、历史数据等信息，以可视化形式输出诊断结果。教学目标设计将普遍存在的问题进行重点规划，对个别学生存在的问题可以通过设计相应教学策略加以体现。

3. 教学目标的表述

对教学目标清晰有效的表述，有利于强化师生的目标意识，指导教学活动实现预定的教学目标。这就要求我们在教学目标的表述中，要体现出整体性、层次性、适切性和规范性。

（1）整体教学目标的表述。

对照传统教学设计，教学目标往往局限于传递具体知识和技能，围绕目标展开的教学过程满足于"知识过一遍"或者"过程走一遍"，教学目标的表述只见局部不见整体，没有从知识全局和关联层面让学生建立起对知识整体框架的深度理解。因此，必须将基于大概念的整体教学目标作为目标设计的主线。

关于整体教学目标的表述，格兰特·威金斯和杰伊·麦克泰在《理解为先的教学设计》一书中提出的 UbD 理论（理解为先教育设计模式，Understanding by Design）为我们提供了一个有效的方法。该方法采用逆向设计思路来实现基于整体概念的教学目标分析，分为三个步骤：一是明确预期学习成果，二是确定合适的评价证据，三是明确学习体验和教学[①]。这一设计过程可以更好地通过预期结果思考证明学生学习成效的证据，进而明确目标内容。

（2）层次教学目标的表述。

层次目标是指教学目标的内在分层关系和序列。教学目标的表述与不同层次目标之间的关系，我们可以按照布鲁姆认知领域目标由低到高的六个层次进行分层表述，结合每层目标实现的措施与方法简明具体地陈述，目标内容要能够具体到课堂教学环节中。为便于清晰描述学生的预期学习成果，可参考布鲁姆教育目标分类法定义描述的行为动词（见表5-2）。

---

① 何晔，盛群力. 为促进理解而教——掌握逆向设计[J]. 高校教育管理，2007，（2）.

表 5-2 布鲁姆教育目标分类及行为动词

记忆	理解	应用	分析	评估	创造
引用	澄清	应用	分析	估量	实现
定义	确认	计算	估量	辩论，主张	聚集
描述	辩护	实行	安排	评价	组合
列举	讨论	选择	归因于	核对	创作
查找	区别	估算	把……分类	得出结论	编造，策划
识别	复制	展现	把……归类	说服	构建
列清单	举例说明	戏剧化	比较	批判	谋划
给……加标签	解释	利用	联系	评论	创建
（称……为）	表达	估计	对比	推断	开发
找到	延伸	执行	决定	为……辩护	设计，发明
匹配	说明	展出	解构	评估	构想
记住	推断	试验	察觉，探测	假设	生成
命名	阐释	说明	确定	判断	结合
记得	找到	实施	绘图	给……评级	整合
背诵	释义	制订	区别	给……评分	发明
认出	预测	示范	辨别	推荐	制定
记录	报告	修改	分解	修改	修改
复述	再造	操作	识别	仔细检查	创始
重复	重申	表演	检查	支持	计划
报告	复述	练习	归纳	看重	生产
取回	评阅	安排日程	分组	估计……的	提议
详细说明	重写	展示	假设	分量	重组
陈述	选择	模拟	设想		替代
列表	翻译	勾画	检阅		转变
	理解	解决	把……编目		
		使用	整理		
			组织		
			概述		
			探究		
			提问		
			选择		
			分离		
			总结		
			测试		

(3) 教学目标的规范表述。

我们可以采用四要素法对教学目标进行规范的表述。四要素是指对象（Audience）、行为（Behavior）、条件（Condition）和标准（Degree）四个要素，因此也被称为"ABCD"法则。在表述教学目标时，首先要阐明教学对象，在以学生为中心的教学中，对象主体是学生而不是教师，因此不要采用"教会学生……"的表述，而应写成类似于"大一学生……"这样的表述。其次要说明通过学习后学习者应能够做什么，可以获得怎样的学习结果。表述行为的基本方法是使用一个动宾结构的短语，例如"能够归纳信号放大电路的特点",常用的行为动词有说出、描述、解释、分类、归纳、使用、评价等。再其次是要说明以上行为是在何种条件下进行的。最后则是要明确上述行为的标准,判别目标完成的质量,可从以上行为的正确性、完成度和完成质量等方面确定。在这四个要素中,对象、条件、标准都可以根据具体情况适当省略,而行为的表述是不能省略的。目标表述的例子如下:通过对第二章"课堂教学结构"的学习,学生能够正确地理解课堂教学结构、教学事件等概念,并完整地描述加涅的九大教学事件。

(二)教学结构设计

教学结构这一概念在本书第四章进行了阐述。一般认为,现代教学系统是由教师、学生、教学媒体和教学内容 4 个要素组成的,在教学系统中这 4 个要素相互作用、彼此关联,形成一个相对稳定的有机整体。教学系统中各个要素彼此的关系,会在教学活动中表现为一种稳定的结构形式。具体来说,教学结构是指在教学理念和理论的指导下,开展教学活动的稳定结构形式。

教学结构这一概念是将系统论成果运用于教学系统各要素间时空关系的描述与分析的结果。在系统论中,"结构"被定义为系统内部要素之间在时空方面的有机联系与相互作用的方式或顺序,而将"功能"定义为系统与外部环境相互联系和作用过程的秩序。因此系统论认为,事物的结构对功能有着决定性的意义。任何教学系统都会呈现出一定的结构,都是构成教学系统的要素进行时空组合和互动的方式或序列。一个教学系统的有效性很大程度上是由结构决定的,因此,要认识到教学结构设计在教学设计中的基础性、约束性和重要性,在教学设计伊始就要科学设计教学中各要素之间的关系及其表现形式。一堂好课,首先应该表现为有合理的教学结构。教学是以教师讲授为主,还是以学生为中心的探究、协作和自主学习,决定了教学的基本面貌和价值取向,如果一节课教学结构不良,其他教学策略再精致也于事无补。

结构设计的目的就是构建最适宜的教学结构,从而实现主动、高效的深度学习。因此有必要了解教学结构的具体影响因素及其层次关系,从而有效指导教学结构设计。

1. 教学结构的影响因素

影响教学结构的因素主要有以下几个方面:

(1)要素属性,主要是要素的名称、性质和数量等,例如一般教学系统包括教师、学生、教材和教学媒体四个要素。

(2)要素关系,主要是教学各要素之间的权重或联结关系,例如"教师主导型"

"学生主体型"和"主导—主体型"教学结构；再如信息技术与学生、教师等教学要素的深度融合，实现教与学模式创新，并最终实现教学结构的变革。

2. 教学结构序列（SPS）框架

为了更好地研究学习活动的结构序列，2013年，迈克·雅各布森等提出了教学结构序列（Sequencing Pedagogical Structure，SPS）框架，SPS框架从教学方法的角度将结构分为两类，一是以教师讲授型教学为主的高结构化的教学方法，二是以学生自主探究为主的低结构化的教学方法，并根据教学实际进一步区分了四类教学结构序列，即高高型（High-to-High，HH）、高低型（High-to-Low，HL）、低低型（Low-to-Low，LL）和低高型（Low-to-High，LH）。雅各布森等对教学结构的划分与我国学者高结构化的"教师主导型"、低结构化的"学生主体型"和介于高低之间的"主导—主体型"教学结构的划分方法并无本质区别。雅各布森等人主要是根据学生所得的支持多少对教学方法结构进行划分，这种研究框架的优点是着眼于建构层次间的联结方式和时序特征，更具操作性，对教学结构设计指导意义更大。

SPS框架也存在一定的不足，因为在当前的教学中，要素的类型和彼此之间的关系变得更加丰富，并非以上四种类型就可以囊括。例如，智慧课堂教学中经常出现高结构化教学策略和低结构化教学策略同时使用的情况，也存在先使用低结构化教学策略再使用高结构化教学策略的情形。

我国学者胡立如和张宝辉对雅各布森SPS框架进行了修改，增加了地位特征和时序特征两个因子，归纳出了11种结构序列，能够更加有效地指导混合式学习等融合信息技术这一要素的教学结构设计。[①] 修订后的SPS框架继续保留对教学方法结构的划分，即保留高结构化（H）和低结构化（L）两类因子，新增两个因子，分别是表现教学方法持续时间所占权重的"地位特征"因子和代表先后顺序的"时序特征"因子。表5—3就是对这11种结构的分别举例，表中大写字母（H、L）表示所占权重大，处于支配地位，小写字母（h、l）表示处于辅助地位，加号（＋）表示同时发生，箭头（→）表示发生顺序。

[①] 胡立如，张宝辉. 混合学习：走向技术强化的教学结构设计[J]. 现代远程教育研究，2016（04）：21—31，41.

表 5-3 不同教学结构序列举例

序号	教学结构序列	教学举例
1	L+H	学生借助电子书包在课内外自主学习教学视频，搜索教学资源，与同伴协作交流等，教师全程进行个性化学习支持
2	l+H	教师先阐明目标，讲解新型组织者，然后教授新内容，并应用相应的内容组织策略促进学生的同化和意义建构，最后让学生应用新知解决问题
3	L+h	为学生呈现问题情境，学生从问题情境中识别事实性信息，提出假设，识别学习困难，并基于此开展自主学习，然后利用新学的知识解决问题，最后对所学的知识进行反思，教师在整个过程中通过不断提问引导学生思考
4	H→L	课堂前一半时间主要是教师主导，以实现教学目标的基本要求；后一半时间主要通过促进学生自主学习、自主探究，以巩固、深化、拓展对教学目标的要求
5	L→H	学生先分组解决挑战性问题，给出初步方案，然后教师比较并点评学生的方案，进一步讲解新内容
6	H→H	教师讲授新知识，并演示用新知识解决问题，然后要求学生分组练习更多的类似问题，最后集中讲解这些布置的问题
7	H→l	学生自主观看视频，阅读相关材料，完成系统练习，然后参与论坛讨论及线下面对面交流等
8	l→H	先让学生自主阅读与思考，建立体验，然后教师讲解新知、解决问题
9	L→L	先给学生提出挑战，学生分组开展调研活动，之后学生在网络论坛上分享发现并讨论，最后设计产品或方案，并付诸行动
10	h→L	教师先讲解内容框架、重点和难点，学生课后借助视频资料、学习平台等进行个性化学习、内化，完成相应的作业
11	L→h	教师创设情境激发学生兴趣，提出问题启发思考，学生进行自主或小组探究，组间或全班范围内进行协作交流，并进行个人总结和小组总结，教师最后进行补充与升华

需要说明的是，这个经过修订的 SPS 框架仅仅给出了教学活动的基本结构序列模型，实际教学会涉及更多结构序列的组合，例如在翻转课堂中，课前学生自主完成学习任务，课中采用教师引导探究的教学方法，课后学生自主开展精准补救，因此翻转课堂的结构序列可总体归为"L→H→L"型，而且是课内课外一体化的。

SPS 框架仅仅是一种教学结构要素层次分类的标准模型，这 11 种序列之间并不存在优劣之分。一般认为，直接教学等高结构化教学方法更适用于结构良好的学科领域，而合作探究等低结构化教学方法则更适用于结构不良的学科领域。在教学设计时采用哪一种序列，需要结合对教学需求、学科特点、学情特征和教学环境的分析来进行筛选与组合。

（三）教学内容设计

教学内容是学与教相互作用过程中有意传递的主要信息，是学习者学习的知识、技能、规范和思想等的总和。教学内容设计解决的就是学什么的问题，在教学设计中地位特殊，因为教学内容设计中所贯彻的设计理念将充分体现课程的教育理念和价值取向，教学内容也是课程高阶性、创新性和挑战度的关键保障。以学生发展为中心的教学内容设计，一方面以学生的主体性为根本立足点，对学生、教学目标、教学信息等多个教学要素及其之间的关系进行分析，选择和组织教学内容；另一方面要确定采用什么样的载体和媒介支持学生对知识的建构，既可以是传统的教材及讲解，也可以是网络上的视频等新媒体教学形式。

长期以来，人们往往将教材和教学内容等同起来，这种片面的认识就会造成"教材怎么写老师就怎么教，教材里有什么学生就学什么"的错误做法，也使得教学内容设计简单化和随意化。教材仅仅是构成教学内容的"载体"之一，教学内容设计不能是教材内容的照搬，而应该从学生、教师、教学信息和教学目标四个方面进行综合分析和设计。教学内容设计模型如图5-3所示。

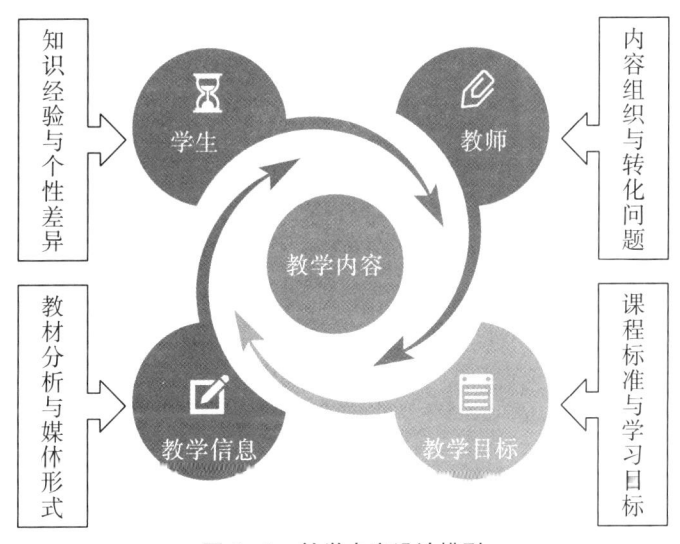

图5-3 教学内容设计模型

1. 学生

在选择和组织教学内容时对学生的分析是至关重要的，因为学习的主体是学生，对教学内容的分析与设计都应建立在学生的知识经验和认知特征之上，教学内容要满足学生学习的共性特征和差异性需求两个方面，要能够激发学生的学习动机和促进学生的深度学习。

2. 教师

教师要避免将教学内容设计简化为"讲课脚本"，重点做好"组织"和"转化"两个设计过程。组织即需要教师根据学生先行知识及知识目标，多角度地组织新知识的结构框架，定义学习内容的类别、范围和深度。通过理顺教学内容各组成部分的联系，厘清知识点之间的相互关系。简单地说就是把教师准备讲授的内容转化为学生要解决的问题，使学生投入到解决问题或真实任务的过程中，激发学习动机，支持学生在自主、探究和协作学习中培养高水平思维能力。

3. 教学目标

教学目标是教学内容设计的基本依据，在设计教学内容时教师不能仅关注教学目标中教学重难点或课程标准的要求，而是要从学生学习目标的达成出发，对教学内容进行有效的组织和转化。从课程的角度来看，把一流课程建设的"两性一度"的目标作为教学内容的指引是非常合适的，教学内容要支撑"高阶性"，体现"创新性"和提高"挑战度"。

4. 教学信息

在信息时代的师生学习活动中，教材已不再是信息的唯一来源，学生可以大量地利用网络资源、MOOCs视频和数据库等信息来源进行学习，因此在教学系统的要素中，越来越多的人把"教材"这一要素扩展为了"教学信息"，用以体现信息时代教学内容的新载体、新来源和新特征。教学信息是教学内容的主要来源和重要依据。对教学信息的分析主要包括三个方面：一是对教学信息的范围进行分析，教学信息要能够支持教学目标的达成；二是对教学信息的结构进行分析，教学信息要体现知识的逻辑结构与学生的认知结构的关系；三是对教学信息的来源和形式进行分析，教学信息要体现时代性和先进性，支持学生开展泛在的个性化学习。

（四）教学活动设计

杜威提出"学习即生活"，现代活动学习观倡导"学习即活动"，认为活动是学生存在和发展的基本方式，学生的"学习"就是活动[①]。从这个观点出发，教学设计的关键就变成了"活动设计"。任何先进的教学理念、教学模式、教学策略、教学方法、教学手段、教学环境、教学媒体资源，要真正发挥效用，必须落实在教学过程和教学活动中。要对学习者参与什么样的活动、活动按照什么样的流程展开进行设计和规划，教学设计的重点由此从"教法"转向了"学法"，课堂不再是教师一个人的舞台，学生也不再是被动接受的对象，而是主动参与到学习活动中，在活动中进行建构和反思。

---

① 于颖，谢仕兴，刘成新. 学习即活动：论信息技术教材内容结构的二元活动建构[J]. 电化教育研究，2011（03）：49—53.

当然，这不是说不对"教法"进行设计，而是说"教法"设计的重点在如何引导学生，为学生提供教学支架，帮助学生克服困难，完成有效学习。① 为了促进在活动中学习，提高活动的有效性，基于项目化学习（PBL）以及合作学习（TBL）的活动设计就显得非常重要了。

1. 课堂学习活动和在线学习活动设计的分类框架

2011 年，詹泽慧在《混合学习活动系统设计：策略与应用效果》一书中通过文献研究、课堂观察、师生访谈、三级编码和共识评量，确立了课堂学习活动 ACPIE 分类框架和在线学习活动 ARCIES 分类框架②。

课堂学习活动 ACPIE 分类框架包含五项内容（如图 5-4 所示）：

(1) 讨论（A），包括交流讨论、头脑风暴等具体内容；
(2) 竞赛（C），包括抢答竞赛、辩论活动等具体内容；
(3) 展示（P），包括成果汇报、成果展示等具体内容；
(4) 探索（I），包括问题调研、实验操作等具体内容；
(5) 评价（E），包括小组自评、组内互评等具体内容。

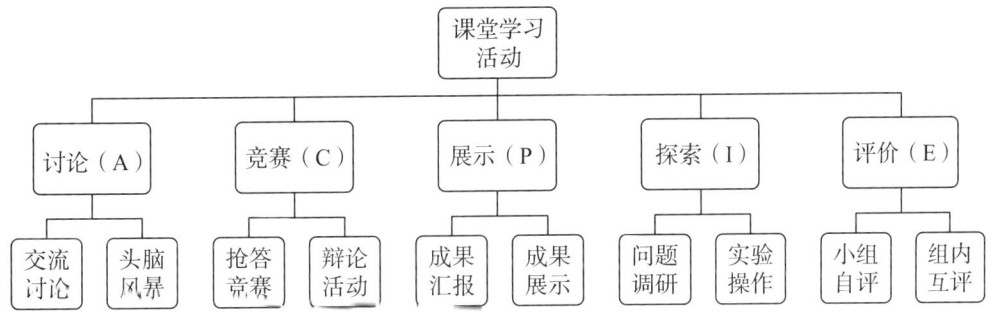

图 5-4 课堂学习活动 ACPIE 分类框架

在线学习活动 ARCIES 分类框架包含六项内容（如图 5-5 所示）：

(1) 在线讨论（A），包括实时讨论、异步讨论等具体内容；
(2) 资源分享（R），包括教师分享学习资源、学生相互推荐资源等具体内容；
(3) 协助作业（C），包括协助完成作业、作业展示等具体内容；

---

① 赵炬明，高筱卉. 关于实施"以学生为中心"的本科教学改革的思考［J］. 中国高教研究，2017（08）：36-40.
② 詹泽慧. 混合学习活动系统设计：策略与应用效果［M］. 广州：华南理工大学出版社有限公司，2011：122.

（4）提问答疑（I），包括教师答疑、学生互助答疑等具体内容；

（5）评价反思（E），包括投票评选、学生互评、教师点评等具体内容；

（6）社会网络（S），包括师生博客、社会交互等具体内容。

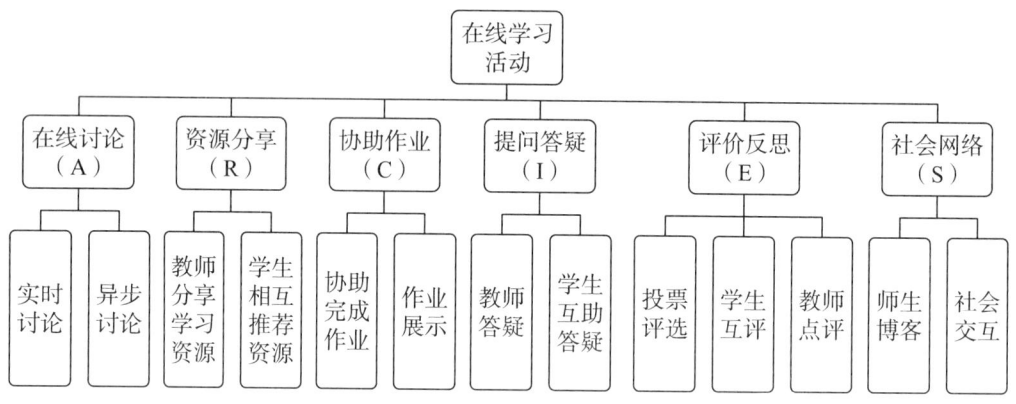

图 5-5　在线学习活动 ARCIES 分类框架

教师可参照这两个框架图设计课堂学习活动和在线学习活动，具体设计时可根据不同专业、课程、教学内容、课型和学情进行灵活调整。

2. 学习活动设计的模型

以上 ACPIE 和 ARCIES 分类框架中的各项内容并非完全独立存在，一堂课的教学过程可能是由几个合作学习活动组成，每个合作学习活动同时又包括了讨论、探索和展示等几个内容，而这样的合作学习活动在一节课中也可能有三个、四个或更多。因此，ACPIE 和 ARCIES 分类框架更多是说明在一个教学过程中活动的类型，而在每一个活动设计时各类型之间的有效组织和有序组合则更为重要。

以沃特·迪克为代表的系统化教学观认为教学是一个系统化的过程，并提倡采用系统化方法设计教学。所谓系统化的方法就是将整体视为彼此联系的个体，并共同完成某个既定目标。系统各组成成分之间通过输入、输出建立联系，整个系统使用反馈来决定是否达到了目标。对于教学过程而言，是可以作为一个系统来研究的，这个系统的目的就是要让学习真实发生。这个系统由学生、教师、内容和环境组成，各要素相互作用的结果是实现学习目标。

运用教学系统化思想，教学活动设计就要使每个要素都发挥重要作用，并通过输入、输出建立联系，整个系统通过评价来反馈目标达成情况，最终达到符合期望的输出。我们可以用系统化活动设计模型来进行教学活动设计（如图 5-6 所示）。

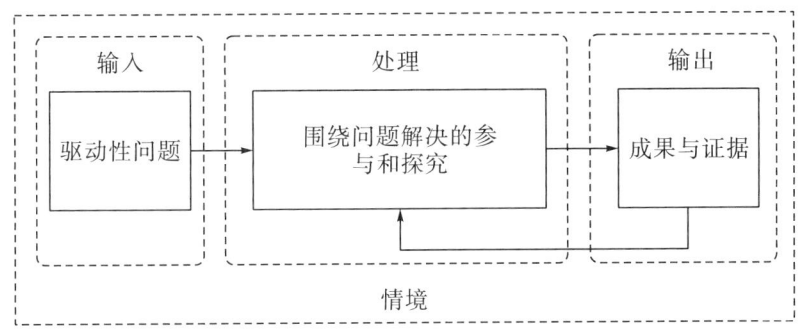

图 5-6 系统化活动设计模型

通常情况下，一个系统往往包括三个部分：输入、处理和输出，我们的计算机系统便是如此，在这个模型中一个教学活动的设计也被分为三个部分：一是输入部分，对于一个教学活动系统而言，输入的是能够激发学生兴趣并解决问题动机的驱动性问题；二是处理部分，学生在驱动性问题的引导下积极参与和深入探究，此时"处理"的目标就是要导致学习的发生和目标的实现；三是输出部分，这一部分就是要将能够证明问题已经得到解决的证据和成果加以输出。在这个模型中，有效的合作学习是必不可少的，而且要有评价机制反馈学习活动的有效性，并在输出失败时进行修正。这一系统化方法模型，在设计教学活动时，我们可以描述一系列的步骤，每个步骤都会从前一步骤接受输入，并通过探究开展有效的问题处理，再对下一步骤产生输出，所有要素相互作用，实现有效的教学。这个模型还包括一个评价流程，用以判断并优化教学。

（五）教学评价设计

教学评价是对教学效果进行的价值判断，它直接作用于教学活动的各个方面，是教学工作的一个重要组成部分[①]。科学有效的教学评价对变革教学模式、提高教学质量将起到不可替代的作用。智慧课堂教学设计中的评价设计要着重解决目前教学评价主体单一、评价领域片面、评价方式落后、评价标准缺失、评价结果失真等问题。

1. 智慧课堂中教学评价设计的要点

（1）开展多主体评价，实现教师评价、小组互评、个人自评、行业专家点评等相结合的评价方式。

（2）进行综合性评价，根据知识目标、能力目标、素质目标等多个维度设计评价

---

① 祝智庭. 现代教育技术——走进信息化教育[M]. 北京：高等教育出版社，2001：219.

量表量规。

（3）体现发展性评价，诊断性评价、过程性评价、总结性评价相结合，评价不仅要关注学生的学业成绩，更要发展学生的潜力，设计促进教师、学生和课程不断发展的评价体系，发挥评价的教育功能。

（4）量化评价与质性评价相结合，在发挥量化评价优点的基础上，对学生的特点和规律做出评价判断，使评价能更清晰准确地描述学生的发展。

（5）体现多样性评价，评价既要包括线上和线下学习的所有过程，也应根据课程特点灵活设置，发挥数据采集和分析功能的作用，结合量表量规，采用多种评价方法进行多样性评价。

（6）运用信息化评价，提高评价效率和精准度。在智慧课堂教学中要充分利用数据和智能技术带来的便利①。

2. 评价流程设计

教学活动设计将教学任务序列化，教学过程由教学情境下的若干学习活动组成。在智慧课堂教学中，教学活动既包括课前、课中和课后，也可以是线上和线下的学习活动。智慧课堂教学评价通过活动的序列化实现学生的多元化发展性评价。图5-7展示了基于教学活动序列的评价设计。评价可以针对某个教学活动展开，也可以结合多个教学活动展开，评价活动可以是教师进行的，也可以是通过数据采集与分析动态形成的。评价主体通过对教学每个环节的评价反馈，在不断的反思与生成中使能力得到有效发展。

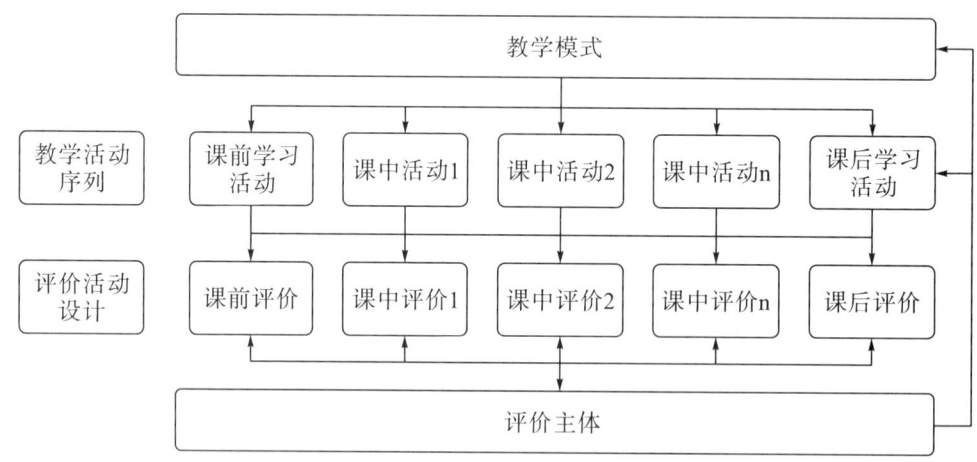

图 5-7 基于教学活动序列的评价设计

---

① 张苗苗. 合作学习在《教学系统设计》课程学习中的实践探索 [D]. 银川：宁夏大学，2011.

这种把教学设计划分为 5 个具体设计内容的办法与传统教学设计有所不同，究其原因，一是更符合以学生为中心的教学理念，二是更符合智慧课堂教学的内涵特征，三是更符合设计思维的方法框架。传统教学设计一般按照对象的不同将教学设计分为学习任务设计、学习情境设计、学习资源设计、学习策略设计、自主学习设计、协作学习设计等。这种分类方法会使对象之间分裂，难以融合在一个设计理念之下，教学设计者也往往会顾此失彼，对象间也会缺少整体的结构性联系。最关键的是，这样的设计方法缺少创新的思维和方法，会慢慢地僵化成一件设计的常规任务，设计出来的教学彼此间也会越来越同质化。而教学设计应该具有强烈的创新属性，教学创新一定从教学设计开始。

三 单元教学设计

教学设计根据涵盖范围的不同，可以分为宏观的课程教学设计、中观的单元教学设计和微观的课时教学设计。课程设计是针对某一学科课程的目标、教学内容、教学活动方式进行的全面规划和系统设计。大家通常所说的教学设计往往是指针对某个课时层面所进行的教学设计，是围绕一节课的教学目标，运用系统方法分析教学过程中相互联系的各部分的问题和需求，设计出解决它们的方法步骤，然后评价教学成果的系统计划过程。

单元教学设计居于课程教学设计和课时教学设计之间，是以一个完整的教学主题为单位，针对课程单元或模块的教学设计，它向上兼顾课程整体目标和知识结构，向下合理协调课时之间的教学逻辑。

在一般情况下，教师往往缺乏单元教学设计的概念和方法，不能从整体的问题解决出发并基于单元来剖析和布局各课时内容之间的内在关联，往往是"只见树木不见森林"，使得学生的学习点状分布，知识呈现出碎片化的特点，难以形成知识之间的有机联系和迁移运用，无法引发学生的深度学习。以问题为导向的单元教学设计，成为当前课程教学改革与创新中的关键问题。

教学单元的内涵

（一）教学单元

单元是教材和教学活动的基本单位。单元概念最初由赫尔巴特倡导，其有两方面内涵：一是根据学习者的思维结构和过程，对应于学习者形成概念的思维活动的段落，把教学内容划分成相对独立的各个部分；二是依据学科知识的逻辑体系，把性质相同或有内在联系的部分组织在一起。偏重于前者的教学设计称为"经验单元"；偏重于后者的教学设计称为"教材单元"。教材单元以教材为中心，在学科课程中较为常见，有助于在一段连续的时间内系统完整地进行某一方面的知识传授和技能训练。

对教师而言，单元化教学是在对专业课程标准、教学目标和学生情况等因素进行充分分析的基础上，对教学内容进行整合和重组后所形成的相对完整的教学主题。一个单元可以由多个课时组成，通过不同的课时从不同的角度、深度，用不同的教学（学习）方式，对同一主题进行多元化解析[1]。

对学生而言，单元化学习是促进学生深度学习的重要途径，使学生在单元目标的引导下构建问题情境，调用和验证已有知识，让学习更加融会贯通，高阶思维能力得到提升。单元化学习的过程本质上是解决问题的过程，这一过程由逻辑关系紧密的问题链支撑，强调知识之间的相互关联，学生在解决问题的过程中不断理解知识的本质，理清思考的逻辑。卡尔·波普尔曾说："知识的增长永远始于问题，终于问题——越来越深化的问题，越来越能启发大量新问题的问题。"[2]

（二）教学单元的特征

教学单元具有以下几个基本特性：

1. 内聚性，是指在一个单元内部各个组成元素之间相互紧密结合，单元的内聚性越高，单元的独立性也就越高。理想的教学单元内聚性要求单元的问题明确、目标单一，即一个单元最好是解决一个问题，自成系统，内部各要素形成一个有机整体，并发挥整体效应。

2. 耦合性，可以量度单元之间关联的程度，单元目标、问题和知识之间往往存在

---

[1] 王磊，黄燕宁. 单元教学设计的实践与反思——以"氧化还原反应"教学单元为例 [J]. 中学化学教学参考, 2009, (3): 9—11.
[2] 波普尔. 猜想与反驳：科学知识的增长 [M]. 傅季重, 译. 杭州：中国美术学院出版社, 2003: 47.

着一定的关联，往往表现为内容的延续、问题的递进和知识的调用。单元间的耦合度是指单元之间的依赖关系，其耦合性越强，同时表明其独立性越差。单元划分的一个准则就是高内聚低耦合，使得教学单元之间具有较明确的边界。单元的内聚性和耦合性是两个对立统一的概念。

3. 主题性，即单元中的每个部分指向且服务于共同的教学主题，教学单元要重视主题的引领，并促进深度学习，发展核心能力。单元化学习的过程本质上是解决问题的过程，主题具有导向性，可以引导学生有目的地组织有效的方法策略，有利于其建构学习内容之间的联结。不同的主题是划分单元，实现单元内聚性的关键。

4. 情境性，单元应该能让学生把所学知识和方法运用于生活实践中，运用所学知识在情境中解释和解决所学专业中的问题。通过情境的创设，学生会明白所学知识的作用和关联，从情境中找寻、思考、梳理并逐步形成学科核心能力。

"教材单元"往往不被认为是教学单元正是因为以上四个特性，教材单元往往强调知识的逻辑性，并为了呈现和记录知识逻辑体系而采用章、节、目的组织方式。当然，如果教材中的单元如果能够满足上述特性，则教材单元即为教学单元。一般情况下要对"教材单元"进行分析、整合和重组，进行有效的单元教学设计，使其满足单元教学的需要。

单元教学设计的框架

（一）单元教学设计的概念

单元教学设计是以"教学单元"为单位进行的教学设计，是介于宏观课程设计与微观课时设计之间展开的中观教学设计，向上可以较好地兼顾课程整体目标和知识结构，向下可以合理协调课时之间的教学逻辑。

单元教学设计并非一个新概念。教师往往把"教材单元"看作"教学单元"，备课时把教材中的章、节、目的叠加作为一个单元设计的基础，设计的重点依然是课时。单元教学设计则是把单元作为设计的起点，在单元整体目标指引下规划和设计单元中每一课时的教学，课时之间具有紧密的逻辑关联，每一个课时都服务于单元教学目标的实现。单元教学设计作为桥梁连接了课程标准要求和课时教学，突出教学的方向性和结构性，有助于教师连贯地理解目标，灵活地整合教材，是落实学科核心素养目标的基本单位①。

（二）智慧课堂教学设计单元化的必要性

1. 线上和线下一体化的智慧课堂教学空间边界被突破。教学活动不仅仅在线下实体的课堂中开展，一部分内容从线下转移到了虚拟的空间当中，学生在线上开展以自主学习为主的探究学习。这就需要一个关键问题作为主题促进学生线上学习，通过问题的引导，学生主动学习和深度探究，而基于课时的设计很难促使学生带着问题去开展有效的线上学习。

2. 课内和课外相融合的智慧课堂时间边界变得模糊。课堂教学的边界不再是清晰的 45 分钟，更强调课前和课后学习活动的有效开展，呈现出了从课内到课外延展的弹性。完整的学科知识很难在一个课时中得到解决，以往唯一的办法就是将大概念进行切分，这无疑加剧了知识的碎片化；另一方面一堂课的课前也必然是另一堂课的课后，并非孤立存在。基于单元的教学设计就可以有助于实现课堂的有效延伸。

3. 由于教学场域的延展和扩大，单元教学设计要求教师运用更多有效的教学方法和策略。智慧课堂为展示和提升更高层面的教学策略方法提供了丰富的支持，在智慧教学环境中采用个性化、精准反馈、小组讨论等教学形式开展教学。教师可以充分发挥自己的想象力，让教学充满创意。

4. 与传统课堂中以教师为中心的教学不同，智慧课堂中教师、学生、教材、教学媒体所形成的要素结构与传统课堂截然不同。智慧课堂的关键是让学生发挥主体作用，学生由知识灌输对象转变为知识信息加工的主体，成为知识意义的主动构建者。单元化教学设计更强调知识的系统化和结构化，引导学生从学知识到找方法，从找方法到发现规律，从发现规律到形成思想。知识系统化是针对知识的碎片化而言的。防止知识的孤立化、碎片化，是在智慧课堂中引导学生进行知识建构的关键目标之一。

（三）单元教学设计的基本框架

自 20 世纪 70 年代开始，研究者就已经给出了单元设计的一个基本框架，即通过单元设计的"三设问"（WHH）来进行定义。第一问，到哪里去？从支援学生怎样学习的角度来明确教学的意图。第二问，怎样才能实现目标？思考目标达成的方法。第三问，怎样实现评价？揭示目标达成的评价方法。这样，"目标、教学、评价"三位一

---

① 杨玉琴. 核心素养视域下的单元教学设计：内涵解析及基本框架［J］. 化学教学，2020（05）：3-8，15.

体的状态视为"整合性",成为"单元设计"最重要的指标。进一步可以从单元设计的"三设问"引申出单元设计的"三重心"[①]:明晰教学的目标设计,聚焦知识建构的方法设计以及评价设计。

1. 教学单元目标设计

在单元教学设计中目标设计(见图 5—8)是一个从"总"到"分"的过程,首先要从学科核心素养出发,提炼单元关键知识并梳理一系列的驱动型问题,形成问题逻辑链条,由此进一步形成各课时教学子目标。单元目标设计带有全局性、系统性和统领性,上承课程目标,下接课时目标。单元教学目标绝非单元内各课时教学目标的简单叠加。

如图 5—8 所示,确定单元教学目标的第一步就是要从学科核心素养所包含的学科观念、方法、价值中汲取营养,整体把握单元知识的内在逻辑,解析专业与课程标准。

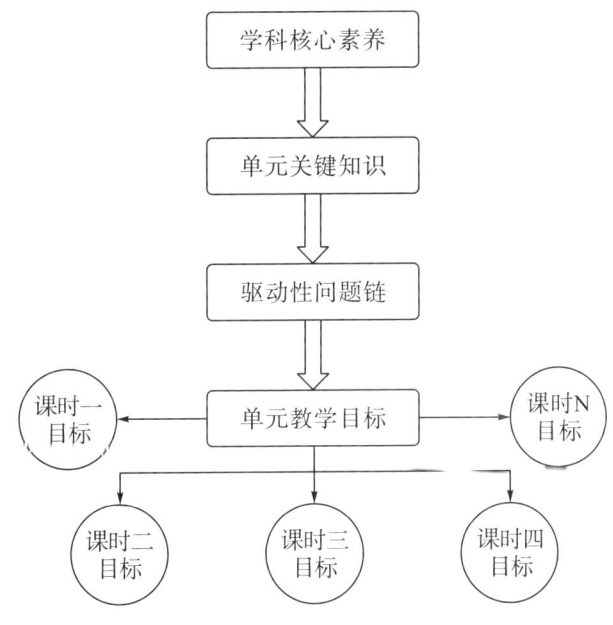

图 5—8 单元教学目标设计

单元化教学的起点并非从单元的第一个课时开始,而是从期待学生掌握的单元关键知识出发。我们要通过核心素养、专业标准、学生反馈等出发寻找关键概念和能力,定义出与上述关键概念和能力相关的一系列知识和技能。

---

① 钟启泉. 单元设计:撬动课堂转型的一个支点 [J]. 教育发展研究,2015,35 (24):1—5.

将单元关键知识用问题的方式表现出来，这些问题指向关键知识和能力，并驱动教学活动的持续进行，驱动性问题是学生主动进行意义建构的动力源。对单元而言往往是由一系列分布于不同课时的问题与关键知识对应，这些问题具有一定的逻辑关系，形成了一个彼此衔接的完整问题链。

通过以上步骤，单元教学目标将不仅是具体的，而且是综合统整的。这也可以帮助教师依据教材重新构建教学单元，因为教材单元往往不能等同于教学单元。在确定单元目标的基础上，可以将目标分解到每个课时中，通过每个课时教学目标的逐步落实而最终实现。

2. 单元教学方法设计

单元教学实施过程中方法的设计就是要回答"三设问"中的第二个问题，即怎样才能实现目标，思考目标达成的方法，也就是如何让学生从起点到终点的问题。通过单元教学目标的设定，已经形成了一个由一系列驱动型问题构成的问题链，单元教学实施的过程就是要引导学生对驱动性问题进行解决，解决的过程要注重问题引领，激发学生探究兴趣，引导学生在不断的求索与修正中完成对关键知识的组织建构，发展形成核心素养。这一过程强调建构主义的知识和学习观。根据美国学者乔治 W. 加侬和米歇尔·柯雷提出的"建构主义的学习设计"（Constructivist Learning Design，简称CLD），CLD由六个要素构成：情境、协同、支架、任务、展示、反思。我们可以从这六个要素出发对单元教学方法进行设计[①]。

（1）情境

建构主义的研究和实践取得的一个共识就是要学生激发学生学习兴趣和创建主动学习的情境，教师根据驱动性问题，精心创设情境，二者的结合就能够形成促进深度学习的学习任务，并确保学习任务高效有序地进行。教师可以利用多种智慧课堂教学工具和手段，在互联网时代，我们一定要关注网络虚拟时空与情境创建之间的新关联，不仅仅是传统多媒体，还应该充分利用网络社群、虚拟现实、分布式学习等新技术。

（2）协作

教师可以将学生、资源等教学要素系统化，促进意义的生成。学生按照一定的规则进行分组，每个小组通过角色分工形成自己的协作方式，并按照各种任务情境分别准备自己的任务。协作能够充分调动学生积极性，引发意义建构的社会化过程和个性化过程，

---

① 加侬. 柯雷. 建构主义学习设计 [M]. 宋玲，译. 北京：中国轻工业出版社，2008：5－7.

在学习情境中，学生通过共同协同解决问题与交互作用来获得新的知识与技能。

（3）桥梁

在学习设计上，教师需要建立联系，通过描述学生的发展水平，搭建由旧知识导向新知识的桥梁，引导学生在原有知识的基础上向新知识跨越，在学生的既有知识与新建构的学习课题之间搭起一座桥。教学方法设计本身就是搭建桥梁的过程，帮助学生顺利地向新知识过渡。

（4）任务

"以问题为导向"是建构主义理论中一种重要的教学方法。由于提出问题本身就是创设情境和搭建桥梁的过程，因此高质量的问题能够引发学生的深度学习，促使其带着问题在新知识中探索答案，提高学生的高阶思维能力。

（5）展示

教师需要给学生提供开放自由的环境，让其对探究的问题进行回应，并将与别人协作完成的成果进行展示。学生将自己的学习成果在全班交流展示的过程中，学生的语言表达、组织协作等方面的能力都能够得到有效训练。学生不再是知识的被动接受者，而是在学习过程中主动建构。

（6）反思

反思过程是建构主义学习理论的一个重要方法。一方面，学生对新旧知识进行系统性的整理和归纳，建构新的知识系统；另一方面，学生通过反思自己在学习情节中的思考过程，形成元认知知识，以便采取相应措施，全面提升自己的思维能力、认知方法等。

CLD不仅适用于单元教学设计，也适用于课时教学设计，是一个适用于以建构主义为基本遵循的通用框架。因此，CLD不仅是对第二个设问的回答，也包含了第一和第三个设问，这并不矛盾。

3. 单元教学评价设计

在传统教学中教学评价不是一个连续的反馈过程，且往往发生在学习活动之后，而学习活动是连续的，因此在传统教学环境中无法为教学和学习提供即时有效的决策信息，难以对改进教学和促进学习提供有效支持。

单元教学评价设计要求评价能够在单元教学的整个过程中持续地进行，针对智慧课堂教学，评价还应该从线下扩展到线上，从课内延伸到课外。采用各种正式或非正式的评价方法收集关于学生理解与表现的证据，这些证据被用来确定学习者达到目标的程度如何，需要做出什么调整，还需要哪些努力等。这是一种动态的形成性评价，评价的目标是改进教学以使学生最大限度地获得进步[①]。

在线上学习活动中，教师可以通过用户平台统计在线学习情况，分析学生课前学习的积极性和主动性，并针对不同情况采取一定的措施对学生的学习进行干预。

在线下学习过程中，可以通过数据采集与反馈技术将评价嵌入到教学过程中，获取学生在完成任务中的活动表现，判断学生是否达成目标，及时给予学生反馈，并根据目标的达成情况决定教学的进程。

课前，为确保学生自主学习活动的成效，可以利用平台进行在线学习测验，检测学生课前知识和技能的理解和掌握情况。课后，也可以通过作业系统全面分析学生的知识掌握情况和基于问题补救的学习行为特征。在有限的课堂教学时间和空间里实现对所有学生的精准评价是不现实的，单元化评价设计为精准评价提供了时间的延伸和空间的纵深，一方面单元化场域的扩展为教学评价提供了更多数据来源，另一方面单元教学时间的连续性也让教学评价有更充分的时间进行数据的深度挖掘和精准反馈。

单元教学评价能够为教与学的反思提供依据。教师可以从多个角度了解目标是否达成，分析教学设计的实施效果，开展基于评价证据的教学反思。学生则可以根据评价数据更好地了解知识和掌握学习策略上的问题，以获得成功的经验或教学补救的方向等。

四　融合创新，上一堂好课

融合创新是《教育信息化 2.0 行动计划》提出的一项基本原则，其目的是要通过信息技术与教学的深度融合，以创新破解制约教育发展的难题，加速推动教育信息化转段升级，以教育信息化支撑引领教育现代化。从微观层面看，课堂教学是教育最微观的环节，是教学过程的最后一公里，是教学改革的核心地带。融合创新在微观层面就是要变革课堂教学，让课堂生动、互动、主动，成为培养学生的知识、能力和素质的主战场。在微观层面融合创新的目的就是让教师能够"上一堂好课"，这也是信息技术与课堂教学深度融合的根本目的。

[①] 陈进前. 分阶段促进学生化学学科认识方式发展 [J]. 现代中小学教育，2018，(3)：44-49.

好课标准的探讨

人们对什么样的课是一堂好课往往有着各自的看法，特别是提及"一堂好课的标准"的时候更是理解各异，学校有学校的标准，教师有自己的标准，很多研究者也从各种角度提出了不同的见解。很难有一个绝对的标准，只能说作为改进教学的依据，这些标准都是有一定道理的。正是因为对"一堂好课的标准"的认知各异，在一定程度上引起了认识上的混乱。例如在推进教育信息化的同时，有人认为信息技术运用比较多的课就是好课，多媒体课件做得好的课就是好课等。其实，衡量一堂课好不好的基本原理是"能否满足学生的学习需要"[①]。

从这个原理出发，我们可以做出这样的一个判断：一堂好课的标准从来没有变过。因为学习者学习的基本规律就在那里，只是我们还没有完全认识清楚。对于运用了很多先进技术的教学，如果没有满足学生学习的需要，没有对学习起到支持作用，那技术再先进也不能称之为好课，那些单纯炫耀技术的课堂是必须抵制的。美国犹他州立大学教授梅里尔的研究表明，只讲究信息设计精致化的多媒体教学和远程教学产品，虽然这些产品的质量是上乘的、外观也颇吸引人，但由于其并非按照学生学习的要求加以设计，因此只会强化教师讲授式的教学[②]。

（一）好课堂的"五实"标准

教师的教学价值取向影响着对课堂教学优劣的判断，建立以学生发展为中心的理念，满足学生的学习需要，为学习提供支持，是我们的目标也是我们的出发点。因此，了解一堂好课的标准，树立正确的教学价值观，对每一位教师来说是非常重要的。本节我们将探讨叶澜教授提出的"五实"标准。

1. 扎实的课，有意义

学生在课堂里的学习必须是有意义的。这个意义体现在三个层次，一表现为学到了新的知识，二是发展了他的能力，三是学生对学习具备刚烈的动机和更有效的方法。这样的学习，学生才会得到发展。学生来到课堂，"进来前和出去的时候是不是有了变化"，如果没有变化就没有意义，有意义的课，它首先应该是一节扎实的课。

---

① 吕星宇. 论一堂好课的标准 [J]. 教学与管理，2010 (04)：30-33.
② 赵建华，李克东. 协作学习及其协作学习模式 [J]. 中国电化教育，2000，(10)：5-6.

2. 充实的课，有效率

叶澜教授认为有效率表现在两个方面，一是课堂教学的效果如何，学生对教学内容的掌握程度；二是效率，如果没有效率或者只是对少数学生有效率，那么这节课就不能算是比较好的课。在这个意义上，一节好课应该是充实的课。

3. 丰实的课，有生成

课堂教学不应该完全是预先设计好的，在课堂中应有教师和学生情感、智慧、思维和精力的投入，有互动的过程，气氛相当活跃。在这个过程中，既有资源的生成，又有过程状态的生成，这样的课可称为丰实的课。

4. 平实的课，常态化

作为一个职业教师，上好每一堂课，上一堂好课，应该是再正常不过的要求。但是，上一堂好课却往往成了公开课、观摩课和赛课时才发生的事情。为了上好这堂课，教师认真备课，甚至把自己和学生当成演员来表演一堂课。这样的课堂再精彩，对学生来讲收获其实并不大。只有常态化的好课才能让学生得到持续的发展。

5. 真实的课，待完善

一堂好课就像是一件艺术品，只要是真实的就会有缺憾。而缺憾也正为完善提供了空间。没有完美的课堂，只有自满的老师，教学要在对完美课堂的不断追求和迭代中不断精进。同时，科学知识本身也是不断完善的，看到不足并不懈地追求完善，也是我们在教学时必须传递给学生的价值观。这样的课称之为真实的课。

叶澜教授的好课标准给了我们很好的启示。扎实、充实、丰实、平实、真实应该是我们追求的理想课堂，是我们致力要达到的理想的教学境界。

智慧课堂如何打造好课堂

人类发明工具的目的便是帮助自己解决原来解决不了的问题，让我们的工作更高效，生活更美好。信息技术也不例外，它的工具属性决定了我们在某一领域运用信息技术的目的，就是帮助我们把事情做得更好。信息技术与课堂教学融合也不例外。那么，信息技术能否帮助我们实现"五实"的标准，打造一堂好课呢？

回答是肯定的，信息技术能够对这五个方面产生有效的促进作用，如图5-9所示。

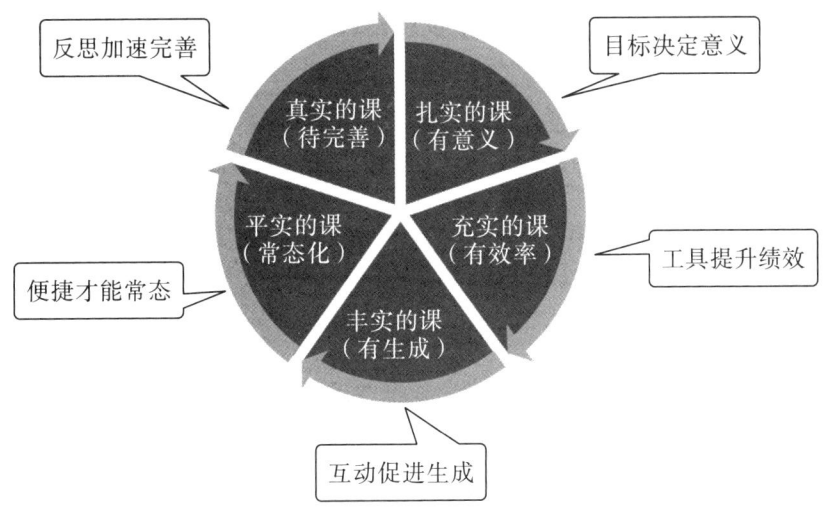

图 5-9 一堂好课的标准

（一）目标决定意义

如何让学生在课堂里的学习是有意义，关键就在于为学生赋能，让学生知识、能力和素质得到融合发展。而赋能的关键就是合理确定课堂教学的目标，在合理的范围内，较高的学习目标能够让学生更有收获，这样的学习也将会更加有意义。这可以从布鲁姆认知目标分类理论中找到依据，在记忆、理解、应用、分析、评价、创造这六个依次上升的层次中，分析、评价、创造被称为高阶思维，发展学生的高阶思维能力是为学生发展赋能的重要内容。瞄准高阶思维能力培养的课堂教学目标相对于以强化记忆、理解为主的目标，对学生而言将更有意义。学生调用高阶思维开展有意义的建构学习就是高阶学习，这种学习通常是主动的、有意图的、建构的、真实的和合作的[①]。

我们已经得出过一个结论，高阶学习需要高阶教学模式支持，研究发现，在项目化教学、合作学习、研究性教学、混合式教学、翻转课堂等教学模式中，通过合作学习、探究发现、案例学习和项目化学习等活动，有利于发展学习者的高阶思维能力，而这些教学模式正是智慧课堂的优势，在传统课堂难以实现。

（二）工具提升绩效

一堂课必须是有效的课，这是一个基本的要求。让一堂课变得更好，提质增效是

---

① 缪茜惠，冯锐. 非良构问题解决教学——高效学习的有效途径 [J]. 扬州大学学报（高教研究版），2010，14（04）：76-81.

一个基本路径。解月光教授提出了三效结构对有效性进行评价,即效果、效率和效益构成的统一整体,三者相互联系、相互促进、不可分割①。效果应该是对学生学习成果的衡量或计量,一堂课学生是否学好、学会是非常重要的效果指标。效率一般指单位时间内完成的工作量,课堂教学效率就是在课时内的教学容量。为了在有限的时间里让学生学会更多的内容,就必须采用富有效率并且更加符合学生认知规律的教学方式和方法。效益是指教育培养对个人或社会所产生的利益。能否让学生更主动地学习,通过爱学习、会学习具备可持续发展的能力就属于效益。

教育信息化作为广义上的工具,和人类的其他工具一样,其基本目的就是"提质增效"。教育信息化要着力改变课堂教学的各个要素和要素间的关系。首先,课堂教学结构变革的一个关键作用就是让学习真实发生,支持学生主动地、有效地学习。其次,通过精确的数据反馈让教师更了解学生的学习情况,并快速做出应对。最后,新的学习平台、资源和环境为学生个性化学习和协作探究提供了可能,学生的学习不再是被动接受,学生学习的自主性更强,运用的学习策略更丰富,获取知识的途径更广泛。

(三)互动促进生成

完全预设的课堂教学是没有温度的,特别是在信息时代,这样的课堂将被视频所取代。在课堂中应有教师和学生的互动,要有情感、智慧、思维的碰撞和交流。教师的教学策略甚至教学内容应该根据学生思维暴露的问题随时进行调整,这样的课才是充实的、有温度。智慧课堂应利用现代信息技术,让师生、生生间的互动交流与反馈更加高效、即时、方便和精准。互动中的富媒体交互、动态学习数据分析让学生的思维可视化,学习者潜在的学习需求暴露出来,数据化让教师可以科学地选择教学策略,开展生成性教学。与传统课堂相比,即时高效的课堂互动反馈让智慧课堂更加生动、主动和灵动。

(四)便捷才能常态

常常会看到有一个现象,在公开课、观摩课和赛课的时候,我们会看到一些非常好的课,这些课基本上都充分体现了以学生为中心的教学理念,采用了合作学习、项目化教学的模式。但遗憾的是,这些教师在参加完活动以后,基本不会采用这样的教学模式开展日常教学,这样的课仅仅存在于赛课或公开课中。分析其中的原因,有一

---

① 张喜艳,解月光,魏俊杰,等. 教育信息化绩效特征结构解析[J]. 中国电化教育,2011(08):24-27.

个关键的问题就是，这样上课准备时间太长、太麻烦、太累，如果常态化应用于教学中会吃不消。这样说不无道理，在传统教学环境下实施高阶教学模式，的确会产生迫使教师高强度投入的问题。解决的办法就是给教师提供相应的支持和工具，帮助教师便捷高效地实施高阶教学模式。以翻转课堂为例，如果没有视频资源支持学生课前自主学习，没有教学平台提供的检测、交流和作用的功能，翻转课堂是很难有效实施的。一堂好课应该让教师能够便捷地常态化实施，只有常态化的好课才能让学生得到持续的发展。

（五）反思加速完善

每一堂课都可能不完美，都有提高的空间。教师要把每堂课当成作品创作来看待，要在对完美课堂的不断追求和迭代中不断精进。教学反思是教师加速完善的关键，是教师对教学的再认识、再思考，并以此来总结经验教训，进一步提高教育教学水平。教学反思一直以来是教师提高个人业务水平的一种有效手段。传统教学环境下由于缺少有效的信息技术支撑，反思往往是教师个人自发、偶发且不稳定的过程，教学反思的质量不高。智慧课堂可以通过生成课堂数据报告的方式，对动态教学数据进行分析和记录，教师的教学反思和教研活动从依赖教师的教学经验积累转变为对于海量教学数据的分析。一方面，挖掘历史数据，通过数据可视化技术精准地反映教学的真实情况，发现最有价值的教学策略和方法，教研从"经验"走向了"实证"；另一方面，实时数据的多元化采集，实现动态教学数据分析和评价，提供对学习和教学的形成性评价和诊断性评价。智慧课堂让教学反思实现了常态化、精准化和智能化。

第六章

基于智慧课堂的混合式学习

混合式学习（Blended Learning）并不是一个新的概念，20世纪初就被提了出来。印度 NIIT 公司 2002 年发表在美国培训与发展协会网站上的《Blended Learning 白皮书》提出，混合式学习是一种学习方式，这种学习方式包括面对面、实时的数字化或网络化学习（E-Learning）和自适应学习[①]。随着信息技术的发展，混合式学习不断和后来出现的 MOOCs、SPOC、微课、数据技术等不断融合，成为一个非常重要的信息化教学模式。2016 年 2 月，美国新媒体联盟（NMC）推出的高等教育版《地平线报告》指出，混合式学习的设计与应用将是未来高等教育发展的重要趋势之一。

---

① 李五双. 社会性软件支持下的混合学习设计研究［D］. 上海：上海师范大学，2018.

一 混合式学习的概念与特征

混合式学习的概念

何克抗教授认为,混合式学习就是把传统学习方式的优势和 E-Learning 的优势结合起来,也就是既发挥教师引导、启发、监控教学过程的主导作用,又充分体现学生学习过程中作为主体的主动性、积极性与创造性。其实质就是在网络信息技术的支撑下各种学习方法、学习媒体、学习内容、学习模式以及学生支持服务和学习环境的混合[1]。

人们往往认为混合式学习是针对传统讲授式教学提出的,是用来解决传统教学问题的。事实上,混合式教学是为了解决 E-Learning 问题而出现的。

(一) 混合式学习的出现

随着网络信息技术的发展,人们开始尝试通过应用信息科技和互联网技术进行内容传播和快速学习。E-Learning 的"E"代表电子化和数字化。因为互联网在内容传播和媒体多元化上的巨大优势,让很多人相信 E-Learning 会很快取代传统教学方式,成为人们的主流学习方式。但是,到了 2000 年左右,国外 E-Learning 开始进入低潮,人们发现这种强调技术的学习方式并没有想象中那么有效。简单地用视频取代教师的讲授,用网络充当传递的通道,似乎仅仅解决了时空的限制问题,而没有解决有效学习的问题,人们开始对单纯强调技术环境对学习的作用进行反思。

此时,关于将传统学习方式的优势和 E-Learning 的优势结合起来的探讨逐渐开始增多,出现了对混合式学习的理论探讨。混合式学习的提出是一种技术理性的回归,回归到了教育这个主体,开始重新认识技术的作用[2]。我国的情况也基本一样,2003年开始,国内高校网络在线课程建设进入了快车道,形成了一大批国家、省级和学校

---

[1] 孙琦. 基于混合式学习模式的艺术类高职计算机基础课程教学研究[J]. 中国科教创新导刊,2013 (34):168.
[2] 邓雪松. 基于绩效技术的企业 E-Learning 设计策略研究[D]. 武汉:华中师范大学,2005.

精品课程，网络教学资源得到了极大的丰富。但是，在建设的热潮中，应用的效果却引发了不少质疑，主要表现为：重建设轻应用，重资源轻平台，重讲授轻学习等，最终导致效果大打折扣。如何避免国外曾经走过的弯路，不片面强调技术，融合传统教学优势，开展线上线下一体化、课内课外相融通的混合式教学，成为亟待解决的问题。开展混合式学习的研究与实践是促进优质资源汇集与共享，推进高等教育教学改革，提高人才培养质量的关键。

（二）混合式学习的主要内容

混合式学习是在在线学习的基础上发展起来的，它不再一味追求线上教学，而是针对线上和线下、课内和课外、自主和讲授按需融合，知识性服务逐渐线上化，线下学习更加重视学生的深层探究。

混合式学习的流程如图6-1所示。

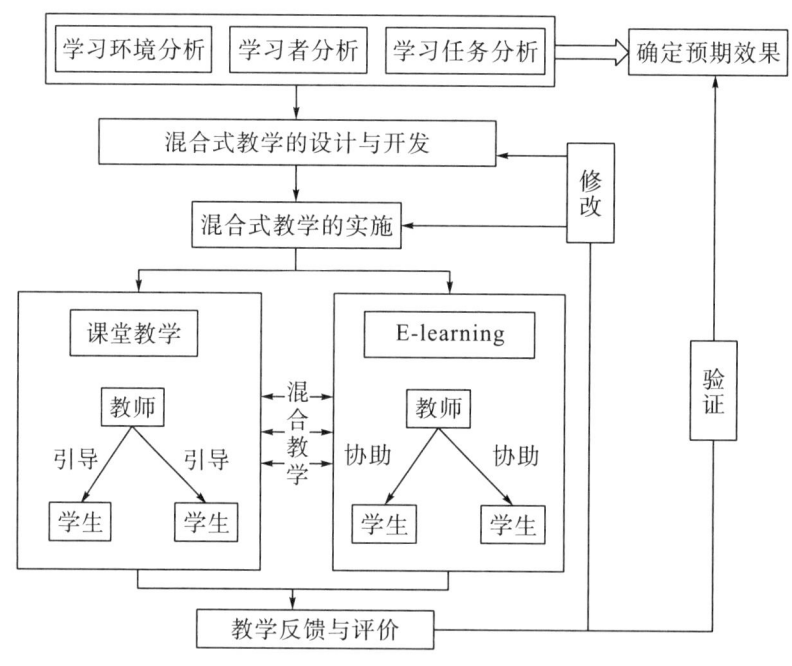

图6-1 混合式学习流程

一般情况下混合式学习主要包括三种不同要素的混合：学习环境、学习策略、学习媒体[①]。

---

① 徐梅丹，张一春，孟召坤. 混合学习中微信的支持功能与设计原则分析［J］. 中国教育信息化，2015（04）：22-25.

1. 学习环境的混合

指同步或异步的学习环境混合。每种学习环境往往都具有比较明显的优点或缺点，而混合学习的目标是利用每个环境的优点来确保资源的有效使用，以达到教与学的目标。

2. 学习策略的混合

指通过选择合适的学习策略来支持学习目标的达成。这类学习策略是学习目标的生成性结果，以确保学习目标的实现，促进学习的迁移。在混合式学习过程中，保证教学质量是最重要的事，因此，开发混合学习方案时，不能降低学习目标。

3. 学习媒体的混合

学习媒体犹如马路上传输物品的车辆，学习媒体本身并不存在好坏之分，但在同步或异步的学习环境中，某些教学媒体可能显得更加合适。

混合式学习不仅仅是将不同的要素进行混合，还是以达到学习目标，提高学习效率和质量为前提，将各个要素混合产生"化学反应"，以期在最合适的学习环境中采取最合适的学习策略，使用最合适的教学媒体达到最好的效果。

混合式学习的理论基础

（一）掌握学习理论

布鲁姆提出的掌握学习理论认为，只要给予足够的时间和适当的教学，几乎所有的学生对几乎所有的内容都可以达到掌握的程度。在掌握学习理论的指导下，世界各国教育界进行了大规模的掌握学习实验，但在当时的条件下很多问题难以彻底解决，所以影响了该理论的实践效果。例如，我们要给予不同的学生足够的学习支持就存在统一授课与学生个性化学习之间的矛盾，学生按需学习的需求无法得到满足。可以说，直到今天的网络信息时代，布鲁姆的掌握学习理论才真正具备了大规模实践的条件，网络信息技术通过拓展学习时间、学习资源和额外指导等给予学生足够多的学习支持，掌握学习理论为混合式教学尤其是课前知识传递阶段的学习提供了坚实的理论基础。

（二）首要教学原理

在结合社会认知主义、建构主义学习理论等多种代表性理论的基础上，美国犹他州立大学的梅里尔教授提出了以聚焦问题为中心的"首要教学原理"，认为无论在何种环境下采用何种模式和策略，教学中应体现为一组合理的关系。梅里尔认为以下五点

对于实现效果好、效率高和参与度大的学习而言是首要的:

(1) 聚焦问题原理。当学习者在现实世界问题的情境中掌握知识和技能时,才能促进学习。

(2) 激活旧知原理。当学习者回忆已有知识与技能作为新学习的基础时,才能促进学习。

(3) 示证新知原理。当向学习者展示其将要学习的技能时,才能促进学习。

(4) 应用新知原理。当学习者运用新掌握的技能来解决问题时,才能促进学习。

(5) 融会贯通原理。当学习者反思、讨论和巩固其新习得的知识和技能时,才能促进学习。[①]

这一理论的提出,将教学推向了更加复杂广阔的真实世界,明确教学不仅要关注学生真实世界劣构问题的设计及问题解决方面的指导,而且要求教师转变讲授式教学理念,从知识的传递者转变为学生学习过程的指导者、协助者、促进者。

(三) 深度学习理论

布鲁姆将认知过程的维度分为六个层次:记忆、理解、应用、分析、评价和创造。当前大学课堂教学最突出的问题在于教学往往围绕知识的记忆、复述或是简单描述进行,这属于典型的浅层学习。而发展学生的高阶思维的深度学习并没得到足够重视,课堂中主要是浅层学习活动,学生进行知识迁移、分析评价和深度理解等深度学习时缺乏有效的指导,这也是当今大部分高校课堂缺乏挑战度的根本原因。以翻转课堂为代表的混合式教学,将原有的教学结构实现颠倒,浅层的知识学习发生在课前,知识的内化则在有教师指导和帮助的课堂中实现,以促进学生高阶思维能力的提升[②]。

(四) 主动学习理论

认知科学家的研究表明,主动学习是促进知识由短期记忆转化为长期记忆的最佳方式。学生被动接受的效率低,记忆保留时间较短;主动参与的学习活动能够提升学习效率并促使记忆长期保留。在混合式教学中,教师给予协助和指导,学生在探究性社群中通过自主和协作参与到解决真实问题的活动中,并分享协作的成果。在此过程中,学生通过观察与内省获得知识和技能,掌握解决问题的思路与方法,不断丰富和完善自我的情感、态度和价值观,实现自我超越。

---

① 李逢庆. 混合式教学的理论基础与教学设计 [J]. 现代教育术,2016,26 (09):18-24.
② 李春艳. 翻转理念下开放教育混合式教学设计实践探究 [J]. 成人教育,2018,38 (09):30-34.

混合式学习的关键因素

（一）如何界定混合式学习

是不是所有运用网络信息开展教学的活动都属于混合式学习呢？这的确是一个容易让人混淆的问题。迈克尔·霍恩和希瑟·斯特克在《混合式学习》一书中提出了区分混合式学习的三条基本原则：

第一，混合式学习是基于正规课程教学的，学生的学习过程至少有一部分是通过在线进行的，学生可以自主控制学习的时间、地点、路径或进度。

第二，学生的学习活动至少有一部分是在家庭以外受监督的实体场所进行的，即学生的学习活动必须包含学校的课堂学习部分。

第三，学生学习某门课程时的学习路径模块，要与整合式的学习体验相关。也就是说在线学习和课堂学习共同构成一个整合性的课程，二者是并列关系。如果在线学习的内容仅仅是对传统课堂内容的复习，就不属于混合式学习。[①]

通过这三个原则我们可以发现，曾经有很多课程设计其实并非混合式学习。例如，某职员在慕课平台选择了一门"人工智能导论"在家学习，平时通过网络与其他的学习者交流，按时完成作业，最终通过考核获得了证书。这个学习场景看似混合式学习，但由于没有做到与学校课堂教学混合，它仍然属于在线学习的范畴。

（二）混合式学习的关键条件

大多数研究认为媒体资源和平台环境是在线教学两个至关重要的因素，而混合式学习与在线教学不同，其更强调教学活动结构框架和活动程序，强调优化教学各要素和流程。同时，混合式学习还需要学生形成网络社群，促进知识的社会化建构。因此，一个有效的混合式学习系统应当具备平台、资源、社群、模式四个方面的条件，如图6—2所示。

[①] 霍恩，等. 混合式学习：用颠覆式创新推动教育革命[M]. 聂风华，徐铁英，译. 北京：机械工业出版社，2015：64.

图 6-2 混合式学习的条件关系

（三）媒体资源必不可少

要开展有效的混合式学习，一定的媒体资源是必不可少的。混合式学习中课堂外的自主学习过程，主要依靠教学视频为主的媒体资源来支撑，教学视频将学生要学习的知识、技能等内容制作成视频形式，帮助学生在课堂反复学习，甚至还可以将课堂教学中难以呈现的真实情境和实验过程展示给学生。媒体资源也不仅仅限于教学视频资源，可以包含各类能够促进学生学习的可被利用条件，包括教材、案例、图片、课件等。媒体资源除支持学生更有效地开展探究和自主学习，还要能够优化教师的教学和指导过程。混合式学习的媒体资源必须符合以下三点：

（1）媒体资源要"全"。这样才能支持学生的个性化学习，即能够满足各自不同的学习需求，这就要求媒体资源必须根据学科特点进行系列化和体系化构建，要做到知识点的全面覆盖，学生才能按需开展学习。如果媒体资源不成体系、知识点缺失，这就意味着部分学生在课堂以外的学习会非常困难，自主学习过程名存实亡。根据霍恩等提出的原则，这样的教学无法称之为混合式学习。

（2）媒体资源要"精"。媒体资源最重要的目的是呈现知识内容和真实情境，帮助学生自主学习或在社群中探究共学，起到"脚手架"的作用。因此，媒体资源本身及资源之间的关系必须经过合理的设计，不能让学生迷失在杂乱无章的冗余资源里。能够让学生在课外学会的东西就不要留到课内，学生自己可以搞懂的知识就不要留给教师。

（3）媒体资源要"捷"。可以从两层含义上来理解，一是"捷径"，资源要帮助学生直达目标，要减少中间环节，激发学习动机并在动机最强烈的时候直达知识点；二是"便捷"，学生可以方便地获得自己想学习的知识，这与方便地获取资源是两个不同的概念。知识获取的便捷性依赖于对知识点和知识结构的有效设计。

目前,支撑混合式教学的媒体资源主要以微课、慕课等形式普遍存在。微课是指时间在 10 分钟以内,有明确的教学目标,内容短小,集中说明一个问题的小课程[①]。慕课即大型开放式在线课程(Massive Open Online Courses)。2012 年,美国的顶尖大学陆续设立网络学习平台,在网上提供免费课程,给更多学生提供了系统学习的可能。我国一流课程建设中的线上"金课",就是具有鲜明中国特色的慕课资源。如何利用慕课开展混合式学习,我们将在下一节专门探讨。

(四)平台环境必不可少

平台环境对于混合式学习的重要性不言而喻,可以说混合式学习的关键内容和流程都必须依赖于系统平台来完成。在早期的 E-Learning 中,系统平台的主要功能是支撑媒体资源的存储和访问,也具备一些初步学习互动功能。混合式学习平台在此基础上更加强调对教学过程的支持和与教学模式的匹配,并通过过程性的评价实现对学习的动态优化。对于教师而言,平台协助教师开展一系列教学活动:发布课程资源,布置作业任务、组建学习小组、组织线上讨论、课后辅导答疑等,并及时进行反馈与评价。学生则按照教学安排,自主选择时间观看视频、完成作业、参加相关讨论。现在的系统平台还可以通过大数据和人工智能技术实现对学生学习数据的深度挖掘分析,对学生的个性化需求、认知取向、学习动机、学习风格、协作技能等进行分析,除了帮助师生进一步改善教学,还可以为每个学习者智能地推送个性化学习方案。混合式学习平台最主要的功能从 E-learning 的资源存储和链接,走向了对教师和学习者的全面支持。

基于互联网的平台系统是混合式学习的软硬件基础,是师生之间网上交流的载体,它对网络教学过程中的教学活动提供全面的支持,因此对于混合式学习而言是必不可少的。下面以 Coursera 课程平台为例介绍课程平台功能(见图 6-3)。

---

① 黎加厚. 微课的含义与发展 [J]. 中小学信息技术教育,2013(04):10-12.

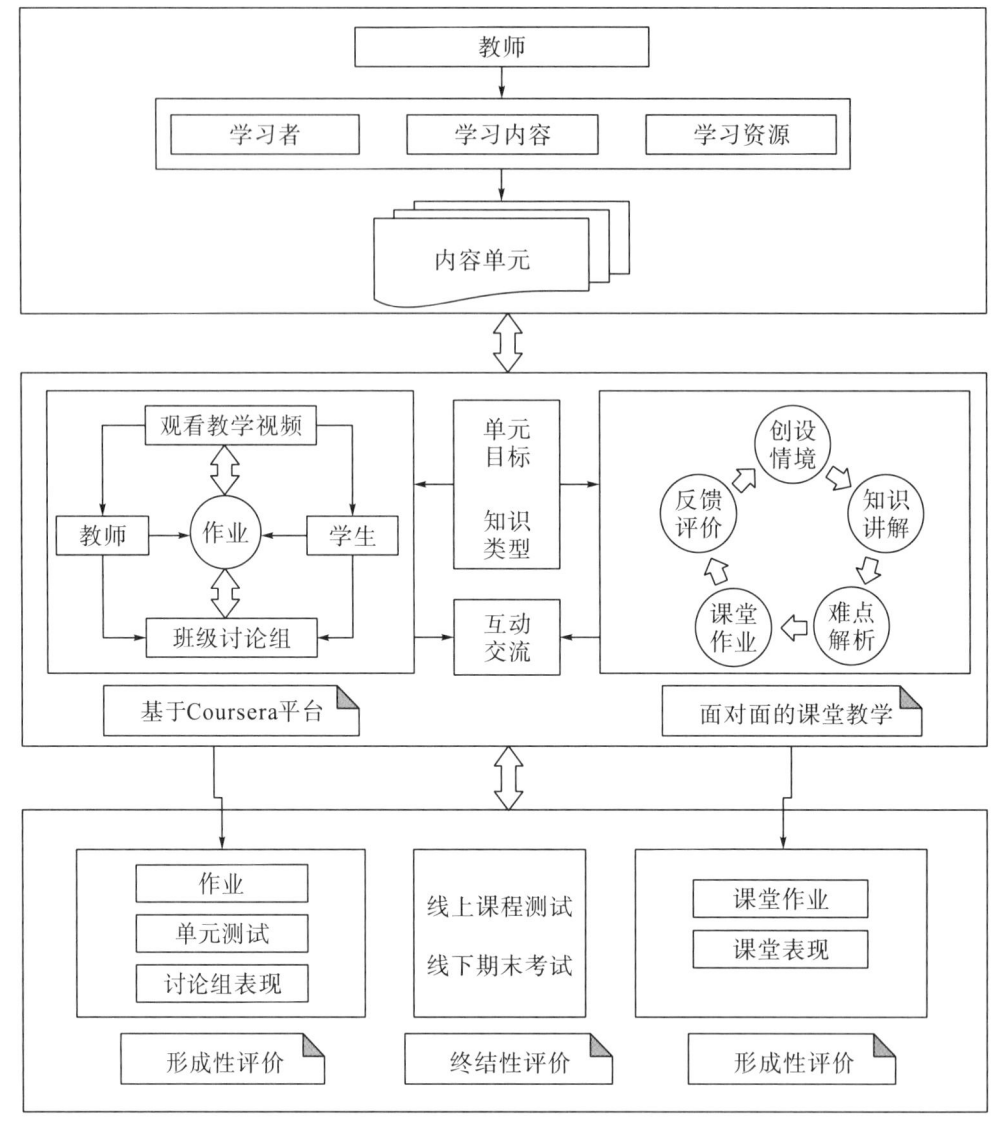

图 6-3　Coursera 课程平台功能

（五）模式匹配必不可少

对于混合式教学而言，学生不能只是播放网上教学视频和完成作业，教师也不能仅仅负责答疑和批改作业。如果是这样便成了"刻印式教学模式"的数字化翻版。而这也正是当前不少教师开展"混合式学习"的现状。

无论是教室里的普通教学，还是线上线下一体化的混合式教学，都应当遵循一定的教学模式，在结构上体现教学活动整体及各要素之间的稳定关系，流程上体现有序性和可操作性。很明显，混合式学习在教师、学生、媒体、环境这四个要素以及教学流程上均发生了很大的变化，因此必须采用与之相匹配的教学模式。

翻转课堂就是目前普遍采用的混合式学习教学模式。如前文所述，翻转课堂从流程上主要分为课前、课中和课后。课前阶段，学习者可以在课前登陆混合式学习平台观看教学视频并参与线上互动，该阶段主要体现为自主学习，完成绝大部分良构知识的学习和阶段性检测。教师在这一阶段主要是参与线上互动并根据检测结果优化课堂教学设计。课中阶段，教师依据系统的精准反馈，开展生成性教学。由于有部分知识的学习在课前完成，教师可以针对关键问题采用研究、协作、讨论、项目化等促进深度学习的教学策略开展教学，培养学生的高阶思维能力。课后阶段，教师根据教学设计或者系统根据学习数据分析的结果给学习者推送作业，并通过评价结果为学生再次推送用于补救学习的教学视频，整个过程形成了支持学生自主学习的闭环系统。这样的教学系统流程完全符合霍恩和斯特克提出的混合式教学三原则，是真正意义上的混合式学习。因此，对混合式学习而言教学模式的匹配必不可少。

（六）探究性社群必不可少

通常可能会认为有了以上三点支撑，混合式学习就完善了。其实还有最为重要的一个因素，这就是我们这一切努力的对象——学生。学生作为我们教学活动的主体，在混合式学习中不能是网络信息的被动接受者。在网络时空里要让学生通过社交互动、合作建构模型和检验意义，加强学生的知识理解和共性认知。加拿大的学者在《高校教学中的混合式学习：框架、原则和指导》中指出，"探究性社群"是混合式学习的基本组织框架，也为我们更深入理解混合式学习提供了新的视角。

网络社群一般指向有着特殊社会关系的网络，这种关系既可以是实际的地理区域或领域内发生的社会关系，也可以是虚拟的、思想上的关系，有时也被通俗地称为"群"。网络世界中的一定的社会关系很难用一个物理边界来进行划分，因此网络社群便成为划分这类关系的必然。在今天，当有人说"同班同学"和"同群同学"时，我们是可以感觉到其不同的意涵的。对于混合式学习而言是虚拟的线上教学与现实的课堂教学的混合，参与者可能是同处一个教室的同学，也可能是一群来自世界各地有着共同学习目标的年轻人，因此，班级授课制与网络社群的混合，也应该成为混合式学习的基本要素。

有国外学者认为高等教育的混合式学习的所有参与者应当形成一个特殊的网络社群——探究性社群。探究性社群支持学习者之间建立联系与合作，并创设一个整合社交、认知和教学等要素的学习环境，以激发和保持批判性反思与讨论。混合式学习提供了实体课堂之外创建和维持探究性社群的可能。

社群的目的决定了社群的性质和发展。从教育的角度看,学术兴趣应该是社群的重点。社群的发展必须紧紧围绕对学生学习过程的支持,通过讨论和合作活动,系统地经历发现问题到解决问题的过程,使参与者的知识和专业技能得到分享和提升。尽管社交相聚的动力非常重要,它营造了支持学习过程的氛围,但参与者的学术兴趣是关键,是它们向探究过程提供目标和模型。参与者的作用和学习预期由教育社群定义。

对高等教育而言,探究性社群建立在至关重要的两个理念上,即"社群"和"探究"。一方面,社群认识到教育的社会性以及互动、合作与讨论在知识建构中所起的作用,他们以这样的方式展开学习活动,完成预期的学习目标;另一方面,探究反映了通过个体的职责与选择进行意义建构的过程。探究性社群是一个有凝聚力和互动性的群体,社群中的学习者以批判性分析、建构和确认有价值的知识为目的。切实可行的探究性社群包括社交功能(social presence)、教学功能(teaching presence)和认知功能(cognitive presence)三个关键功能。探究性社群把这些功能恰当地整合起来,使混合式学习开展深层且有意义的教育体验成为可能。有人参与的地方才会发生学习,因此探究性社群必不可少。探究性社群模型如图6－4所示。

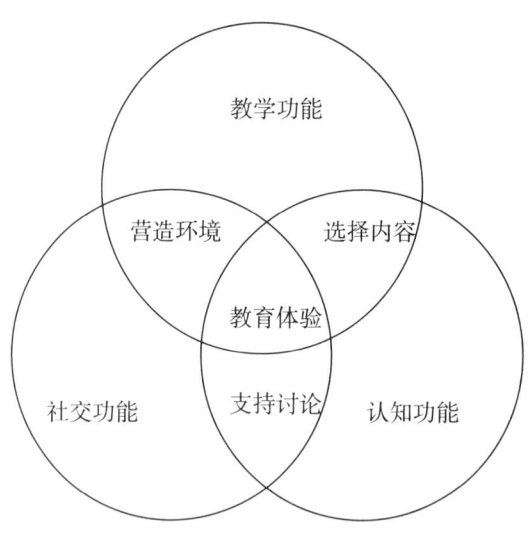

图6－4　探究性社群模型

二　慕课与混合式学习

2013年前后，随着慕课教育联盟不断成立，慕课在全球高等教育领域得到了广泛的推广和应用。此时也正是混合式学习研究的一个高峰期[①]，因此多数研究者从混合式学习的角度，对慕课教学系统的设计、开发和应用等方面展开研究。部分研究认为，慕课教学通过将面对面的课堂教学和网络学习的优势有机结合起来，实现教学效果的最优化[②]。人们期待慕课能引起高等教育的更大变革。但需要冷静的是，在慕课的推广和使用过程中，人们逐渐发现，居高不下的退课率、体验缺失的学习过程以及同质化的课程设计，使很多学习者对慕课又逐渐失去了初起时的热情。这说明慕课远远没有成熟，关于模式、课程设计、参与方式都还处于探索阶段[③]。分析其原因会发现，问题在于部分慕课课程系统设计仍未从 E-Learning 教学中解放出来，并非是一个有效的混合式学习系统。

慕课的内涵与特征

（一）慕课的产生与发展

慕课的出现是网络信息技术的发展和课程教学内容数字化的必然结果，从2008年开始，玛丽华盛顿大学、纽约城市大学约克学院的教授就开始尝试利用这样的课程为全世界的学生提供网络开放课程。2011年，斯坦福大学开出"人工智能导论"免费课程，来自世界各地的160000人注册学习了这门课程，这成为慕课发展的一个标志性事件。从那时起，Udacity，Coursera，edX 等有代表性的慕课联盟纷纷出现，这些联盟的背后均有全球知名大学的身影，例如 Coursera 的首批合作院校就包括了斯坦福大

[①] 王国华，俞树煜，黄慧芳，等. 国内混合式学习研究现状分析 [J]. 中国远程教育，2015 (02)：25-31.

[②] 牟占生，董博杰. 基于MOOC的混合式学习模式探究——以 Coursera 平台为例 [J]. 现代教育技术，2014，24 (05)：73-80.

[③] 杜世纯，傅泽田. 基于MOOC的混合式学习及其实证研究 [J]. 中国电化教育，2016 (12)：129-133，145.

学、密歇根大学、普林斯顿大学和宾夕法尼亚大学等名校。截至2018年5月，Coursera平台已上线课程2000余门，注册学生2500万，并与全球149所高水平大学展开合作。

2013年，慕课大规模进入亚洲。香港科技大学、北京大学、清华大学、香港中文大学等相继提供网络课程。清华大学与北京大学部分课程在edX上线，复旦大学及上海交通大学也在2013年7月与Coursera正式签约。与此同时，我国将慕课教育纳入我国教育改革发展的顶层设计，爱课程网便是教育部、财政部"十二五"期间启动实施，通过"高等学校本科教学质量与教学改革工程"支持建设的高等教育课程资源共享平台，集中运营"中国大学视频公开课"和"中国大学资源共享课"。在国家相关部门的积极推进下，清华大学的"学堂在线"、爱课程网的"中国大学MOOC"、智慧树、超星尔雅等一批在线教学平台如雨后春笋般发展起来。2018年，教育部认定推出首批490门国家精品慕课。2019年，教育部认定推出第二批801门国家精品慕课。六年来，中国慕课从无到有、从小到大、从弱到强。目前，12500门慕课上线，超过2亿人次在校大学生和社会学习者学习慕课，6500万人次大学生获得慕课学分，为建设学习型社会、学习型政党和学习型国家做出了重要贡献。我国慕课总量、参与开课学校数量、学习人数均处于世界领先地位，已成为名副其实的世界慕课大国。慕课已经成为打造"金课"、实施一流课程"双万计划"的重要内容。深入推进信息技术与教育教学深度融合的课程内容、教学模式与教学方法改革，是实现我国高等教育教学质量"变轨超车"的重要手段。

（二）慕课的基本特征与实施流程

关于慕课的基本内涵，国内外学术界大多倾向于按其名字所给出的四大特点去理解[①]。

（1）大规模（massive）：之所以被称为大规模，是因为其注册学生多达数千、数万乃至数十万计，针对一门课程开展如此大规模的教育教学活动，在人类历史上前所未有。

（2）开放（open）：所谓开放，是指它突破了人群、时间和空间的局限，任何一个人，只要能上网、有时间、有学习意愿，都可以进行慕课的学习。

（3）在线（online）：慕课是通过在线形式开展的一种教育活动，而在线是指利用计算机互联网或手机无线网络来从事的各项活动。

---

① 何克抗. 关于MOOCs的"热追捧"与"冷思考"[J]. 北京大学教育评论，2015，13（03）：110-129，191.

（4）课程（courses）：上面关于慕课产生的现实背景的第一种观点已经阐明，慕课是在线教育与开放教育发展的必然产物，所以慕课主要是远程教育类和在线教育类课程，它和传统课程有相似之处，但也有所不同。例如比较强调讨论、交流与互动，而且往往有基于大数据的技术支持，等等。

下面以Coursera为例介绍慕课教学的实施流程①（见图6-5）。

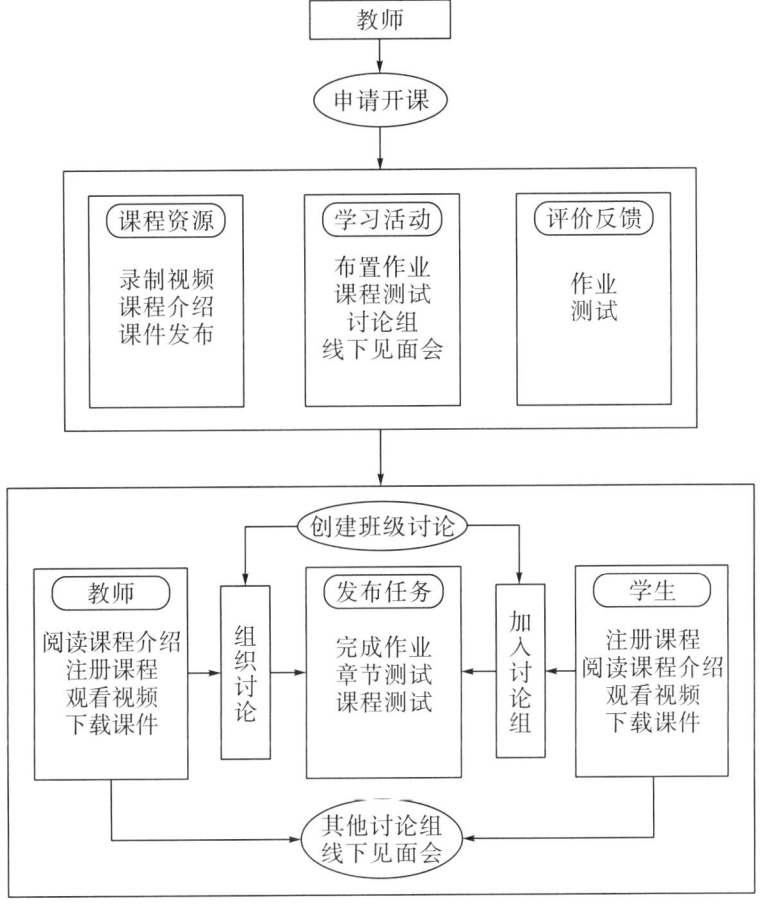

图6-5 Coursera课程模式图

由于Coursera平台提供的课程很多，一线教师首先通过阅读相关课程介绍并结合教学实际所用教材，选取其中一门课程进行注册，然后观看课程视频并下载相关课件。需要说明的是，一线教师没必要一定选取那些刚刚开课的课程并一步步跟着开课教师

---

① 牟占生，董博杰. 基于MOOC的混合式学习模式探究——以Coursera平台为例［J］. 现代教育技术，2014，24（05）：73-80.

的步调组织教学。这里最重要的是，利用慕课的课程资源与实际教学相结合，课程提供的结业证明、学分认证并不是主要的。随后教师创建班级讨论组，它是教师与学生互动交流的一个虚拟空间，是维系师生互动的一个纽带，是有效利用慕课资源的关键。通过班级讨论组，一线教师把实际班级里的学生组织到一个虚拟的网络群体里，一方面消除学生的孤独感，另一方面方便一线教师对本班学生进行线上管理，随时了解他们的学习动态并对实际教学进行调整。在班级讨论组里，教师可以根据教学实际有选择地组织学生完成慕课课程发布的部分作业及章节测试。在对慕课课程进行一定的了解之后，教师指导本班学生用真实姓名注册 Coursera 上的特定课程。学生完成注册后可以通过阅读课程介绍对该课程有一个宏观的认识，然后加入教师已经创建好的班级讨论组。学生根据教师在讨论组发布的任务合理安排学习时间，按时完成指定的学习任务（观看部分视频、完成部分作业）。当然，一门课程也会有其他学习者创建的讨论组以及课程适时组织的线下见面会（学生有机会接触到来自其他地区的学习者并与其进行交流从而开阔眼界），学生可以根据自身兴趣选择加入，教师不做强制要求。

慕课教学的反思与混合式学习

2013 年慕课在国外经历了一轮高速的发展之后，人们逐渐发现了一些问题，例如退课率居高不下，只有很少一部分人可以坚持到最后，课程设计的同质化越来越严重，人们的热情很快退去了。以麻省理工学院的"电路与电子学"为例，最初时的选课人数达 155000 人，最后只有 4.6% 的人取得了证书；杜克大学 2012 年开设的"生物电"课程选课人数有 12725 人，其中只有 7761 人观看了教学视频，3658 人完成了课程作业，参加考试的只有 345 人，最后仅仅 313 人获取了证书[①]。这种情况几乎存在于每一门慕课课程，区别仅仅是多少的问题。而这一切又似乎难以避免，因为从慕课教学的基本特点我们就可以发现，其"开放性"本身就是要赋予学习者自由选择的权利，"大规模"使得学生很难实施大家所熟悉的班级制管理，而"在线"让学生既可以方便地来，也可以方便地去，自律性不强的人难以坚持；"课程"方面，内容繁杂而零散，过分依赖自主学习造成认知强度过高，学生流失率较低的课往往是极其简单的内容。

---

① 张璇. MOOC 中国化的困境与未来 [EB/OL]. (2014-06-18) [2018-07-23]. https://edu.qq.com/a/20140618/071834.htm.

因此绝大多数研究者把解决的办法放在了混合式学习上，结合线上慕课教学和线下课堂教学的优势，进行基于慕课的混合式学习设计，提出了很多有影响的慕课混合式教学系统的框架模型，Coursera 的课程模式框架就是其中一个。

正如前文所述，从 2013 年开始，我们用非常快的速度实现了慕课的中国化。教育部门将慕课建设纳入提高人才培养质量的顶层设计加以推动，目前无论是课程数量还是受众范围都已经在全世界首屈一指。但慕课应用成效依然在一定程度上受到质疑，而质疑的内容与 2012 年慕课进入反思阶段时提出的问题并没有本质的区别。这些问题在慕课中国化的过程中没有得到有效避免，总体讲原因有三方面。

首先，网络课程资源建设质量有待提高。由于推进速度比较快，难免出现"大跃进"的问题，课程缺乏对慕课特征的理解，没有经过专门的设计，基本上还是传统讲授式教学的翻版。这样的课很难留住学生。

其次，在慕课管理和实施方面，各学校和教师建设慕课的动机各异，这就导致了非教学动机的课程建设项目在应用时难以遵循教学规律，这样的课象征意义要大于实际教学需要。

最后，对适合我国国情的混合式学习模式研究不足。在基于慕课的混合式学习系统的设计上照搬国外方案较为普遍，而照搬的模式难以适应我国高校实际。

混合式学习是将在线教学和现场教学的要素相互融合，实现优势互补。众所周知，我国高等教育的教学组织和运行与国外高校有所不同，即教学活动中各要素的状态、关系和运动规则不同。因此在要素融合和互补时就必然有所不同。我们可以明显看出 Coursera 等慕课平台的设计更适合国外高校的学制、课制等需要。

当前很多慕课教学充其量算是 E-Learning 在线教学，而非混合式学习，因此出现 E-Learning 教学的困境也就不足为奇了。

根据混合式学习定义，我们应当找到我国高校现行教学中最稳定的要素与网络教学混合，这样才能形成混合式学习的效能。从我国的教学实际出发，这个最稳定的要素就是"课堂教学"。无论是教学组织、班级管理还是综合评价，课堂教学都是高校教学的重要主战场和最后一公里。也正是因为现有很多混合式学习模式脱离课堂教学，没有与教师的课堂教学形成促进性互动，所以变得可有可无，成效不彰。因此，我们可以得到一个结论：在我国不与课堂教学结合的混合式学习是没有灵魂的。为了达到这个目标我们就必须重新思考如何设计混合式学习。

三 SPOC 混合式学习模式

从实践层面来看，慕课的确还面临着不少困难与挑战，集中表现在制作成本、商业模式、教与学方式、浸润式学习体验、高辍学率和学习管理等方面①。这些问题往往来自于慕课的"先天因素"——不限制身份的大规模访问和完全在线教学等特点。

2013 年，加州大学伯克分校阿曼多·福克斯教授率先提出 SPOC 概念，探索通过翻转课堂等方式，再造教学流程、变革教学结构，将慕课教学资源与面对面教学的优势有机结合起来，提高教学质量②。

SPOC 教学的概念与内涵

（一）SPOC 的概念

SPOC 是 Small Private Online Course 的缩写，中文意思是"小规模限制性在线课程"。"Small"与 MOOC 中的"Massive"相对应，指学生人数一般在几十到几百人之间，"小规模"有助于发挥传统课堂教学优势，提升参与度、互动性和完成率；"Private"与"Open"相对应，"限制性"表明只针对部分满足一定条件的学习者开放课程。SPOC 能够更好地实现学生的个性化深度学习，教师也可以更有针对性地根据学生暴露的问题开展生成性的教学，从而提高教学质量。祝智庭教授将 SPOC 译为"私播课"③。

---

① 贺斌，曹阳. SPOC：基于 MOOC 的教学流程创新 [J]. 中国电化教育，2015（03）：22—29.
② HASHMI AH. HarvardX：Set ToLaunch Second SPOC [EB/OL]. （2013-09-16）[2014-07-10]. http://harvardx.harvard.edu/links/harvardx-set-launch-second-spocharvard-crimson-amna-h-hashmi-september-16-2013.
③ 祝智庭. "后慕课"时期的在线学习新样式 [N]. 中国教育报，2014-05-21（11）.

(二) SPOC 与 MOOC 的比较[①]

1. SPOC 与 MOOC 均来源于以信息技术为基础的在线教学

二者都依赖于：丰富的视频资源，互联互通的网络社群，精准测试与及时反馈，基于人工智能和大数据技术的学习分析，学习行为管理和教学流程控制的系统平台，学分和学位认证等。SPOC 与 MOOC 都是信息技术与课程教学融合创新的有效教学模式。

2. SPOC 破解了 MOOC 面临的主要挑战

MOOC 自出现以来面临着不少挑战，如优质师资不均衡，制作要求和成本水涨船高；学生学习热情不高、动力不足，辍学率居高不下；教与学方式单一，由于技术限制，MOOC 往往以单向灌输为主，缺乏沉浸体验、交流互动、探究质疑与生成性教学，学生的高阶思维难以得到有效培养。这些挑战严重制约了 MOOC 的有效应用和进一步推广。SPOC 学习者数量相对有限，与线下课程的班级或年级人数相仿。SPOC 的学习者往往要满足某一条件，例如一定的学力、专业以及先修课程等申请条件，只有成功申请者才能使用全部课程资源，这就是 SPOC 的"限制性"（Private）。"限制性"能让学习者产生一种对外宣示的责任感和占据优质资源的紧迫感，激发他们产生较高的参与动机。小众群体之间的互动性和"黏性"较高，有利于提高完课率[②]。SPOC 往往是一所大学根据学科专业按需开设的、服务在校学生的在线课程，在学分认定方面，SPOC 与学校其他课程要求类似，并纳入学生的学习成绩和学位授予，因此更符合学校的管理流程和学生行为习惯，有利于 SPOC 的实施与管控。福克斯教授认为，"SPOC 要利用 MOOC 技术来支持教师把努力转移到更高价值的活动之中，如小组讨论、面对面交流"[③]。SPOC 的特点让各学校能够更加方便地采用混合式学习模式，利用网络视频资源和教学平台支持现场教学，结合线下面对面的教学模式和策略，增强学生的学习体验，培养学生的高阶思维，促进学生深度学习。

3. SPOC 是在 MOOC 基础上的创新

由于 SPOC 的"限制性"和"小规模"等特点，网络课程能够更好地优化学习体

[①] 陈然，杨成. SPOC 混合学习模式设计研究 [J]. 中国远教育，2015（05）：42—47，67，80.

[②] ARMANDO F，DAVID A. Software Engineering Curricu- lum Technology Transfer：Lesso ns learned from MOOCs and SPOCs [EB/OL]. (2014—03—05) [2014—05—05]. http://www.eecs.berkeley.edu/Pubs/TechRpts/2014/EECS—2014—17.html.

[③] FOX A. From MOOCs to SPOCs ：Curricular Technology Transfer for the 21st Century [EB/OL]. (2014—10—04) [2015—05—17]. http://ubiquity.acm.org/article.cfm?id=2618397.

验，增强学习动机，提高完课率和学习成绩。MOOC 以线上学习为主要形式，SPOC 则有利于开展混合式学习，将 MOOC 教学的优势与线下教学的优势相融合，从课程生态、教学结构和流程方面形成了一套全新的范式，实现对现行课堂的有效翻转，是真正意义上的教学创新。

SPOC 作为从 MOOC 衍生出来的一种开放课程形式，秉承了 MOOC 的教学设计和教学理念，两者在开放性、课程规模、学习形式、评价形式、结课率等方面存在一定差异，具体比较见表 6-1。

表 6-1　MOOC 与 SPOC 对照表

	MOOC	SPOC
开放性	完全开放	限制性申请
学生人数	无限制	小规模
学习形式	线上自学，在线学习社群	混合学习，翻转教学
课程期限	短（平均约 4~8 周）	长（按学期制约 18 周）
结课率	低（平均约 10%）	高（几乎 100%）
出勤率	低	高
教材内容	自制	自制或选用其他教材
学习成本	低（除了认证费外，几乎全免费）	相对较高（学分、学杂费等）
评价形式	线上反馈测试、作业、同伴互评	除了在线评价外，还包括课堂测试与互动
选课竞争性	低（无选课人数与资格限制）	高（有选课人数与资格限制）
学生资格	无限制	以校内注册学生为主； 不同课程会设定不同程度的资格限制
发展策略	发展具有本土特色与创意的课程，借此推广国际合作与交流	发展符合高校培养人才需求的混合课程，提升高校教学效果
优势	学校方面：提升课程的国际品牌与形象，当选修人数大时可能获得名利的回馈； 学生方面：适合自学动机强的学生，以最经济方式获得学习成效	学校方面：相对 MOOC 成本较低，聚焦于提高校内课程质量； 教师方面：以学习效果为导向，教学资源集中，提升教师的教学设计能力与学生的学习效果
劣势	高成本（人力与资金）； 投入成本与获得效益可能不成比例； 平台与机制运营维护相对复杂	知名度相对 MOOC 较低； 就高校教育目标而言，SPOC 相对于 MOOC 几乎没有劣势

SPOC 混合式学习的优势

通过对比不难看出，SPOC 作为基于 MOOC 教学与课堂教学的流程创新，可有效发挥教师作用，促进学生的通过率、掌握程度以及参与度[①]。对 SPOC 和混合式学习的研究表明，利用 SPOC 可有效开展混合式学习。基于 SPOC 的混合式学习具有如下优势：

（一）符合高校课程管理和实施特点，方便推广应用

MOOC 出现后，虽然因其充分发挥互联网的优势打破了时空限制，让更多的人可以共享优质的课程资源而风靡世界，但是其教学的有效性和系统性与高校教学要求存在一定的差距。SPOC 通过缩小课程规模，确保了教学要求的有效，并通过与学校其他课程相对一致的管理，保证了课程体系的完整和学生相近的知识基础及学术水平。SPOC 更有利于学校的统一管理。

（二）能够根据高校的教学多样性，因地制宜开展课程建设

由于高等教育学科门类的多样性，每一所高校在发展过程中形成了各不相同的学科特色，加之每个高校在设施条件、师资队伍、学生情况与教学传统的不同，使得每所高校课程的多样性非常突出。MOOC 强调优质资源的单一性和共享性，引进 MOOC 往往意味着在一定程度上与校本课程的冲突。MOOC 课程水平虽然高但常常出现水土不服的问题，本校教师课程建设的主导作用和融合本校专业学科需求的价值取向难以得到体现。这也正是国内高校往往选择通识类和兴趣拓展类 MOOC 的原因。相比之下，SPOC 混合式教学可以充分发挥各高校教师课程建设的主体作用，根据自身人才培养特点，通过引进与自建相结合的方式，因地制宜地开发线上线下一体化的混合式课程。

（三）充分结合信息技术优势，促进线上线下一体化

SPOC 包含丰富的网络教学资源，可充分利用网络社交媒体和网络教学平台开展线上和线下学习活动。在线上学习过程中，学生通过测试问题保持专注，还可以利用互动系统开展社群交流讨论。通过对各类学习数据的采集，开展大数据分析，分析出有效学习路径、教学模式、学习稳定度等有意义的关系模式，可被用作混合式学习的问题诊断、教学干预和教学决策的重要参照。

（四）有利于开展课堂教学模式创新，推进课堂教学革命

对于教学模式创新而言，在国外高校的 SPOC 课程设计中往往包括 PBL 问题化教学或开放式项目设计。例如，福克斯教授的 SPOC "软件工程" 教学中，要求 4～6 名学生组成项目小组，为实际应用开发软件，项目来源于一些学校的部门和非营利机构，

---

① ARMANDO F，DAVID A. Software Engineering Curricu- lum Technology Transfer：Lesso ns learned from MOOCs and SPOCs [EB/OL]. （2014－03－05）[2014－05－05]. http://www. eecs. berkeley. edu/Pubs/TechRpts/2014/EECS－2014－17. html.

教师的现场教学也就围绕着这些项目和问题，采用能够支持学生自主探究、团队协作的 PBL 等教学模式。

对于教学流程创新，SPOC 采用 O2O（Online To Office）混合学习模式，为促进线上以自主学习为主的学习和线下以课堂教学为主的学习提供了平台。SPOC 将课前、课中和课后有机融合，翻转课堂从根本上改变了传统课堂教学的流程，课前学生自主学习可以在线上进行，并在系统中完成测试题目；课中师生根据课前学习的成果开展以探究、协作和讨论为主的高阶学习活动；课后进行进一步的提高、反思和练习。麻省理工学院怀特教授将 MOOC"生命的奥秘"改造为翻转课堂的 SPOC，让学生在线观看视频讲座并提出问题，为课堂上问题解决和知识应用作好准备，产生了很好的应用效果①。

SPOC 带来的课堂教学模式创新以及课程生态与教学流程的再造，为课堂教学提供了新范式，有效促进了课堂教学革命。

（五）重新定义教师角色，提高混合式学习效果②

多年来，高校教学之所以无法具有科学研究工作那样的内在吸引力，其中一个重要原因就是教学中包含大量重复性劳动。而 SPOC 能够减轻教师的许多重复性劳动，不断提高教学中创造性劳动的含量，让教师成为课程教学模式的创新者。教师可利用平台数据，运用多种方法分析教学问题，利用信息技术来支持教师将他们的时间和精力转向到更高价值的活动之中，如小组讨论、任务协作、与导师面对面交流等，从而更好地提高课堂教学质量。教师的认同对于高校实施 SPOC 是非常有利的因素，教师由原来的知识传授者转变为学习过程的指导者和促进者，真正实现了个性化的学习指导。

四　智慧课堂与混合式学习的融合设计

基于智慧课堂的混合式学习就是将线下智慧课堂教学与 MOOC、SPOC 线上学习相混合。教学过程以翻转课堂教学为基本流程，以在线课程资源为依托，在网络学习

---

① WHITE B. An edX SPOC as the Online Backbone of a Flipped College Course［EB/OL］.（2014－10－01）［2015－10－17］. https://www.edx.org/blog/edx－spoc－onlinebackbone－flipped－college.
② 乔纳森，豪兰，摩尔，等. 学会用技术解决问题——一个建构主义者的视角［M］. 任友群，李妍，施彬飞，译. 北京：教育科学出版社，2007：15－17.

平台与智慧教学环境中通过数据化、智能化的技术反馈和精准教学，开展以培养学生高阶能力为目标的多样化教学活动，将 MOOC、SOPC 与智慧课堂教学的优势进行充分融合。这就需要课程开发团队、教师以及学习者的多方协同，对智慧课堂混合式学习进行融合设计。

（一）设计原则

1. 两性一度原则

两性一度即金课建设的高阶性、创新性和挑战度特征。首先，教学活动的目标就是要让学生在某一领域形成问题解决能力和该领域的高阶思维。混合式学习通过合理有效的教学流程和高阶教学模式，促进学生高阶学习、发展高阶思维、形成高阶能力，实现知识能力素质的有机融合，形成预期的教学目标和学习结果。改变传统的教学方式方法，创建适合发挥学生主观能动性、自主性的学习环境，建立以学生为主的学习方法，在教学过程是教师和学生共创的过程，师生到相互交流、相互沟通、相互启发、相互补充，实现师生共同发展。再次，智慧课堂混合式学习设计要通过促进学生的深度学习提高学习挑战度，生效激发学生潜能和学习动机，培养学生思维创新、克服困难、探究并发现新知识的能力，综合运用相关知识解决实际问题的能力。

2. 主动建构原则

建构主义倡导的是在教师指导下的、以学习者为中心的学习。既强调学习者的认知主体作用，又不忽视教师的指导作用。教师是意义建构的帮助者、促进者，而不是知识的传授者与灌输者。学生是信息加工的主体、是意义的主动建构者，而不是外部刺激的被动接受者和被灌输的对象。学生在混合学习中提出疑问、发表观点，主动参与过程，正是学生知识建构的过程。教学活动要努力发现和关注学习者的已有知识经验，不能对学习者进行简单粗暴的知识灌输，而是应该发现学生已有的知识经验并作为新知识的生长点，引导学习者从原有的知识经验中，主动建构新的知识经验。基于智慧课堂的混合式学习活动不能停留在知识的传递上，而要瞄准知识的处理和转换。各部分的构建要以充分发挥学生的主动性为核心，学生作为知识建构的主体要增强主动学习意识，自主安排学习进程。系统为教师和学生、学生与学生之间，创造针对新知进行探究的条件，支持探究中相互交流和质疑。

3. 社群协作原则

社会建构理论认为，学习是一个参与的过程，学习者是通过参与到某个共同体的实践活动来建构有关知识的。学习不仅是个体对学习内容的主动加工，而且需要学习者进行合作互助。在有意义的学习情境中，问题的解决往往需要相互协作完成，有效的交流能够极大促进学习者对知识的意义建构①。因此，基于智慧课堂的混合学习需要依托互联网构建网络学习社群，支持学习者进行线上线下的互动交流。学习者利用网络课程资源，通过个人或小组协作的方式解决疑难问题，这也是学生由被动的知识灌输对象转变为学习活动主体的必然途径。在网络信息技术的支持下，网络社群、决策支持、项目管理、网络会议等，能帮助组织小组的协作学习工作，作为能够明显减负增效的教学方式，对革新传统的教学方式来说具有重大意义。

4. 范式重建原则

教学范式是一定教学理论和学习理论指导下的教学过程的稳定结构，智慧课堂混合式学习设计不应该是传统教学范式的数字化，而应该通过第四章所述的课堂教学结构变革、教学流程再造以及课程生态重建来实现智慧课堂混合式学习范式创建。

首先，在混合式学习中的教师、学生、教科书和媒体这四个要素在智慧课堂中转变为教师、学生、教学信息和学习环境四个要素。课堂结构变革必须改变传统教师和学生的角色，学生处在新系统的中心。通过实施能够实现课堂教学结构变革的相应教学模式来开展教学创新，实现课堂教学系统四个要素地位与作用的改变。

其次，课程新生态是在混合式学习环境下，教师、教材、教室不再是唯一的知识来源，教学信息不仅仅表现为传统教材，也会以网络资源的方式分布；教师也不再是知识的垄断者，支持自主学习的网络社群更加重要；教学环境也不仅仅限于发生在物理场景中，也可以发生在虚拟场景中成为虚拟学习环境。混合式学习平台为课程各要素提供了新的联结通道、新的共生平台彻底改变了课程生态系统结构。

最后，教学流程再造是在混合式学习设计中改变师生在共同实现教学任务中的活动转换及时间流程，从关注"教"的流程转化为关注"学"的流程。传统教学流程因为受到实现手段的制约，只能做到"学在课内、习在课外"，而混合式学习则可以借助MOOC或SPOC资源和网络平台等技术手段实现线上线下一体化的翻转课堂教学。

基于智慧课堂混合学习模式是智慧课堂教学模式和线上学习模式的有机融合。根据混合学习内涵、建构主义学习理论提出融合设计原则，并在这些原则的指导下进行模式设计。

---

① 乔纳森，豪兰，摩尔，等. 学会用技术解决问题——一个建构主义者的视角［M］. 任友群，李妍，施彬飞，译. 北京：教育科学出版社，2007：82-85.

（二）混合式学习模式设计框架

根据以上四个设计原则，在综合目前混合学习模式的基础上，提出了如图6-6所示的基于智慧课堂的混合学习模式设计框架，以改善混合式学习课程设计。

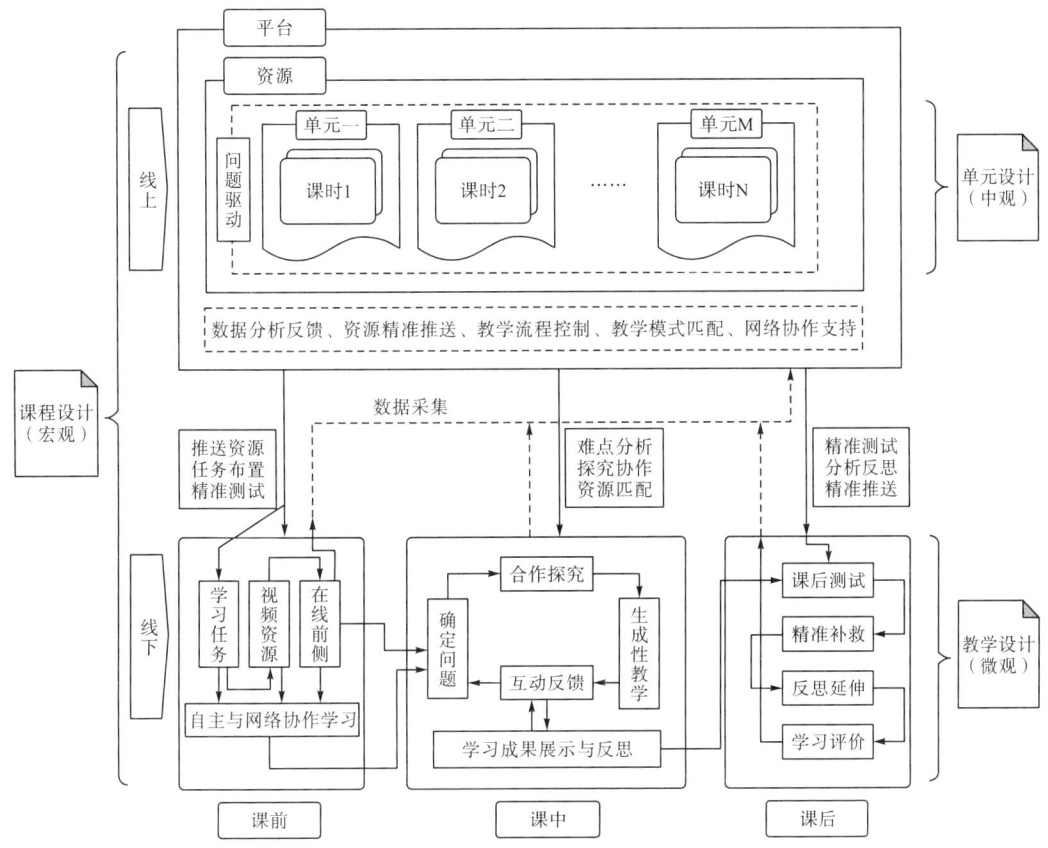

图6-6 基于智慧课堂的混合学习模式

1. 混合式学习设计的三个层次

首先，混合式学习模式的设计应该属于课程设计的范畴，在这里可分为微观（Microscopic）、中观（Mesoscopic）和宏观（Macroscopic）三个层面。

宏观设计是指针对某一学科课程整体进行教学系统设计，宏观教学设计一般是由负责课程开发的团队对课程系统的各要素进行整体上的开发，对课程的目标、教学内容、教学活动方式进行全面规划。从图6-6可以看出基于智慧课堂的混合式学习首先是要建立整体观和系统观，要针对课程系统进行结构性的重构和创新，要避免将课程宏观设计停留在制订教学计划这一浅层次上。

微观设计是指针对某个课时层面所进行的教学设计，也是很多教师通常所开展的教学设计。微观教学设计是围绕一节课的教学目标，运用系统方法分析教学过程中相互联系的各部分的问题和需求，设计出解决它们的方法步骤，然后评价教学成果的系统计划过程。与传统教学设计偏重于课中教学的计划不同，混合式学习的微观教学设计强调教学流程的再造和课堂结构的变革，流程上将课前、课中和课后通过翻转课堂有机融合，课堂中上要实现以学生为中心的讨论、探究与协作学习，要实现问题导向的有效活动设计、促进协作探究的互动反馈设计和加强反思内化的精准评价设计。

中观设计是指针对课程单元或模块的教学系统设计，是以一个完整的教学主题为单位进行的教学设计，是介于宏观课程设计与微观课时设计之间所展开的中观教学设计，向上可以较好地兼顾课程整体目标和知识结构，向下可以合理协调课时之间的教学逻辑。这样，教师的头脑中就会有一幅相对完整的"教学蓝图"，进而根据这幅蓝图"瞻前顾后"地进行教学设计及实施，使得教学单元整体发挥的功能大于课时简单叠加所产生的效用[①]。

受传统教学习惯的影响，教师往往着眼于单个的课时教学，缺乏单元教学设计的概念和方法，不能基于单元整体来剖析各课时内容之间的内在关联及其对整体目标的贡献，往往是"只见树木不见森林"，导致学生得到的是"点状"或碎片化的知识，很难灵活地迁移应用，学科核心素养难以落地。单元教学设计，成为当前课程与教学改革中一线教师面临的严峻挑战[②]。

线上和线下一体化，课内和课外相融合，是混合式学习的重要特征，课堂教学的边界不再是清晰的45分钟，更强调课前和课后学习活动的有效开展，呈现出了从线下向线上、从课内到课外延展的弹性。目前绝大多数的教学设计往往只是瞄准单个课时，缺乏弹性考虑。中观教学设计正好有助于实现这种弹性，一方面，在单元整体目标指引下规划和设计单元中每一课时的教学，课时之间具有紧密的逻辑关联，每一个课时都服务于单元教学目标的实现；另一方面，由于教学场域的延展和扩大，单元教学设计能够让老师运用更多有效的教学方法和策略，展示和提升更高层面的教学设计技能。

---

① 杨玉琴. 核心素养视域下的单元教学设计：内涵解析及基本框架 [J]. 化学教学，2020（05）：3-8，15.
② 王觅，文欣远，李宁宁，等. 大单元教学视角下基于LSA的同步课堂师生交互行为研究 [J]. 电化教育研究，2020，41（08）：74-81.

2. 混合式学习设计的两个场域

最初的在线学习（E-Learning）更多是强调两类活动，一是对教学团队而言的资源建设活动；二是对学生而言的网络自主学习活动。因此，在线学习系统的设计就主要包括课程资源设计和网络学习设计。

（1）对于混合式学习的线上场域而言，关键在于构建全新的课程生态系统。由于混合式学习与传统在线教学是完全不同的教学系统，因此不能简单地认为混合式学习就是在线教学向线下的延伸和相加，要进行专门的改造和重构。如本章第一节所述，混合式学习设计的线上场域设计主要由平台功能和课程资源两部分组成。

平台环境不能仅仅支撑媒体资源的存储和访问。混合式学习平台要对教学过程的进行全面支持和与教学模式进行有效匹配，并实现学习过程的及时反馈和动态优化。平台的功能设计要能够协助教师开展课程资源发布，布置作业任务、组建学习小组、组织线上讨论、课后辅导答疑、教学评价等一系列教学活动；学生除了能够自主选择时间进行视频观看、完成作业、参加相关讨论，还应该能够支持问题导向的线下协作与探究，并线下智慧课堂教学互动软件融合联通，更有效的支持师生开展线下学习。

在混合式学习的流程中教学视频将帮助学生泛在地开展学习。基于智慧课堂的混合式学习在线资源设计，首先要思考采用什么样的教学模式开展线下课堂教学，并根据线下课堂教学及学生学习的需求来确定线上资源的组织方式。由于线下智慧课堂教学具有高效开展互动、探究、合作及项目化学习的特点，因此就要求线上课程资源能够有效驱动和支持线下开展面向学生高阶思维培养的智慧课堂教学。要对网络课程资源进行基于单元化的中观设计或重构，为线下教学提供更大的弹性空间和更多的策略方法选择，更有利于实现基于问题导向的探究学习。而传统网络课程资源的组织形式基本是线性的教材内容序列。

（2）对于混合式学习的线下场域而言，关键是要通过翻转课堂实现教学流程的再造，充分发挥智慧课堂的优势，实现课堂结构的变革。翻转课堂将教学流程分为课前、课中和课后三个阶段，改变了传统教学"学在课内，习在课外"的流程，实现了"学在课外，习在课内"的流程再造。课前，根据系统平台的单元教学目标，教师兼顾每个学生的个性化学习需求，向学生精准推送教学信息资源，让学生开展高效的个性化自主探究，并通过检测实现快速数据反馈。课中，是教师根据微观教学设计和课前反馈为学生创设教学情境，开展以合作和探究为主要特征的互动教学，并根据实时的反馈动态调整教学策略，开展生成性教学。课后，通过系统基于个体分析推送的作业，或者是来通过小组合作任务的延续,支持个性化按需学习。学生在教师和学习分析报告的指导下,对各种学习中存在的问题进行有针对性地补救,总结问题、反思方法,找到今后努力的方向,对自己的学习活动进行积极的监控和调节,促进元认知的发展,最终实现学习成果教学。系统则通过对动态教学数据的分析和记录,精准地反映教学真实情况和发现最有价值的教学策略和方法。

智慧课堂与混合式学习的融合设计既充分发挥了在线教学的优势,又让智慧课堂变革了传统的线下课堂教学,实现了教学范式创新,实现了"以学生中心"的理念。

第七章
智慧课堂中的协作学习

　　协作学习是目前世界上众多高校都普遍采用的教学模式，已经形成了一套有效的教学理论与策略体系。协作学习对于培养学生的创造能力、批判思维、合作能力和探索精神等实效显著。

一 协作学习概述

协作学习的概念与相关理论

（一）协作学习的概念

协作学习（Collaborative Learning，CL）是以小组或团队的形式组织学生进行学习的一种策略。在协作学习中，能够让成员开展有效的协同工作是实现班级学习目标的关键，成员可以将其在学习过程中的资源、方法、成果与小组中的其他成员分享。同组成员之间通过表达、倾听、辩论等方式对问题进行充分的论证探究，进而实现小组学习的共同目标，同时找到了实现学习目标的最佳途径。学生学习中的协作活动有利于发展学生个体的思维能力，增强学生个体之间的沟通能力以及对学生个体之间差异的包容能力[1]。此外，协作学习对提高学生的高阶思维能力、学业成绩以及交流沟通能力，促进学生形成对学习的积极乐观态度等都有明显的积极作用[2]。

（二）协作学习的相关理论

1. 群体动力理论

关于群体动力的研究可以追溯到 20 世纪初，已经形成了丰硕的成果，"群体动力"可以看作是由群体内部产生的一种"能源"。具有不同智慧水平、知识结构、思维方式、认知风格的成员在协作中可以相互启发、相互补充，相互实现思维、智慧上的碰撞，从而产生新的思想[3]。协作学习也有利于学生自尊心和自信心的培养。美国明尼苏达大学合作学习中心的约翰逊兄弟曾对小组协作与认知结果、情感结果之间的匹配及不同分组结构的主要特征进行了概括：群体合作分组结构应该为课堂组织形式的主要特征，只有这种结构才能达到促进学生群体积极相互作用的效用，改善课堂的整体效益[4]。

---

[1] 徐丹凤. 浅谈网络环境下的课堂协作学习 [J]. 中国校外教育，2009（06）：100-101.
[2] 赵建华，李克东. 协作学习及其协作学习模式 [J]. 中国电化教育，2000（10）：5-6.
[3] 吴向丽. 合作学习 [M]. 青岛：青岛出版社，2006：37.
[4] 北京师联教育科学研究所. 走进新课程，新课程的理论与实践 [M]. 北京：学苑音像出版社，2004：3.

学生群体中存在个人、合作和竞争的目标结构，研究表明，合作会促进学生间的相互信任，形成动态的、多样化的、现实的合作观。而个人主义和竞争则会导致人际阻抗的相互作用，甚至会导致孤立的、静止的同学观。"同竞争的目标结构、个人主义的目标结构相比，在合作的目标结构下，学生的学习会产生更多的人际吸引"[1]。从群体动力的角度来看，协作学习中重要的是互勉、互助、互爱[2]。

2. 教学工学理论[3]

教学工学理论认为，影响课堂学习质量及社会心理气氛的因素主要有三个：任务结构、奖励结构和权威结构。

任务结构包括教学方式方法和教学组织形式。

奖励结构是指采用什么样的方式来强化学习。在人际方面，奖励结构是指强化人际的互赖性。斯莱文先生认为："人际间奖励结构是指同伴的成绩之于个体的重要性。在竞争性的奖励结构中，如按正态曲线对学生评定等次，一名学生的成功注定了别人相应的失败。"而在合作性的奖励结构中，一名学生的成功会建立在同伴成功的基础上，并也为同伴的成功提供帮助。

权威结构是指教师或学生控制教学活动的程度。在传统的教学体系中，学生的努力是为了避免受罚或是让自己看起来和大家一样，这是无法使学生发掘自身潜力，获得最佳发展的。协作学习的结构则不同，学生会充分调用内在动机和同伴间的互赖激励来调控学习行为，最大限度地获得学习上的成功。从表面上看，协作学习似乎只是改变了课堂内的社会群体结构，但在实际上，课堂的任务结构、奖励结构和权威结构都发生了很大的变化。

首先，协作学习将任务结构中的教学方式方法从传统意义上师生之间的单向交流或双向交流，拓展为各教学动态因素之间的多向交流；其次，协作学习还将分组教学作为教学的基本组织形式确定下来。在奖励结构中，协作学习把以往表面上面向全体学生，实际上却鼓励人际竞争的奖励形式改变为面向小组全体成员的合作性奖励。在权威结构中，协作学习强调的是学生自我控制活动为主，教师指导协助为辅。

---

[1] D. W. JOHNSON, R. JOHNSON. New developments in social interdependence theory [J]. 2005, (4): 13.
[2] 北京师联教育科学研究所. 走进新课程，新课程的理论与实践 [M]. 北京：学苑音像出版社，2004: 3.
[3] 北京师联教育科学研究所. 走进新课程，新课程的理论与实践 [M]. 北京：学苑音像出版社，2004: 3.

3. 动机理论①

动机理论是指关于动机的产生、机制、动机与需要、行为和目标之间关系的理论。道奇界定了三种类型的目标结构：合作性结构，个体指向目标的努力有利于他人的目标达成；竞争性结构，个人指向目标的努力会阻碍他人的目标达成；个体性结构，个体指向目标的努力对他人的目标达成没有影响。动机理论认为，合作性目标结构是一种只有通过小组成功，小组成员才能达到个人目标的结构。因此，传统课堂中的竞争性评分导致了与学生努力相对立的人际规则。协作学习合作性奖励结构中，学生为了共同的目标努力，相互分享和鼓励，形成了有利于学业成绩的规范。

学习动机质上体现了一种人际相互作用建立起的积极的彼此依赖，动机的最有效手段就是在课堂教学中建立起一种利益共同体的关系。我们可通过设定共同的目标，合理分配学习任务和小组角色，共享学习资源、小组激励，以建立学习共同体。学习动机激发的关键是要在共同体中形成"人人为我，我为人人"的积极关系。

4. 社会凝聚力理论

社会凝聚力理论能够解释为什么小组同伴学习并非是从自身的利益出发，而是由于他们相互关心并希望彼此都获得成功。社会凝聚力是把人们紧密维系在一起的一种力量。社会凝聚力对行为有着广泛而复杂的影响，是人际和社会的重要特征，学生在学习上互相帮助正是受到社会凝聚力的影响。

社会凝聚力观点的一个重要标志就是突出合作学习小组的组建活动，以及之后的小组自加工活动或小组自评活动。针对小组的评价和有效的角色分工可以建立小组成员间有序协作的规范，还可以促进共同体整体作用的发挥。每个人不管其能力大小，都能为小组任务甚至全班任务的完成做出独特的贡献②。

5. 认知精制理论

认知心理学的研究证明，如果要使信息保持在记忆中，并与记忆中已有的信息相联系，学习者必须对材料进行某种形式的认知重组或精制③。在学习活动中"教会他人"就是精制的最有效方式之一。在合作学习表达与倾听过程中，教者与被教者均能从中受益。相关的研究发现，在合作活动中，受益最大的是那些给他人做详细解释工

---

① 北京师联教育科学研究所. 走进新课程，新课程的理论与实践［M］. 北京：学苑音像出版社，2004：3.
② 靳玉乐. 合作学习［M］. 成都：四川教育出版社，2004：21.
③ 刘慧星. 合作学习过程中教师的引导策略探析——基于合作学习基础理论［J］. 台州学院学报，2018，40（02）：78-81.

作的学生，另外倾听详细解释的学生比单独学习的学生学得多，但作为解释者的学生学得更多①。

协作学习的要素特征

合作学习和协作学习都是通过小组学习达到共同的学习目标，并实现个体及合作伙伴学习效果的最优化。两者仅仅在小组成员、目标和评价方面有一些细微的差异，例如在小组成员方面，协作学习更强调不同水平和领域的学生构成，而合作学习实际上也有异质分组的原则。因此两者无论从目标、要素和学习组织的策略上均非常接近，而就学习任务解决的过程来看，合作学习中存在着协作关系②，协作学习是通过合作实现的；协作学习与合作学习在很多实际应用中是彼此融通的。因此，我们通过探讨合作学习的关键要素，也就基本把握了协作学习的要素特征。

美国当代著名教育评论家埃利斯和福茨在《教育改革研究》一书中说："合作学习如果不是当代最大的教育改革的话，那么它至少也是其中最大的一。"③ 合作学习作为一种有效的教学理论和策略体系在世界范围内广泛应用，而且不同国家的实践有一定差异，因此直到现在学术界还没有一个统一的关于合作学习的概念表述。但我们可以通过综合合作学习的特征总结出合作学习的要素，进而对合作学习进行判定。目前大家比较公认的当推约翰逊兄弟提出的五因素理论。约翰逊等人认为，合作学习的关键因素有5个：积极互赖，面对面的促进性互动，个体责任，人际和小组技能，小组自评。将这些要素系统地组合在小组学习的情境中，有助于保证合作学习的努力，并能使合作学习取得长期的成功④。

（一）积极互赖

约翰逊等人认为，积极互赖是指学生认识到自己与小组成员有着同舟共济、休戚与共的相互依赖关系。构成合作学习的首要因素就是积极互赖，这是形成合作关系的一个基本条件。这一点在足球比赛中表现得淋漓尽致，队员们相互依赖，心往一处想，

---

① 刘慧星. 合作学习过程中教师的引导策略探析——基于合作学习基础理论［J］. 台州学院学报，2018，40（02）：78-81.
② 徐晓东. 基于网络的校际协作学习研究［J］. 中国电化教育，2005（01）：34-39.
③ 刘玉静，高艳. 合作学习教学策略［M］. 北京：北京师范大学出版社，2011：2.
④ 刘玉静，高艳. 合作学习教学策略［M］. 北京：北京师范大学出版社，2011：2.

劲往一处使，各自的角色和专长让队员彼此依赖，为了共同的目标和集体的胜利，每个人把自己的角色发挥到极致。

在合作学习的情境中，积极互赖指的就是学生们要认识到他们不仅要为自己的学习负责，而且还要为其所在小组的其他同伴的学习负责。约翰逊兄弟认为："积极互赖存在于当学生们认识到他们是以这样一种方式与小组组员联系在一起的时候，即除非他们的组员取得成功，否则他们自己就不能获得成功，他们必须将自己的努力同其他组员的努力协调起来以完成某个任务。"[1] 因此，小组目标和任务的设计都要有利于建立这种足球比赛的规则。

在小组建立积极互赖关系，不会因为分组而自然出现，这也是很多分组教学时常常存在的问题。我们可以通过以下方式建立积极互赖关系：

1. 积极的目标互赖

目标互赖就是为全组设定单一或多重的目标，目标使学生们建立一种休戚相关的关系，不仅关注彼此的学习状况，也关注自己为他人创造的条件。目标互赖可运用在很多具体的合作学习方法中，例如小组竞赛法、共同学习法、拼图法和小组调查法等，每个学习者负责相同或者不同的学习分工，但经过小组学习后，要求大家对所有内容都要掌握或完成一个共同的作品，达成一个共同的目标。

2. 积极的奖励互赖

奖励互赖就是小组中成员或整体获得奖励会产生积极影响。在小组合作的场景中，可能因为某个成员的突出贡献使小组获得奖励，也可能因为某个成员没有达标，让整个小组不能获得奖励。对于成绩较好的同学来说，要想自己取得成功得到奖励，就必须帮助落后的组员也掌握学习内容；对于成绩较差或平时不努力的同学来说，如果自己不努力，可能连累其他组员，这会产生一种驱使他们努力学习的责任和压力。如果没有奖励互赖，每个组员获得奖励的情况只是视个体的表现而得到单独的奖励，那么就会出现各自为政的情况，即便是小组内部不存在竞争关系，个体也可能因为积极地为自己争取利益最大化而忽视其他人，此时合作学习就失去了意义。

积极的奖励互赖打破了小组由好学生包揽一切或小组成员各自为政的格局，可以推动小组成员相互帮助、共同进步。奖励的选择和运用主要取决于一种奖励是否对学生具有鼓励作用以及教师对待奖励的观点和态度。研究认为，对小组努力和成功的常

---

[1] 刘玉静，高艳. 合作学习教学策略 [M]. 北京：北京师范大学出版社，2011：2.

规奖励和庆祝活动能够提高合作的质量①。

3. 积极的角色互赖

为了完成某一任务，每个小组成员都承担着互补且有内在关联的角色，以使小组责任具体化。小组活动中往往可以安排这样一些角色：发言人，负责总结叙述小组的主要结论和答案；记录员，负责对小组讨论活动进行记录和撰写小组报告；监督员，负责保证小组成员都能够有效参与、倾听和发表意见，确保成员有效学习；绘图员，负责绘制思维导图，梳理逻辑思路；联络员，负责小组与教师及其他小组进行联络和协调。这些角色对于高质量的合作学习是十分重要的，当然，教师可以根据自己学科和学生的情况更合理地设置角色。

4. 积极的资料互赖

每个小组成员为了完成小组任务，需要拥有相应的资料，这种分配往往与角色分配有关，这样可以引发积极的资料互赖关系。为了完成小组任务，小组成员必须贡献每个人的相关资源，并且进行分析、筛选和统合，使其成为能够达成小组目标的完整资料。在准备小组资料时，要对资料进行有意识的分割，其目的是促进学生之间的合作关系。

（二）面对面的促进性互动

促进性互动是指学生为达到目标或完成任务而相互鼓励和彼此支持所付出的努力，积极互动则是由社会能力、心理调适和积极的内在关系所推动的个体间起决定性作用的因素。合作学习中的积极互动通常表现为：

①帮助：成员之间互相提供有效的支持；

②分享：互相提供所需的信息，有条理地处理和使用信息；

③反馈：互相反馈信息并作出调整，以更好地达成目标；

④质疑：对讨论的结果开展合理质疑，提高学习的质量和实现深度理解；

⑤倾听：认真了解他人为目标所付出的努力；

⑥信任：能以信任和值得信任的方式进行活动。

合作学习中的积极性互动也不仅仅只有这些，只要能够激发学生之间的互动和言语交流，能够促进积极互赖，就能使教育的结果发生积极变化。在合作学习过程中，教师应当让学生相互支持、相互倾听、相互鼓励，给学生提供舞台和机会，并对每个

---

① 靳玉乐. 合作学习[M]. 成都：四川教育出版社，2004：21.

学生在学习过程中做出的努力给予肯定。约翰逊等人认为面对面的促进性互动可以产生五个方面的积极效果。

第一，只有在学生彼此解释他们是如何解决问题并得出结论时，重要的认知活动才会发生。这些活动包括对事实性知识的陈述，将自己的认知过程反思分享给小组的其他成员，以及阐明现有知识是如何与已有知识相关联的。

第二，面对面的促进性互动能产生多种社会影响与规范。通过建立人际间的促进性合作规范，学生之间出现了发自内心的相互帮助，从而影响每个学生的学习过程和成果。

第三，其他小组成员语言与非语言的反应可以对学生彼此的学习表现提供重要的反馈。

第四，为促进缺乏学习动机的学生的学习提供了机会。

第五，在合作学习的过程中，学生彼此之间学会建立起一定的人际关系规则。

（三）个体责任

个体责任是指每个学生在小组中要完成自己应当完成的工作，履行自己的职责，承担一定的任务。个体责任的评估需要审视每个学生的表现，评估结果的及时反馈会让每个参与者认识到自己对小组和他人的成功负有不可替代的责任。从反馈的数据中还可以了解到每个人的真实情况，分析谁需要巩固成果，谁需要帮助、支持和鼓励。很多技术派研究者相信智能技术可以解决以上问题，但我们必须清晰地认识到教学问题的解决，无论采用什么样的技术，首先要从教学策略出发寻求解决方案。

合作学习的目的就是使每一个人尽可能成为成功者。在这个过程中，个体责任是让所有成员通过彼此扶持取得进步的关键。

（四）人际和小组技能

学生在小组学习中的合作社交技能并不是与生俱来的，它需要教师专门进行教授，以促进高质量的合作。小组社交技能是小组合作学习顺利开展的关键所在，很多失败的合作学习案例，究其原因主要是对这一点的忽略。

小组中学生社交技能水平越高，教师对学生运用社交技能给予的关注越大，学生从合作学习中获得的学业成绩将会越高。为了达成这样的目标，学生应该做到：①学会彼此认可和相互信任；②进行准确的交流；③彼此接纳和支持；④建设性地解决问题。

总之，必须培养学生良好的社交技能，确保他们具备有效沟通和共同活动的能力，努力避免和解决冲突，在学习过程中维持小组成员之间的信任，发挥合作效能。

（五）小组自评

小组自评也称小组反思性活动。小组活动能否有效开展的一个重要因素就是小组能否实现对活动情况的反馈和反思。合作学习小组必须及时反馈活动的情况并开展有效的自我评价，通过反思保持小组活动的有效性。小组自评的目的在于提高小组达成共同目标的能力。这种自评能够促使小组成员维持良好的学习关系，便于相互之间合作技能的学习，让组员能够了解自身参与情况，保证成员在较高认知水平上的思维同一性，为小组达成目标和成员的积极互动提供有效手段。

在实际的合作学习实践中，教师由于教学时间有限，小组自评这个环节往往被忽略，影响了小组合作学习的效果。

小组自评成功的关键是教师要给小组留出足够的时间让其进行自评，提供一个自评的结构，强调积极的反馈，使自评尽量具体而不抽象，提醒学生运用他们的合作技能来进行自评等。

二　智慧课堂支持的协作学习

计算机支持下的协作学习（CSCL）

协作是人类社会始终向前发展的强大力量，工作需要协作、生活需要协作、学习更是需要协作，而且从人类文明发展的角度看，人们的协作随着社会与技术的进步越来越广泛、越来越频繁和有效。特别是当我们进入以计算机技术为特征的网络信息时代，人们的交流、沟通和协作效率被极大地提高了，计算机支持的协同工作（Computer Supported Collaborative Work，CSCW）得到了广泛的应用。在教育领域，基于计算机和网络技术的协作学习也取得了长足的进步。

（一）计算机支持的协作学习

计算机支持的协作学习（Computer Supported Collaborative Learning，CSCL）是通过计算机及其网络技术进行社群协作学习的一种信息化教学模式。它利用新兴信息技术建立协作学习环境，使教师与学生、学生与学生在讨论、协作与交流的基础上进行协作学习。

CSCL 是传统合作学习方式的延伸和发展，是建立在以信息技术为媒介的交流机制上的一种学习方式。20 世纪 80 年代 CSCL 开始发展的时候，计算机支持技术还比较单一，主要包括电子邮件、新闻组、电子公告板、通信软件和电子会议系统等，共同构建了一个虚拟空间。在这个空间里，时空距离被大大地拉近了，协作小组个体或小组之间的交流更加有效，协作的内涵和外延都被拓展了。CSCL 利用小组决策支持系统、项目管理工具、电子会议系统和共享的编辑器等，能帮助组织小组的协作学习。CSCL 作为能够明显减负增效的教学方式，对革新传统的教学方式来说具有重大意义。

（二）CSCL 的特点

1. 基于信息系统的合作有利于提高效率，降低沟通成本

在信息系统中人们通过屏幕就可以实现面对面的交流，协作的环境也从实际环境变成了虚拟空间，参与协作的人无论在哪里都可以瞬间进入这个虚拟的协作空间开展合作。另外在一般情况下，沟通会随着范围的扩大和深入而付出更多的成本，而信息网络将沟通成本降到极低的程度，在网络中与一个延伸人沟通和与一百个人沟通往往是一样的。

2. 随时随地参与小组协作，突破时空限制

在网络空间中，协作学习者可以是同班级的同学，也可以是某个行业专家，或是一个追求进步的年轻人。人们可以随时随地参与协作，可以满足不同人的个性化学习需求，形成不同的协作参与经验，学习真正突破了教室和学校围墙的限制。人人皆学、处处能学、时时可学的学习型社会离开 CSCL 是完全不可能的。

3. 小组和个人数据可以分析、保留和利用

在协作学习的过程中会产生很多需要记录的数据，因此在小组中会有记录员、资料员等角色，在传统协作学习场景下由他们来负责记录协作进程、观点等。在 CSCL 环境中这一切可以被快速和无感知地记录和处理。

4. 网络数据资源丰富

网络信息为每个参与者提供了丰富的信息资源，网络信息资源包罗万象，覆盖了不同学科、不同领域、不同地域、不同语言，还可以以数字化文本、图形图像、音频视频等多种形式存在。数字信息的组织形式是非线性化的，超文本、超媒体信息资源已经成为主要方式。互联网时代信息资源发布的泛在化，使得信息源和信息量激增。随着网络及终端的进一步普及化，信息资源传播范围将越来越广。

5. 协作学习扩展到网络社群，成员范围扩大

由于 CSCL 突破了时空的限制，并且提高了效率，降低了沟通成本，协作的范围得到了极大的扩展，如吴恩达教授在 Coursera 上的一门课就吸引了全球十六万人参加学习，这使得班级的概念已经没有意义，取而代之的是网络中的探究性社群。

6. 问题情境可以真实展现

CSCL 往往以问题化教学的方式开展，而文字和语言化的描述是无法创设真实的问题情境的。多媒体甚至虚拟现实技术可以真实地创设情境，开展解决问题的协作，激发学生的高阶思维和深度学习，促进积极的意义建构。

7. 信息网络的无权威、分布式结构实现教学中心转变

传统的学习是一个有权威的结构，教师是课堂的驾驭者，学生更多地被动接受和执行教师的指令。互联网络则形成了一个无核心的社群结构，在这里每个人既可以是学习者也可以成为导师，学生既可以向教师学习，也可以向同伴学习。这种无权威的分布式结构正符合了现代学习理论和以学生为中心的教学理念。

8. 丰富的协作策略和方法工具

传统协作学习有很多协作的基本策略和方法，例如异质分组策略、积极互赖策略和切块分割、小组调查等方法。CSCL 为这些策略和方法提供基于信息技术的实现途径，实施这些策略和方法可能仅仅需要轻点鼠标就可以实现。CSCL 减轻了教学中的流程操作负荷，师生在课堂中能够将精力更加聚焦在教与学上。

9. 随着新技术的涌现而不断充实发展

CSCL 诞生于 20 世纪 80 年代末，已经取得了许多重要的研究成果。从时间上看，这一时期信息技术迅猛发展，信息来源、传播速度、处理速度等都以几何级数的方式在增长，目前已深入教育的各个领域。信息技术的不断发展必将在各个领域进一步与教育教学深度融合，CSCL 的内涵、外延都会进一步得到拓展。

新技术下协作学习的发展

在对 CSCL 特点的论述中，我们可以看到 CSCL 发展的时代性和先进性，CSCL 的发展始终与信息技术的发展同步。CSCL 现在的目标已经远远超出了刚刚开始时的含义，协作学习也不再仅仅意味着参与小组活动以促进个体的学习，而更注重小组自身的学习。知识的产生是一个协作的过程，它在不同观点的交流过程中产生，在共同

讨论中得到确证，在协商中得到升华，在文化的或者科学的成果中得到整理和保持。知识不是静止的，它既存在于过去，也存在于现在，存在于小组、团队、组织、部落、社会网络和文化鲜明的观点中。计算机的支持不仅意味着对于事实的传递和测试，还意味着对协作和知识构建的支持形式。计算机能够管理多点对多点的复杂讨论，采用层级结构实现多种观点的交流，因此克服了人类短时记忆、基于纸张的写作或分享草稿与文档的局限性。CSCL 使更加有效的小组认知成为可能，使得不同协作范围内（从小的课堂项目团队到全球性的开放资源）的复杂观点交流成为可能[①]。在新技术加速创新和迭代的今天，大数据、人工智能、物联网、区块链等技术创新层出不穷，支持协作学习的信息技术工具日益丰富，已经从早期相对单一的交流工具发展为交流互动工具、策略方法工具、资源数据工具和智能分析工具四大类，如图 7-1 所示。

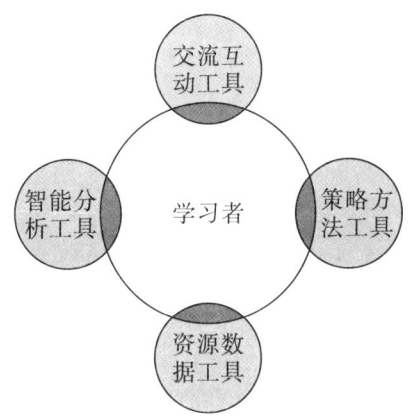

图 7-1　信息技术支持下的协作学习

（一）交流互动工具

现代通信技术的突破为协作交流工具提供了极大的发展空间，交流工具从按照字节进行的符号沟通发展为 5G 时代的富媒体和全场景交流，从交流简单文字信息到实施音视频同步的传递，交流互动工具逐步地实现了实时化、社交化、移动化、融媒体化和智能化。

目前，微信和 QQ 成了我们工作、生活和学习中与他人交流沟通必不可少的软件，几乎每一个接触了互联网的人都离不开它们。这些软件的功能从刚开始的文字交流发展到今天已涉及社交、发布、支付、群组沟通、协同工作等方方面面。如果将排名前

---

① 赵建华. CSCL 的基础理论模型 [J]. 电化教育研究，2005（10）：12-18.

三的社交软件用户数简单相加,全球用户数量已经接近 40 亿,这也成为构建网络化、数字化、个性化、终身化的教育体系,建设"人人皆学、处处能学、时时可学"的学习型社会的重要基础。总的来说,现在交流互动工具已经发生质的飞跃,已经从支持协作学习,发展到了变革协作学习的地步。

（二）策略方法工具

协作学习有很多原则、策略和方法,仅目前已经被研究验证的有效方法就有几十个,这些方法都能够对提高教学质量起到促进作用。为了体现合作学习的原则,在协作学习的场景中需要教师和学生完成相应的操作流程。例如,对学生进行分组、分享小组的观点、对个人和小组加分、随机提供发言机会、投票表决、结果分析和内容拼接等,在传统协作学习中这些流程基本通过手工完成,因此在这样的课堂里会看到小组的小黑板、小组任务单、学生记录的贴纸、计数闹钟,学生在分析讨论的同时还要进行这些操作,一方面分散了学生的注意力,另一方面也限制了协作学习的规模。

信息技术为实现这些策略和方法提供了高效的实现途径,例如小组研讨屏可以取代小组黑板,学生的笔记本电脑、手机等终端可以高效互动、记录信息,相应的软件系统可以方便地实现学生分组、内容分享、小组加分等操作。成就区分法、小组游戏竞赛法、PI 教学法等有效学习方法也都可以预设为功能流程,学生只要轻点鼠标就能实现。信息技术使教学中的师生操作负荷被极大地降低了,教学方法的实施效率被极大地提高了。

（三）资源数据工具

一方面,协作学习过程中需要丰富的教学资源,信息时代教学资源逐渐实现了数字化。数字化教学资源的传输、存储和利用能够让学习者随时随地利用丰富的资源满足学习的需要。另一方面,在新技术环境下协作学习中交流互动的本质,就是协作学习参与者之间数据的传递、处理和呈现,可以说学习的每一步都会产生或引发数据的变化。因此,资源数据工具可以采集、汇聚、挖掘和利用这些数据。数据工具让师生、生生及小组间互动交流与反馈更加高效、及时、方便和精准,协作中的富媒体数据交互、动态学习数据分析让学生的思维可视化,学习者潜在的学习需求被暴露出来,数据化教学决策让教师可以科学地选择教学策略。课前,教师利用数据工具了解学生预习检测的情况,了解个人和小组差异,进行有针对性的二次备课;课中,学生和小组的学习状态和学习达成度通过数据工具直观体现,有利于生成性教学的开展;课后,数据工具帮助学生进行学习补救,帮助教师进行教学反思。传统协作学习中的记分板和统计表被数据工具取代了。

（四）智能分析工具

智能分析工具可以对协作学习中产生的大量动态数据进行分析和处理，为教学数据的深度利用创造了条件。传统课堂主要依靠教师的个人教学经验对课堂上学生的学习行为进行判断，制订教学决策；智能分析工具根据学生学习行为大数据挖掘与分析来调整教学策略，通过直观的数据了解学生知识水平掌握情况，在课堂教学中实现了基于证据的教育新形态。课后以生成课堂数据报告的方式对动态教学数据进行分析和记录，教师的教学反思和教研活动从依赖教学经验转向依赖对海量教学数据的分析，一方面，挖掘历史数据，通过数据可视化技术精准地反映教学真实情况，发现最有价值的教学策略和方法，使教研从"经验"走向了"实证"；另一方面，实时数据的多元化采集，实现动态教学数据分析和评价，提供对学习和教学的形成性评价和诊断性评价，使教研从"偶然"走向了"常态"。

综上所述，在新技术的支持下，协作学习被赋予了由交流互动工具、策略方法工具、资源数据工具和智能分析工具构成的新形态。这些工具可以以社会化工具的分布形态体现，支撑社会化的社群协作；也可以以课堂教学工具的集成形态出现，支撑更智能的课堂教学。而后者的具体形态就是——智慧课堂。

智慧课堂中的协作学习

智慧课堂是在新兴信息技术的支持下，通过课程生态重建、课堂结构变革和教学流程再造，构建精准化、智能化、个性化、协作化和动态化的课堂学习环境，适配以建构主义学习理论为基础的高阶课堂教学模式，有效促进师生智慧能力形成的新型课堂。智慧课堂在技术层面通过新一代信息技术如物联网、云计算、移动互联网等对课堂信息进行识别、记录和加工，进而辅助智能化的教育管理与决策。

（一）智慧课堂协作学习的概念

智慧课堂协作学习是指在智慧课堂中，智慧教学软硬件系统通过互动、感知、识别、汇聚和分析，支持师生开展协作学习活动，实现深度学习和高阶思维能力培养的目标的过程。智慧课堂为协作学习提供了交流互动工具、策略方法工具、资源数据工具和智能分析工具的集成形态。因此，智慧课堂是在新技术背景下开展协作学习的有效环境，也可以说有效开展协作学习是智慧课堂的重要内容和关键特征。

（二）智慧课堂中支持协作学习的硬件系统

智慧课堂中硬件系统的配置主要围绕着协作学习进行设计，图7-2、图7-3是非常典型的智慧课堂教学环境，其主要特点是：

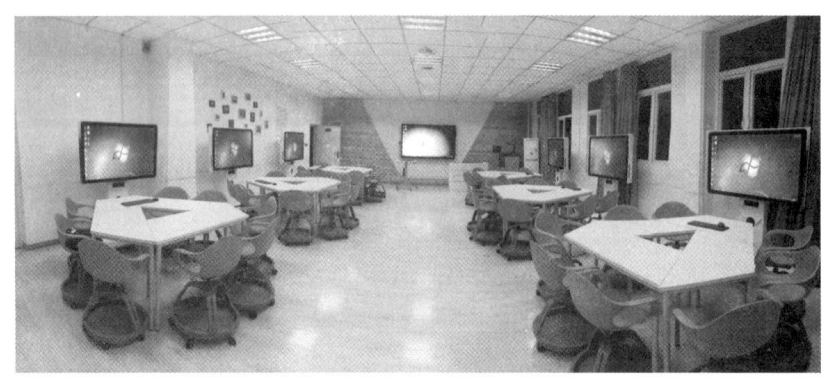

图7-2　研讨型智慧课堂

①整个教室按照便于开展协作学习进行分组式布局；
②组合式的课桌与移动式座椅，可以实现灵活分组；
③每个小组拥有一个便于交互式合作的屏幕；
④支持学生自带终端，可以与小组、教师实现互动；

图7-3　在智慧课堂中自带终端

⑤无讲台的设计便于教师参与到协作学习中去，真正实现以学生为中心；
⑥无线网络全覆盖，为高效互动和利用富媒体资源提供支撑；
⑦基于物联网及传感器的智能感知系统，让学习更加人性化。

（三）智慧课堂中支持协作学习的软件功能

图 7-4 是一个非常典型的智慧课堂教学软件的功能图，从图中可以看出协作学习是整个功能设计的主线：

①教师在课前备课阶段对课堂互动进行设计，包括问题设计、活动设计等；

②在学生管理中利用可视化方式对学生进行分析和分组；

③学生按照系统推送的学习资源开展课前学习，并进行检测，结果可以影响分组；

④学生利用自带终端参与协作学习活动，随时与教师和学习小组进行互动；

⑤教师利用随机挑人、挑组、提问和抢答功能开展丰富多彩的教学；

⑥对个人和小组进行加分激励，并以可视化的方式展示；

⑦对小组合作的时间、角色等进行管理；

⑧提出问题后采集学生回答结果，并进行数据即时分析，以图标方式展示和比较；

⑨布置作业并对数据进行分析，形成课堂教学报告；

⑩借助反思工具，帮助教师改进教学，帮助学生更好学习。

目前主流智慧课堂教学系统基本都包含了以上功能，可见智慧课堂软件系统非常有利于开展协作学习活动，让学生针对一个问题展开互动与协作，以达到对学习内容更深刻的理解和掌握。

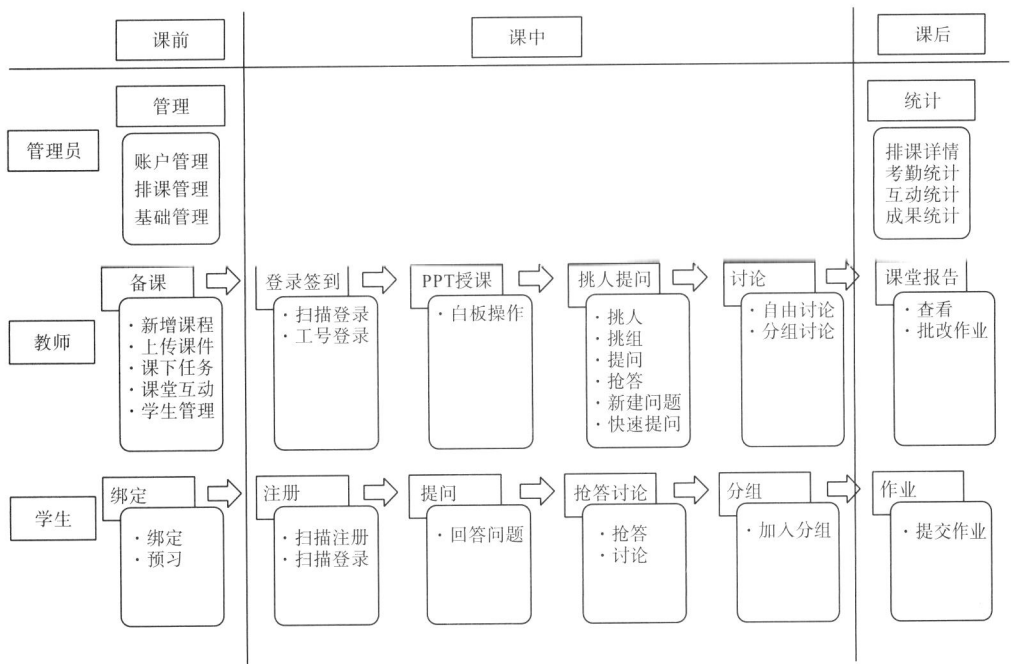

图 7-4　教学软件中的协作功能

（四）智慧课堂协作学习的优势

智慧课堂协作学习可以说是 CSCL 的一个子集，符合 CSCL 的基本特征，智慧课堂作为交流互动工具、策略方法工具、资源数据工具和智能分析工具的集成场景具有一些明显的优势。

1. 协作学习工具的高度集成

支持工具往往以工具本身为核心且分散存在，在某个具体协作学习场景中根据需要对各个支持工具进行组合，经常出现交流用微信、课堂直播用腾讯会议、在线学习用网教平台等组合。这样虽然可以实现相应功能，但是会分散师生精力，而且也得不到数据的深度融合和挖掘带来的便利。在智慧课堂中，支持协作学习的四类工具高度集成，在为师生提供一体化使用体验的同时实现底层数据的共享利用。

2. 计算机支持协作学习对课堂教学的聚焦

CSCL 对协作学习的支持是非常广泛的，既可以是基于互联网络的社群分布式的知识协作建构，也可以是为一个小组提供交流的工具。随着网络信息技术的发展，网络协作学习越来越成为 CSCL 的一个热点。就目前的学校教育来看，虽然网络在线教育是一个明确的趋势，但是大学教学活动的主体依然是课堂教学。将 CSCL 与课堂教学进行深度融合，是解决当前课堂教学问题的一条有效路径，智慧课堂就是实现 CSCL 与课堂教学融合的具体模式。

3. 计算机支持协作学习与教学模式的融合

课堂教学活动要通过一定教学理论指导的教学模式来形成一定的教学流程和各教学要素之间的稳定关系。策略、方法和工具都要通过与教学模式的匹配才能得到应有的效果，支持协作学习的四类工具也不例外。智慧课堂教学中的 PBL 教学和 TBL 教学都是运用 CSCL 的有效模式。在智慧课堂中，PBL 等高阶教学模式、协作学习和新兴信息技术三者实现了有机融合，这三者的优势在智慧课堂里得到了充分发挥。

4. 新兴信息技术的融合运用

目前我们已经可以看到人工智能和大数据技术在智慧课堂协作学习中的成功运用，实现了多维度、多层面、海量教学数据的智能采集和智能的数据处理，最终成为教学决策的有力支撑。智慧课堂协作学习的发展具有明显的智能化趋势，协作学习流程的人工干预会越来越少，无痕化数据的采集、处理和分析让课堂变得流畅和简单。新技术的不断赋能为智慧课堂教学创新提供了可能，也为协作学习不断提供更加有效的支持工具。

三 智慧课堂协作学习策略

协作学习在长期教学实践中已经形成了成熟的实施策略，有效地提升了学生的学业成绩，促进了学生社会技能的提高，我们将结合智慧课堂中的工具对合作学习的主要策略进行阐述。

促进积极互赖的策略

（一）有效分组

小组是协作学习的基本组织形式，对学生进行科学的分组是协作学习成功的第一步。影响分组的因素很多，一般情况下我们重点考虑组成人数、分组原则和成员角色三个因素。

朗森认为合作学习小组可由3至7人组成，如果是5至6人则更为理想。约翰逊则认为2至4人的小组才是最合适的。卡尔·史密斯建议实施合作学习的初期小组不宜太大，学生具备了一定的合作学习技能后，再设立更大的合作学习小组。有时在面对较大班级时我们必须面对一个矛盾，如果小组偏小就会使得组数增加，组数越多越容易失控；反之，我们就必须面对每个小组人数增加的挑战。因此，实施协作学习的行政班编额不应太大。

在分组原则上，多数研究者强调组间同质、组内异质分组原则。组间同质就是在分组时要注重各小组能力、构成和活跃度相对一致，不应把"学霸"都放在一组，这会让组间互动失去活力。组内异质是指关注组内学生之间的个体差异，包括专业、学习能力、特长爱好、认知风格、学习动机、学习策略和学习观念等。建立合作学习小组时应尽可能考虑到造成学生个体差异的不同因素。在分组时考虑学生的性别和学习能力是最简便的异质分组方法。从理论上讲，所参考的因素越多，合作学习小组的效能就越高[1]。

---

[1] 张修海. 合作学习分组策略的教学与研究 [J]. 辽宁师专学报（社会科学版），2006（02）：75-76.

小组成员角色是合作学习积极互赖原则的一个重要内容，在组建小组的时候就要充分考虑每个小组成员的差异，促使其发挥各自的优势，承担一定的角色，在小组责任具体化的同时形成彼此依赖的紧密关系。例如，让能言善辩者担任发言人，严谨负责的人担任监督员，手脚利索的人负责记录和撰写，"学霸"负责教会他人等。为了让每个小组成员都得到全面的发展，每隔一段时间可以将小组角色进行轮转，当学生面临具体责任时即便不是他擅长的也会促使其在尽力做好的过程中得到进步。

（二）计分奖励

计分和奖励是奖励互赖的实现过程，计分是对小组及成员的表现按照一定的规则进行计量，奖励则是根据计量的结果进行鼓励。奖励是建立相互依存关系的最有效的催化剂，既奖励个人对小组的贡献，也奖励整个小组的集体贡献，这样小组成员就能够认识到，他们的利益是与小组成员的学习状况息息相关的。

在协作学习的课堂中一般存在三种学习关系，一是自主，成员的学习成就与其他人没有关系；二是竞争，成员的成功建立在超越其他成员的基础上；三是合作，即一个成员的成功建立在大家都成功的基础上。这三种关系并不存在孰优孰劣的问题，要看具体的结构和场景。通常竞争多用于组间互动，合作多用于组内互动。计分和奖励一方面可以鼓励组内合作，另一方面可以有效激发组间互动。

在传统协作学习的课堂教学中，计分和奖励是一项需要手工完成的工作，往往由记录员通过记分板进行专门操作。但在智慧课堂中这些操作非常便捷，智慧教学系统可以伴随式记录学生和小组在学习活动中产生的相关数据，并根据一定的逻辑模型为这些学习过程行为赋分。例如，课前每个成员及小组课前学习、问题准备和检测的情况，课中积极讨论、回答问题的情况等都可以被无感知地记录分析，并通过数据可视化方式加以提示，以促进小组及成员即时调整。

结合智慧教学系统的计分功能，学生表现突出、抢答问题、分享成果、提出问题或回答正确时由教师进行计分操作。教师可以和学生自行商定计分规则，随时给学生个人和小组加分，在教学实践中，这种教师随时进行的计分可以起到更好的激励作用。当然，除了加分，扣分也是可以的。

无论是系统的自动计分还是教师的动态计分，都是学生学习的过程性评价，这种评价是伴随性的，这与以往教学中的终结性评价明显不同。给学生提供伴随性的评价可以让学生看到自己的每一分努力，明确通过自己的努力可以让自己越来越好，而这正体现了对"成长型思维"的培养。成长型思维由美国斯坦福大学心理学教授德维克提出,其教育理念认为智力可以靠后天努力而改变,鼓励学生积极评估及发展自己的潜能。拥有成长型心态的人,会相信通过坚持不懈的努力、良好的方法以及接受他人指导,可以提高自身的禀赋和能力。拥有成长型思维的学生往往愿意应对更多挑战,在面对困难时也更加坚韧不拔。成长型思维是一个人从平凡走向卓越的重要思维品格。

需要注意的是教师在进行动态计分时一定要形成一定的规则并坚持不懈,首先,只有相对公平的规则才能产生激励的效果,否则会伤害学生的积极性;其次,初次尝试这样教学的教师往往在教学中忘记积分奖励,这样有时计分、有时不计分也会影响学生的积极性;最后,一定要兑现计分的结果,如果每堂课都伴随性地记录了学生的学习成果,但是一段时间之后并没有体现在学生的成绩上,学生很快就会对这种激励方式产生倦怠。

促进性互动的策略

（一）改变从提问开始——问题设计

促进性互动是指学生为达到目标或完成任务而相互鼓励和彼此支持所付出的努力。在合作课堂中促进性互动首先表现为学生对协作讨论的积极参与,对将要解决的问题产生兴趣并投入热情,这是开展有效互动的基础。有教师经常抱怨在合作学习中学生讨论不起来,往往认为是学生太腼腆,不善于进行交流和互动。其实关键在于有没有设计出能够激发学生学习动机并且值得学生进行讨论的问题。曾经有一位历史教师让学生针对三民主义开展讨论,课堂合作气氛非常沉闷。后来这位教师将问题改为"中国为什么选择了孙中山",学生们各抒己见,努力思考,讨论变得非常积极。

在传统的讲授式课堂里教师提问一般是面向个人,学生答案也是不需要讨论的,因此讲授式课堂的问题设计往往是围绕陈述性知识进行的。在协作学习的课堂中,教师一定要明白自己提问的对象从个人变成了小组,教学期待的不是一口答对,而是引发有效的讨论和反思,提问的策略也须有相应的变化。

1. 增加问题的深度与开放性

麦克亚瑟在大卫·库伯提出的 4 种学习风格的基础上,发展了 4MAT 的教学模型,提出了"四何"问题分类法,即"是何、为何、如何、若何"[①]。祝智庭教授在此

---

① 滕明俊. "核心问题驱动"的 4MAT 化学教学模式 [J]. 教学与管理,2018 (01):46-48.

基础上又将"由何"引入问题归类之中，形成了"五何"分类法[①]。

(1) 是何（what）

一些表示事实内容的问题，重在点明本质、实质、要素，在答案中含有事实性要素。"具体—行动"型学习者偏好"是何"类问题，关注概念。

(2) 为何（why）

一些表示目的与理由的问题，即说明为什么，是有关目的、价值、意义、理由的问题。解决这类问题要通过反思、信息搜集和探究获得。"具体—反思"型学习者偏好"为何"类问题，关注意义。

(3) 如何（how）

一些表示方法、途径与状态的问题，即说明怎么样，是表明用什么方法、手段、途径解决，或处于怎样的状态或情况的问题。如果是表示一种方式，通常需要了解其过程；如果是表示一种状态，通常需要了解其具体的程度。在做中学习是解决这类问题的途径，通过经历获得经验。"抽象—行动"型学习者偏好"如何"类问题，关注应用。

(4) 若何（if）

一些表示情境条件变化的问题，即当条件发生变化时，表明"如果""要是""是否""即使"等情况下的问题。在猜想和情境中学习、发散与创造性地学习是解决这类的问题的办法。"抽象—反思"型学习者偏好"若何"类问题，关注创造。

(5) 由何（where/when/who）

表示问题发生的条件、来历、起因，通常可以通过分析问题产生的情境，进一步确定问题的性质以及问题解决的方式。

"五何"问题设计法则可以帮助我们明确什么样的问题可以启发学生的思维，促进学生的互动。"如何""若何"和"由何"类的问题深度是逐渐增大的，而且还具备更强的开放性，能够给学生的讨论创设更加开放的空间，这样才能够激发学生深度学习的动机，提高学生的分析、概括、归纳、综合等能力。这正是协作学习问题设计的关键。

2. 融合陈述性知识和程序性知识

小组协作学习涉及的问题还与涉及的知识类型有关。这里较为简单的分类方法是

---

① 王天蓉. 问题化学习及信息技术支撑的方式 [J]. 上海教育科研，2006（04）：63-67.

当代认知心理学家安德森提出的,他将知识分为陈述性知识和程序性知识两大类。其中陈述性知识指的是反映事物本质以及客观变化规律的知识,结合"五何"的问题分类,就是用来回答"是何"和"为何"的知识,具体表现为一系列的概念、命题、定理和理论;程序性知识就是回答"如何""若何"和"由何"的知识,通常表现为某种来龙去脉的程序。

通常陈述性知识的学习与浅层学习相关,对合作、探究等高阶认知技能依赖不大。因此,如果把陈述性知识作为问题,就会出现问题被某个小组成员回答后整个小组无所事事的情况。而基于程序性知识的问题因为包含了深层次的、存在矛盾和不确定的因素,会让小组的讨论、互助和碰撞变得有意义。学生也乐于为这些问题展开讨论,而不是为一些浅显的问题开展"假讨论"。

这两类知识获得的心理过程、在头脑中的表征、保持和激活的特点等都存在着很大的不同。但是两类知识并不孤立存在,它们之间存在着彼此促进和转化的关系。想要掌握程序性知识,必须以一定的陈述性知识为基础,陈述性知识是程序性知识的前提条件。而程序性知识是培养学生能力的关键,学生会运用程序性知识去解决问题,这样更有利于其掌握陈述性知识。

翻转课堂教学流程就是将大多数陈述性知识放在课前自主学习阶段,让学生在教学资源的帮助下完成陈述性知识的学习;课中则在教师的引导下通过讨论和探究实现程序性知识的学习,通过翻转课堂教学流程再造实现了陈述性知识和程序性知识学习的有机融合。

(二)开展有效的面对面讨论

合理的问题设计是促进性互动的基础,接下来如何让互动更加有效就成了关键问题。在实际教学过程中往往存在小组成员互动讨论效率不高、效果不佳的情况。

情况一,学生都积极参与讨论,但是观点太多,一时半会儿找不到共识。

情况二,缺少协调努力,彼此缺乏互动。

情况三,小组轮流汇报时,一个小组汇报,其他小组无所事事。

情况四,讨论过程拖沓,漫无边际,很难快速进入状态。

因此,我们需要找到在讨论互动中如何让学生快速进入角色,并且开展高效互动的办法。在传统协作学习中,研究者找到了不少能够解决上述问题的方法,例如用成员互换法解决组间倾听互动的问题,这些方法主要基于一种或多种对课堂组织形式的重新安排。教师和学生都需要专门学习才能掌握这些方法。智慧课堂教学系统可以在这些问题的解决上另辟蹊径，使讨论互动的效率大大提高。

1. 通过数据技术快速实现观点的挖掘和利用

各小组成员将讨论的观点和结论通过各自的终端呈现。这些观点不会因为太过碎片而增加师生加工的难度，智慧课堂教学系统会基于数据技术对这些观点进行分析，并将分析的结果通过"词云"的方式进行呈现。教师和各小组学生可以直观了解大家的观点分布情况，使学生高效率地形成新观点，得出新结论。

我们在这里不仅可以看到所有观点的倾向，也可以看见不同小组观点的差异。这样既提高了每个小组表达的有效性，也提高了彼此倾听和了解的有效性。教师可以根据这样的结果开展生成性的教学。

2. 通过小组讨论屏提高组内互动质量

智慧课堂中的小组讨论屏不仅是师生和组间传递信息的载体，更是组内互动讨论的重要载体，如图7—5所示。

图7—5 智慧课堂中的分组探究

这样的互动对每一个学生来说都是非常重要的，有助于他们讨论新观点、发展新能力。要让小组每一个成员都协同起来，最好的办法就是给他们提供一个可以组合任务和碰撞观点的载体即小组讨论屏，让小组每一个成员可以在这个载体上分享自己的观点和资料，促使他们意识到谁都无法依据自己的观点和结论来独自完成任务。

3. 通过"讨论墙"促进"同时互动"

互动是协作学习的重要内容，学生在协作学习时进行的互动对其能力的发展是非常有益的，促进互动就可以促进合作学习进而发展学生的能力。互动也分为若干类型，例如按照互动的主体可以分为师生互动、生生互动和组间互动等。新加坡的乔治·M. 雅各布斯等人按照互动的即时性将互动分为继时互动和同时互动。所谓继时互动就是在讲授性的课堂中，教师以讲解为主，偶尔提出问题让个别学生回答和补充，这也是大多数课堂的现状。这种互动不可能让学生成为课堂中的主体，因为它与教师的讲授是相矛盾的，是此长彼消的关系。乔治·M. 雅各布斯等人极力倡导的同时互动要求教师让协作成为教学的常规组成部分，让各个小组都获得均等的互动机会并确保每个小组成员都能够掌握学习内容、发表自己的观点、帮助同学和证明自己的能力。

在协作学习的课堂里是不是就没有继时互动了呢？如果没有对同时互动的专门考虑，前面提到的继时互动的现象常常也会出现。例如，让一些小组汇报成果的时候，其他小组的人可能并没有认真倾听。很显然这就变成了协作学习课堂中的继时互动了。这种轮流汇报是传统课堂的无奈之举，因为在传统课堂中没有可以同时汇报的途径。

讨论墙是智慧课堂提供的一种非常强大的同时互动工具，每个小组成员利用自己的终端以图文并茂的形式发表自己的观点，并排成一个纵列，本组同学可以连续发帖讨论。全班各个小组的所有观点就构成了一个讨论墙，同学们可以评价讨论墙上的每一个观点。这时各个小组的互动活动都是并行的，同时互动的原则得到很好的体现。

4. 利用课堂小工具提高互动质量

实际教学中往往会出现互动过程拖沓、讨论漫无边际的情况。这时就需要教师利用一些有效的教学工具来进行一些教学辅助工作。即时计时器工具可以设定讨论等教学活动的时间，在学生开展互动时给予时间提示，提醒同伴集中精力抓紧时间完成学习任务。计时器工具看似简单但可以起到认知反思的作用，因为在这种情况下每个小组要考虑如何在给定的时间内完成任务，需要规划问题，在多个可能里找到最佳，也要管控讨论的流程，这正是需要通过合作学习形成的能力。这样的课堂小工具还有很多，要从协作学习的基本原则出发多使用、多总结、多发现。

促进性个体责任和小组评价的策略

在小组活动中经常存在的一个问题是个别学生投入不足。这些学生不仅仅自己失去了学习的机会，同时还会影响到小组中的同伴，也对小组的士气产生了负面影响。因此，促进个体责任成为合作学习的重要内容。个体责任就是要让每个人都必须对小组的学习和成功有所贡献，强调每个人都有在协作中发挥聪明才智的义务。

智慧课堂协作学习过程中，要通过各种不同的方式、途径鼓励学生，把个体责任落实在每个学生身上。

（一）将提问、抢答和随机抽取与记分板结合

小组每个成员都是推动小组活动成果形成必不可少的一部分，每个成员为小组所做的贡献都应该得到认可。这种认可应区别于一般简单的表扬，可以利用记分板功能对个人和小组计分。这会让每一个成员明白自己的努力可以让团队受益，让小组成员的自信心和凝聚力得到提升。课堂中最为常用的师生互动工具有提问、抢答和随机抽取学生作答，这些操作均可以根据学生作答情况给予一定的分数奖励。

对于一些简单的问题我们可以采用抢答的方式，如图7－6所示。这类似于举手回答问题，但更加公正客观，老师无法"偏心了"。

图7－6　教学软件中的抢答功能

随机抽取学生作答是一个值得提倡的方式，我们可以随机让某位同学阐述小组成员观点或结论。根据回答的情况给整个小组进行加分奖励，这会使每个学生为了小组荣誉而认真准备，对于无法回答的同学，他会成为其他组员帮助的对象，由此促进了组内深度学习。

记分板工具的灵活运用能有效促进个体责任的落实，但在使用中需要注意三个问题。一是处理好个人加分和小组加分的关系，传统教学一般只关注个人加分，而小组

加分更能够促进组内的积极互赖关系。二是要形成计分规则，满足学生对努力的结果预期，避免随意性，切忌有时加分有时忘记。三是以鼓励为主，尽可能避免惩罚性减分。

（二）基于数据的小组评价

通过上述与记分板结合的相关教学操作之后，我们可以通过小组与个人数据进行相应的小组评价。在协作学习的课堂中，评价的作用更显得重要。合作性课堂评价有助于让学生看到自己的成绩和小组成员的共同进步。教师也会更加了解学生思维的发展和学习的不足。

评价分为课堂伴随性评价和课后评价。伴随性评价可以随时根据课堂教学实时开展，例如在下发问题之后快速呈现作答情况数据，并根据数据调整教学策略。

对于智慧课堂的课后评估，可以通过每堂课结束之后的课堂教学分析报告进行。教师通过图示化的方式了解整堂课的小组协作情况、互动情况和目标达成度等信息，给予数据实证，帮助教师对一堂课的教学进行再认识、再思考，总结经验教训，进一步提高课堂教学水平。这样的教学反思是教师提高个人业务水平的一种有效手段。

基于数据的教学策略

智慧教学技术的发展，为教学数据的收集和分析提供了条件，为教学精准反馈和基于数据的生成性教学带来了前所未有的便利，也促进了精准教学研究的发展。精准教学的概念 20 世纪 60 年代由奥登·林斯利提出，指根据连续监测到的学生的学习表现进行教育决策，实践已经证明了精准教学对学生学习的显著促进作用。近年来，国内外研究者突破传统教学条件限制，将精准教学与信息技术相结合，实现教学优化。在智慧课堂环境中，信息技术支持的精准教学为学生智慧学习提供了核心机制，特别是从教学准确度方面保证教师对课堂教学策略的精准把握。对学生而言，数据驱动的学习支持能够提升学生元认知水平、学习成绩与流畅度，对学生学习能力与学习效果产生显著正向影响[1]。在此我们结合两个非常有代表性的教学方法，介绍其在智慧课堂中的运用。

---

[1] 李士平，赵蔚，刘红霞. 数据驱动下的学习支持设计与实践 [J]. 电化教育研究，2018，39（03）：103-108，114.

（一）STAD 学生小组成就分区法（Student's Team Achievement Division，STAD）[①]

学生小组成就区分法 1978 年由美国约翰·霍普金斯大学的斯莱文教授提出。它是诸多学生合作学习方法中具有代表性的一种。学生在小组中只需按照教师设计的学习目标、内容和进度进行学习，没有复杂的活动。学生小组成就区分法，顾名思义，就是以小组的成绩对学生进行有区别的奖励，体现了学生团队学习的关键——小组奖励。在 STAD 中，无论是判断目标的实现还是给予奖励，都以小组为单位：所有成员都达成目标，小组才算成功，才能获得奖励；小组奖励属于整个小组，而不是某个成员。在这样的奖励机制下，大家由关心自己的成功转而关心小组的成功，关心其他每个成员的成功；大家相互支持和鼓励，自觉践行为小组成功而努力学习的行为。STAD 也强调个人责任，强调每个人首先要自己努力学习，同时还要帮助他人，既要对自己负责，也要对其他组员负责。在进行小测验时，每个人必须独立完成测验，证明自己经过合作学习达到的水平，这也体现出个人责任。为体现成功机会人人均等，STAD 采用了特殊的进步分记分方式，使得无论基础好坏的学生都能为小组做出贡献，这是激励所有学生（尤其是基础较差的学生）努力学习的一个有效措施，也是与传统教学最大的差异之一。

一般而言，STAD 由以下五个步骤组成：

①全班授课：教师对教学内容进行介绍；

②分组学习：教师根据学生的能力水平、性别、认知特点等对学生进行分组，学生在小组中以相互帮助、指导的形式一起学习或研究；

③测验和小组反思：每个学生都独立地完成小测验，在完成测验后及时反思小组合作学习的情况；

④计分：教师或学生根据答案对测验进行批改，再以学生过去的成绩作为基本分数，比较此次测验的进步情况，根据规则将分数换算成每个学生的进步分，然后将小组成员的进步分加在一起；

⑤小组褒奖：教师对总分达到规定分数的小组进行表扬和积分奖励，并计入学期成绩。

智慧课堂条件下，这些步骤可以被无感知地汇总完成，并以可视化的方式呈现出

[①] 郑延菊. 浅谈"1+1 师友互助"合作学习之"小组成就区分法"的运用 [J]. 科学咨询（教育科研），2016（03）：104-105.

来，既促进了学生的深度理解，又提高了教学效率。

（二）PI 同侪教学法（Peer Instruction）

小组合作学习因其在课堂教学效果上的优势已经被大多数人所接受，但是也存在一些适用性的问题，其中一个有代表性的问题就是在大班额的课堂中如何开展合作学习。为了突破大班额教学的困境，1984 年，哈佛大学艾瑞克·玛祖尔教授带领教学研究团队开展了持续的研究与实践，在 20 世纪 90 年代发展出了同侪教学法（Peer Instruction，PI），经过不断对该方法的实践和改进，取得了显著的教学成效[①]。PI 教学法是一种在大班额课堂教学中，通过检测发现知识难点，实现师生互动、生生互动以及学生自主学习、合作探究学习的教学方法。

PI 教学法的基本流程如下：

①教师对教学内容进行简单介绍，让学生自主思考或与同伴讨论 1—2 分钟。

②专门设计引发学生认知冲突和引导学生深入探究的概念测试题，帮助学生发现问题或纠正对概念的错误理解。

③每个学生使用终端设备给出自己的答案。

④如果学生回答的正确率低于 30% 则回到第一步，由教师更深入地讲解。

⑤如果学生回答的正确率在 30%—70% 之间，教师则要求相邻同学以小组讨论的形式对自己的答案展开互动。在这个阶段，教师要走下讲台参与到学生的小组讨论中去，帮助学生发现问题、思考问题和解决问题。讨论结束后回到第二步，再次进行检测。

⑥如果学生回答的正确率在 70% 以上，则直接进入下一个学习阶段。

⑦教师对发生的错误进行讲解，目标是学生可以在这个阶段实现对知识 100% 的理解和掌握。

⑧进行下一个主题的学习。

如图 7—7 所示。

---

① 莫文玲，刘涛，李瑞强. 基于 PI 教学法的大学物理互动式教学 [J]. 河北联合大学学报（社会科学版），2015，15（04）：94—98.

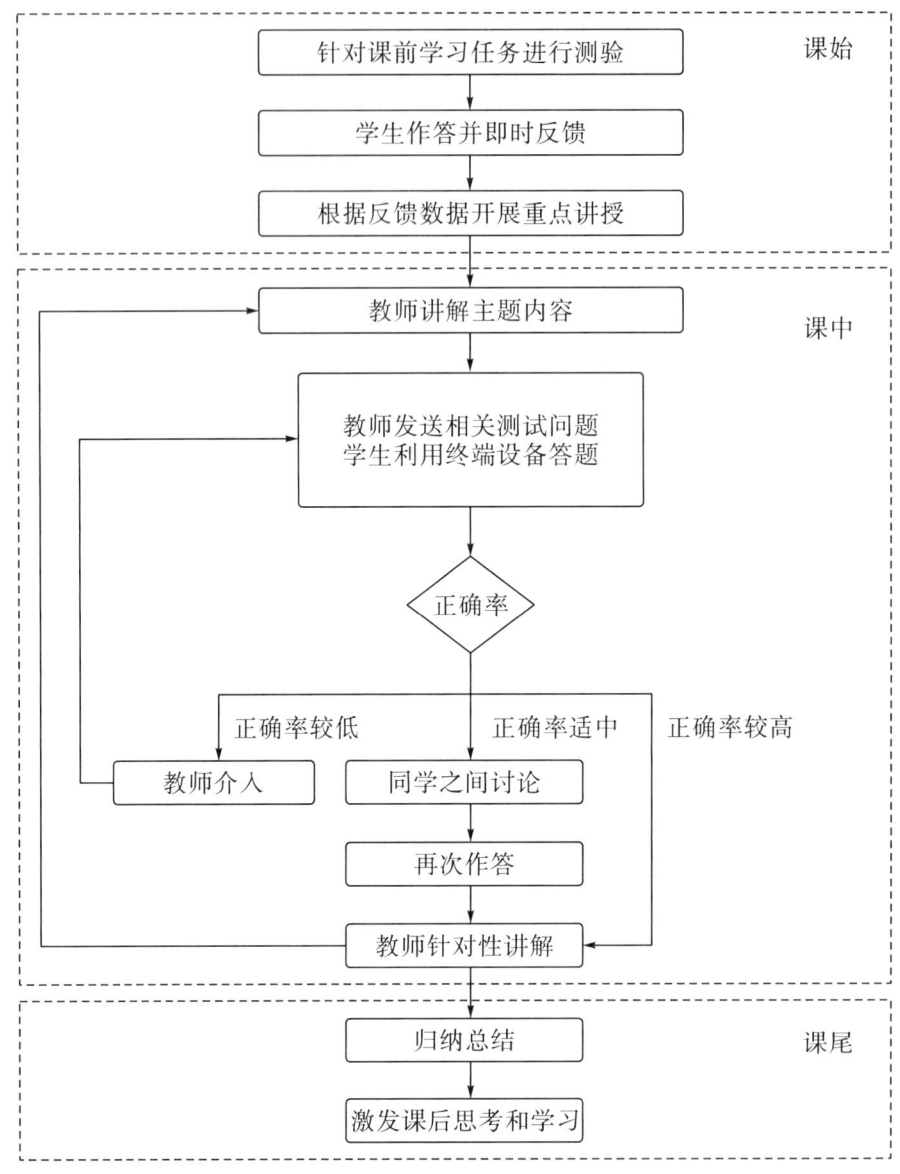

图 7-7 PI 教学法的流程

PI 教学法的核心理念是让学生教学生[①]。学生在对教师所提出的问题深入思考后，必须向组内同学阐述自己的想法，同时也要认真听取同学的见解。将自己的观点讲给他人听，并希望得到认同的行为，本质上也是一种教学。学生在理解概念之后将其表达出来的过程，便促成了学生对知识的深度理解。PI 的教育价值在于强调自主学习和

---

① 王绪溢. 数字时代的学与教 [M]. 长春：东北师范大学出版社，2019：80.

合作探究，用概念建构取代单纯记忆，让学习成为必须全身心参与并与自己切身相关的进程，让学习变得更有意义。教师的角色不再是知识的传递者，而是像个教练，在教学过程中给学生提供科学有效的帮助[①]。

---

① 黄桦. 物理课程创新教学模式：JiTT 和 PI——基于技术的互动教学典范 [J]. 电化教育研究，2012，33（04）：89—94.

第八章
智慧课堂教学评价

　　教学评价是通过系统地搜集教学信息，对评价客体的价值做出判断的一种活动。教学评价是教学活动设计和实施的重要组成部分，科学有效地实施教学评价对及时调控教学活动、提高教学质量具有重要的意义。

一　走向数据驱动的教学评价

现代教学评价起源于 20 世纪 30 年代的美国，其发展时间虽然不长，但始终是教育教学研究的一个热点，评价理论从简单到完善，评价范围从小到大，评价观念从一元到多元，不同的认识也导致了具体评价活动的不同倾向。

美国教育家泰勒认为，教学评价是对教育目标达成度的判断，因而泰勒的评价更多的是一种目标评价，评价活动的重点在通过各种不同的形式发现和验证目标的达成情况；斯塔弗尔比姆认为，教学评价是为决策服务的；克龙巴赫认为，教学评价就是一个搜集教育信息的过程等；美国学者格朗兰德曾用一个公式来描述教学评价：

教学评价＝测量（量）或非测量（质）＋价值判断

格朗兰德明确地指出了教学评价中包含两种重要活动：事实判断与价值判断。在高等教育领域里，教学评价和教学评估已实现制度化，并成为大学科学发展的一个重要驱动力和教学科学管理的要素。

教学评价的相关理论

（一）教学评价的概念

正确理解教学评价应该把握三个方面：

第一，教学评价的依据是"课程与教学目标"。对教学情况的判断与决策不能漫无目的，"课程与教学目标"是教学评价的根本依据。因此，不同学科专业需要根据符合本学科的目标来构建教学评价的方法和信息搜集的途径。

第二，教学评价的目的是促进教育质量的提升。教学评价活动无论是对学生学习过程及效果的判断，还是对教师教学信息的搜集或教学质量的评判，其根本目的是促进教育质量的提升。所有的信息获取、价值判断只能服务于这一个目的，不能产生任何一种站在教师或学生对立面的判断与质疑，不能以难倒学生或批评教师为教学评价的取向。

第三，教学评价需要借助一定的技术方法。教学评价是建立在对丰富的教学信息采集和处理基础上的科学判断。要通过技术和方法来获取教学流程和教学效果的数据信息。现代信息技术为不同教学场景下的数据采集、处理和挖掘提供了有效手段。

（二）教学评价的本质

1. 教学评价以事实判断为基础

教学评价中包含两种重要的活动：事实判断与价值判断。事实判断是对事物"量的记述或质的记述"，是对教学活动的现状、学生学习过程或结果的客观描述。它主要表现为学生对学科知识与能力的掌握程度、学科学习态度与情感的获得情况等。在教学评价中获得的这些信息都属于"事实判断"，通常"客观"是它的基本要求，即要真实地反映教学活动中学生的学习过程和结果。我们经常说教育测量是教学评价的基础，其缘由就是教育测量属于事实描述的范畴。

2. 教学评价本质上是一种价值判断

价值判断是在事实描述的基础上，根据一定的价值标准对客观事物做出的评判。一定的价值标准是教学评价的依据。因教育本身的价值性，教学活动也是一种价值活动，其内容与方式都需要满足社会和人的发展需要，因此教学活动本身存在着一定的价值标准。具体而言，每一个学科教学的价值标准由其课程与教学标准体现，尤其由学科教学目标体现。当教学结果完全符合教学目标时，我们通常把这样的教学活动称为"好的教学"。所以，基于课程与教学目标的教学评价本质上是一种价值判断。

（三）教学评价的价值取向

价值取向，是指教学评价通过其活动要实现的价值的方向，对于教学评价本身而言，实现教学质量的提升是其根本目的，但教学质量的提升有两个关键因素：一是它表现为学生的发展；二是它依赖于教师的发展。因此，教学评价在实现最终目的的过程中，必然要以学生发展和教师发展作为其价值取向。

1. 关注学生发展

学生的发展应是全面的发展。教学评价要实现学生全面发展的目的，必须紧密结合教学活动，把教学评价渗透到教学策略的实施之中。

教学评价关注学生发展，首先是指教学评价目标应当以学生发展为核心，包容学生多方面的发展可能；其次，教学过程中，教师要认真研究课堂教学策略，激发学生学习热情，以学生为学习主体，鼓励学生自主探究；最后，教学评价方法的选择要以能促进学生全面、自主发展为根本。比如，教师尽量用一些实践任务去组织评价，或者构建学生学习档案袋，丰富学生学科学习内容，并教会学生在学习中反思与评价。

2. 聚焦教师发展

教师发展是教学质量提升的关键。在新时代高等教育的背景下，教学评价要突破传统的鉴定观和甄别观，重视对教师课堂教学问题的诊断，重视教师在教学评价中的自我反思与自我探究，以实现促进教师发展的评价目的。

（四）传统教学评价中存在的问题

1. 评价目标的功利性

教学评价无论是注重信息搜集的形成性评价，还是聚焦于结果的终结性评价，其最终目的都是促进教学质量的提升。但长期以来，评价与管理的密切关系使得教学评价的行政管理倾向明显，教学评价被当成管理教师的一项有效措施，尤其是直接与教师的奖励晋升挂钩，教学评价结果成了其晋升、去留的重要依据。教学评价的高利害性，异化了教学评价目的，教师、学校经常视教学评价为其争功夺利的重要活动，而促进教师教学发展的要务经常被忽略。

2. 评价内容过分重视知识

新课程的实施特别强调课程目标的三维性，即课程目标由"知识与技能""过程与方法""情感态度与价值观"三部分构成。课程实施效果既要体现学生在"知识与技能"上的掌握情况，又要促使学生学会学科方法，同时还应获得情感、态度或价值观的变化。但在传统的教学评价中，受传统课程与教学视野的影响，教学评价窄化为学业成绩的评价，学生学业测评也主要表现为学科知识的测评，活动能力或操作能力常常被排斥在教学评价之外。教师教课本知识，学生背课本知识，教学评价就变成了考课本知识。对教学评价的"误解"或简单操作，完全扭曲了其对教学活动的意义，甚至禁锢了教学活动过程的丰富性与目标的多元性。

3. 评价方法过于简单

从理论上讲，不同的教学目标需要借助不同的方法进行评价。比如，学习情感评价需要教师细致的观察；操作技能或能力评价需要通过实践操作来进行；知识掌握程度的评价需要通过测量获得；等等。但在实际教育教学活动中，由于质性评价相对于量化评价操作难度较高，比如情感观察的细致度与连续的记录、真实任务的设计以及档案袋的整理与分析等都需要教师付出更多的时间和精力，所以大多数教育者都倾向于选择简单的量化评价。

以绝对的抽象的分数来代表教学活动的结果貌似精确，其实具有很大的模糊性，它掩盖了教学活动中难以用数量表示的信息，也妨碍了对现象背后隐藏的意义揭示，往往丢失了教学中最有意义、最根本的内容。学生生动丰富的学习生活被抽象成一组组冷冰冰的数字，学生的发展、个性也被简化为没有任何情感的数字。这样的教学评价不可能客观全面地反映学生学业的实际水平，尤其会对学生的创造性与个性品质的发展产生禁锢，也会使教学评价失去其本来的价值。

4. 评价主体单一

在传统教学评价中，无论是对教师教学水平的评价还是对学生学业发展水平的评价，评价主体通常都是单一的。在对教师的教学水平评价中，评价通常是自上而下的，学校管理者是教师教学评价的单一主体；而在对学生的学业发展水平评价中，教师又成为评价的单一主体。学生和教师都被排斥在对其自身的评价之外，教学评价忽略了其自身存在的激励与教育的意义。

教学评价的新发展

（一）新学习观对教学评价的影响

未来已来，《未来简史》作者尤瓦尔·赫拉利早在几年前就认为"在20到30年之间超过50%的工作机会会被人工智能取代"，人类已然跨入智能时代。未来学家雷·库兹韦尔认为，人类正以史无前例的速度接近人类发展的奇点——到2045年，人工智能将超越人类智能。科学技术的飞速发展给人类的社会文化、经济生活和生存方式带来了革命性的影响，而这种影响带来的变革将不再是渐进性的。全球的经济模式从大工业时代进入信息时代，进入以创新驱动为特征的知识经济时代。很显然，这种变化也必然体现在对人的能力需求上，人工智能在取代一部分工作计划的同时也将创造出更多的新机会、新职业。工业时代以体力劳动为主、以解决固定问题为主的简单劳动方式正在逐渐被人工智能所取代，而对需要审慎判断、创造性解决陌生问题的高阶能力的需求则大幅上升。

21世纪的学校应该教会学生运用21世纪的技能，去理解和解决真实世界的各种挑战。这些技能主要包括三类：一是学习与创新技能，包括批判性思考和解决问题能力、沟通与协作能力、创造与革新能力，这些是个体适应工作和社会生活的必备能力；二是培养数字素养技能，主要由信息素养和媒体素养组成，是智能时代公民的根本基础；三是职业和生活技能，随着社会生活节奏的加快，个体将不可避免地面临更多复杂陌生的任务或场景，个体需要学会整合已有知识、技能、方法或观念，灵活地判断问题、适应情境和解决问题，并能够同他人协作开展工作和完成任务。个体还需要适应多元异质的社会和环境，学会与不同文化、地域和背景的群体进行沟通和交流。这就要求个体还应该具备灵活性与适应能力、主动性与自我导向、社交与跨文化交流能力、高效的生产力、责任感、领导力等。

（二）面向核心素养的教学评价方法

核心素养体现的是在当今复杂多变的世界中，个体应对和解决复杂问题的综合性品质。以核心素养为目标的教育教学需要对学习方式和教学模式进行变革，要求教师创设与学生紧密关联的、真实性的问题或任务情境，让学生通过基于问题或项目的活动方式，开展体验式、合作化、探究式或建构式的学习。与此相适应的教学评价不再限于考查学习者对特定领域零碎知识或孤立技能的掌握程度，而更为关注对分析评价劣构问题和隐性知识的高阶思维的考查，关注学习者在创新、交流协作、批判性思维等21世纪技能上的表现。

在评价方式上，评价更为注重真实情境下开放性任务的创设，强调与学习有机融合的过程性或嵌入式的测评方式，在学习者与情境化任务互动的过程中收集证据或表现。借助人工智能、大数据、传感器等新技术和脑科学技术的发展，测评数据也从单一的行为数据向包含行为、心理、生理等多模态数据转变。教学评价在范式、方法、技术和实践等各个方面都出现了新的发展机遇和挑战。

1. 形成性评价

形成性评价（Formative Assessment）是指在教学过程中为了解学生的学习情况，及时发现教学中的问题而进行的评价。通过形成性评价，教师和学生可以随时了解学习的进展情况，获得学习过程中的连续反馈，为教师随时调整教学计划、改进教学方法，学生明确问题、改进学习方法提供参考。

1967年，美国学者斯克里文指出评价可以发挥两种功能。一是在方案持续改进过程中发挥作用，二是评判已实施的教学过程是否取得了显著的作用。他提出用"形成性评价"和"终结性评价"来指代这两种类型的评价。形成性评价通常具备伴随性、及时反馈性、促进学习的意涵，与之相对的终结性评价则是在教学活动结束后为判断其效果而进行的评价。平时小测验、期中考试和期末考试都属于终结性评价，也是目前各个学校高度依赖的评价方式。1969年，美国学者布卢姆在深入研究了形成性评价后指出，传统测验主要是对学生进行评判和分类，但实际上学习评价还应该在教学过程中的任一阶段给学生提供反馈和纠正。这里的形成性评价指的是教师和学生在学习过程中采用简短测验所做的评价。尽管这种简短测验也可以评分，也可以作为评判和分类的依据，但如果它与评分过程分离开来，主要用作教学的辅助与支持，那么它就是一种更为有效的形成性评价。

由此可见，为有效开展形成性评价，必须获取足够的细粒度教学信息，并进行及时有效的分析，最终向师生进行反馈，从而促使教师和学生不断地改进自己的教学活动和学习活动。随着信息技术的发展，网络教学平台、智能教学环境、传感器以及可穿戴设备等可以记录海量的学习者个体数据、学习过程数据以及学习环境数据，多元化的数据改变了以往仅仅只有学生测验数据的局面。在形成性评价中，海量的数据为全面客观地分析学生提供了有力的保障，大数据与智能技术使反馈更加高效、及时、准确，使教学效果更加优化。形成性评价模型通过挖掘学习者的学习习惯、学习稳定度、知识缺陷、知识点结构关系等方面的问题，通过系统将每个学生与数据常模进行比对，形成调整与改进的方案，并将相应的调整建议直接反馈给每个教师和学生，最终实现更高质量的针对性教学和个性化学习。

2. 课堂教学评价

课堂是教育教学的主战场，课堂教学评价是提高教学质量的重要手段，通过一定的评价体系和工具对课堂教学活动过程及结果开展测评和判断，能够让教师及时发现问题，改进课堂教学，促进课堂教学革命。

一般情况下对课堂教学质量的观察评估是将整个教学过程划分为若干维度，根据相应的评分体系进行赋分量化，让教师能够直观地了解一堂课的特征与问题，从而有效改进教学模式、策略和方法，提升课堂教学质量。目前国内关于课堂教学评价的标准体系较少，通常是借鉴改进国外大学较为成熟的课堂教学质量评估观察工具，其中美国德克萨斯州立大学 UTeach 教师中心开发的课堂教学质量评估系统 UTOP（UTeach Observation Protocol）影响较大，有很好的借鉴意义。

3. 档案袋评价

档案袋评价（Portfolio Assessment）一般是指系统地收集能够表征学习者在学习过程中的能力与努力而作为成长证据的记录，并以此为依据进行的评价。这些记录包括儿童学习成果与学习过程的记录、自我评价的记录、教师的指导与评价的记录等。20 世纪 70 年代早期，档案袋评价从艺术领域发展到高等教育领域。最早采用档案袋评价的是美国哈佛大学教育研究学院开展的"零点项目"，其目的是希望能够通过档案袋评价摆脱标准化测试的束缚，对评价对象进行更加综合性的客观评价，在促进学习者进行自我评价的同时，教师也能够更好地了解学生的发展状况以及评价自己的教育活动。档案袋是一种评价学生进步过程和最终发展层次的有效工具。

在新时代着力创新型人才培养的背景下,迫切需要教学评价方式能够反映学生在学习过程中的创造性和创造力,要求对学生的评价从单纯重视认知转向促进核心素养的全面发展。

档案袋评价是以学生发展为中心的评价方式,学生是档案袋评价的主体,是整个学习活动的参与者和知识的主动建构者。学生在学习活动中的个性化和多元化发展是档案袋评价的关键内容。档案袋让评价更具有形成性和表现性,让教师、家长和学校更全面了解和准确评价学生的学习过程,并能让学生有更多的成就获得感,培养学生的成长性思维,强化学习动机,形成高阶思维认知能力。

档案袋评价是全球教育改革的主要方向,它能够将过程性评价、终结性评价、形成性评价、诊断性评价和表现性评价结合起来。学生全程参与评价过程,通过及时评价,及时调整自己的学习策略,评价从被动接受者变成评价的主体。

档案袋评价与传统评价相比具有如表8-1所示的特点。

表8-1 档案袋评价与传统评价的特点对比

	档案袋评价	传统评价
评价功能	确定个性化目标,不是给学生下一个精确的结论,而是帮助学生认识自我	对知识、技能、理解力和记忆力的评价
评价标准	非硬性,教师、学生共同制定	硬性评价标准,由学校或教师制定
评价范围	可以单学科,也可以跨学科	局限于单一学科,不涉及多学科之间的整合
评价主体	学生参与到评价过程中	自上而下,学生消极被动
评价过程	过程性评价、终结性评价和诊断性评价结合,不仅重视学生的现在,更着眼于未来	忽视过程性评价,只重视对结果的评价
评价工具	呈现学生的学习作品	独立的纸笔测验
评价方式	质化评定	量化评定
评价关系	把学生作为主体,尊重个别差异与个性的特点	强调个人和集体的关系,忽略个人进步

随着信息技术的发展,基于数据化的电子档案袋得到了长足的发展。电子档案袋(E-Learning Portfolio,ELP)是在信息技术环境条件下,通过信息技术手段表现和展示学生在学习过程中有关学习目的、学习活动、学习成果、学习业绩、学习付出、学业进步及其反思的集合体。电子档案袋的主要内容包括学习作品、学习参与、学习

选择、学习策略、学习自省等材料，主要用于体现学生学习活动中对学习和知识的管理、评价、讨论、设计等，由学生在教师、学伴、助学者等的协助下完成，其内容选择、标准选择等必须体现学生的参与性。①

电子档案袋的优势在于可以充分利用信息技术实现学生学习过程的数据采集、存储，并通过数据可视化技术展示学生的进步成果，记录反思报告，为师生和家长提供便捷的共育平台。

智慧课堂教学评价

分析教学评价存在的问题，我们会发现造成这些问题的一个重要原因是缺少科学有效的方法和工具。例如，评价内容不应过分关注知识，这已经成为学校和教师广泛的共识。但是由于对于过程、方法、情感等形成的信息缺少有效的采集和处理的工具，因此明知有问题却无法解决，这正是教学评价理论研究和实践之间的一个障碍。智慧课堂中集成的现代信息技术能够实时地将不同类型的教学信息数字化，实现了对教学全过程数据的采集，为实现基于数据分析与理性证据的教育评估与决策提供了实践基础。

（一）智慧课堂教学评价的内涵

智慧课堂的关键目标是要实现"课堂教学革命"，以新型教学范式取代传统教学范式。教学评价作为教学流程中的一个关键环节，也是教学范式的重要组成部分，因此实现课堂教学范式的变革也需要改变传统教学评价。智慧课堂的目标不是让传统灌输式的课堂更加高效，而是通过信息技术实现传统课堂教学的课程生态重建、课堂结构变革和教学流程再造，这就必须将适应传统教学的单一面向知识传授和注重终结性考核的教学评价升级为多元化、多角度和注重过程性的教学评价体系。促进师生智慧发展是智慧课堂的宗旨，其要求教学评价通过评价活动促进教学质量的提升，体现促进学生发展和教师发展的基本价值取向。

对教师而言，教师根据教学中的过程性数据的采集、反馈与分析，及时应对课堂教学中的新情况，及时调整教学策略，优化教学进程，这使得生成性教学成为智慧课堂的一个重要特征，体现了智慧课堂中教师的教学智慧和艺术。

---

① 王佑镁. 基于 eportfolio 的信息化教学评价策略研究［J］. 中国电化教育. 2003，(12)：61-66.

对学生而言，精准化、智能化的教学数据分析和互动反馈确保了学习活动得到即时的反映和评价；PBL 等教学模式的全新流程和结构更注重培养学生的自主探索、高阶思维、深度理解、批判精神和团队协作能力，也需要从思维、行为、情感等多个层面进行综合的教学评价，没有与这些教学模式匹配的评价方式，教学质量和效果将会大打折扣，甚至无法实施教学活动。

在智慧课堂中，不能仅仅只对知识的掌握情况进行评定和测验，即使这种测验可以及时发现学生的问题。我们要让智慧课堂能够基于先进的数据技术实现诊断补救、反馈生成、引导调节等发展性的功能。

强调评价的发展性功能体现了"以学生发展为中心"的教育理念，要求以发展性评价的理念来看待学习者的学习成效，综合评价学习者的问题解决能力、高级思维技能、学习能动性等。因此，突出评价的发展性功能，是智慧课堂教学评价的核心理念。

在智慧课堂教学过程中，师生共同处于一个不断变化的动态情境中，学生在这个过程中出现的问题也是动态的和不确定的，因此必须能够及时确定学生的优势与不足，并据此提出具体有针对性的改进建议和措施。面向学生发展的评价不仅仅是发现学生的问题，更应该能够促进学生在原有水平上的认识和提升自我，更进一步地发挥和提升其自身的认知潜能，从而解决更加具有挑战性、真实性、情境性的问题。①

（二）智慧课堂教学评价策略

智慧课堂的宗旨是促进师生智慧发展，教学评价策略要体现促进学生发展和教师发展的基本价值取向。

1. 面向学习过程的形成性评价

传统教学评价关注教学最终结束时的静态结果，忽视了过程的重要价值。智慧课堂教学评价让伴随教学过程的形成性评价成为可能，能够在教学活动中开展评价。例如，在各小组协作学习过程中，根据教学目标对小组和成员的学习方法、学习态度、知识技能等多个方面的信息进行采集和分析，并由此给予激励或具体的有针对性的改进建议。通过面向过程的评价，能够获取并积累关于学生的大量的学习活动和特征信息，包括其不同发展时期的数据，对学生进行精准的数据画像，有助于分析学生认知发展变化的特性，评价学习者在解决学习问题过程中的表现，解决问题，不断促进学习者发展，这是一个认知和思维不断发展提高的过程。

---

① 胡小勇. 问题化教学设计——信息技术促进教学变革［M］. 北京：教育科学出版社，2006：33.

面向过程的评价在智慧课堂中具体可以体现为实时采集学生学习状况的数据和资料，教师利用智慧课堂中的可视化数据工具对学生进行基于发展性的动态分析。教师要重视学生在学习活动过程中的发展变化，对学习者的思维过程进行形成性评价，帮助他们形成积极的学习态度和良好的思维品质，激发他们解决问题的灵活性和创造性。

2. 面向对象的多元性评价

在智慧课堂中，教学是围绕着多元主体展开的，教学评价不再是某一主体的特权，而成为一个多元参与的过程。按照评价主体的不同，通常有学生自评、学伴互评、教师评价三种。由于智慧教学环境中智能化的数据采集、挖掘和分析并非仅仅是为评价者提供依据，在某些情况下这位"智能学伴"还可以直接做出针对性的评价结果，因此，"智能学伴"的评价也应成为智慧课堂评价的一个全新的主体，融入整个教学评价过程之中。

3. 面向数据的精准化评价

传统教学评价往往用考试结果来评价学生的学习结果，对学习过程的评价非常单一和薄弱。智慧课堂教学平台的数据采集和分析功能能够全过程实时动态地精准评价学生，从而使精准的过程性评价成为可能。智慧课堂教学平台会采集和分析每一个学生的积极程度、学习取向、团队贡献和互动答题等数据，通过大数据分析技术甚至可以为每个学生生成个性化数据画像，数据可视化技术让每一位教师和学生能直观清晰地看到教学目标的达成度、学习的稳定度。教师根据学生的数据画像和知识雷达图，可以精准把握学生学情，有针对性地提供辅导和建议，开展基于数据的精准教学。

精准教学并非一个新的概念，早在 20 世纪 60 年代，美国学者奥格登·林斯利就提出了精准教学的教学方法[①]，但受到行为主义学习理论的影响，当时的精准教学主要是通过记录和测量学生的学习数据检验学生是否达到教学目标，根据反馈信息实施训练、干预、纠正性补救等措施。可以看出，当时的精准教学是用来进行精准训练和补救的，而非支持学生的个性化学习，这也是和今天的精准教学的最大区别。精准教学需要采集和分析大量的学习数据，这在传统教学中非常困难，因此精准教学的研究和应用长期处于停滞状态。直到信息技术快速发展的今天，人工智能、大数据和传感器技术为教学过程提供了巨大的数据功能，基于数据分析精确设计教学目标、教学过

---

① 方海光，高辰柱，陈佳. 改进型弗兰德斯互动分析系统及其应用[J]. 中国电化教育，2012，(10)：109－113.

程和教学评价，为学生个性化的学习提供支持成为可能。

在现代信息技术条件下，智慧课堂教学的场域不仅仅限于课堂的物理空间和时间里，线上线下一体化、课内课外相融通成为其基本形态。学生课前通过智慧教学平台进行自主学习，学生的学习进度、学习习惯、讨论话题、检测结果等学习行为和学习数据被精准记录，这为精准教学的实施提供了数据保障。教师利用智慧教学工具在课前、课中进行教学资源推送，记录学习数据并给予精准反馈，制订精准的教学方案，调整讲授内容和策略，采用适合学生水平和教学内容的教学方法；课后，依托对数据的分析和挖掘，为学生提供因人而异的教学资源和个性化的补救方案，以达到因材施教的个性化教学目标。

二 智慧课堂数据分析框架

近年来，随着信息技术在课堂中应用的快速推广，智慧课堂数据在变革教学模式、创新教学理念等方面的价值也日益凸显。教学过程与结果数据的持续采集，动态汇聚成教学大数据，通过对教学大数据的深度挖掘与多元分析，能够将数据背后反映的教学意义与价值清晰地呈现出来，进而辅助教师进行更精准的"教"、指导学生进行更精准的"学"。

智慧课堂数据包括教学活动产生的并根据教学需要采集到的，用来促进教学模式创新以及教学质量提升的数据集合。根据课堂教学要素的不同，智慧课堂数据可划分成师生行为类数据、教学评价类数据、师生情感类数据及课堂管理类数据。

智慧课堂数据采集类型

智慧课堂数据包括线上与线下学习数据。课堂数据随着课堂的开展而不断生成，动态生成的多元教学过程使得课堂数据的采集更加复杂。

依据课堂教学要素的不同，课堂数据可以划分成四种类型：师生行为、教学评价、师生情感及课堂管理①。通过平台采集、视频录制、图像识别和物联感知四类常见的数据采集技术可以方便地获取智慧课堂学习活动产生的大量数据，并存储在数据库中，为进一步的数据分析与应用奠定基础。②

（一）师生行为数据

智慧课堂教学应充分体现学生的主动性、教师的主导性。教师是学生学习活动的引导者与支持者，发起的某种行为能够持续引起或促进学生给予响应，学生的学习行为与教师教学行为保持着基本的对应关系。师生行为的数据类别与指标如表8-2所示。

表8-2 师生行为数据类别与指标

数据类别		数据指标
教师行为	讲授	讲授时长、板书时长、板书书写路径
	提问	提问次数、提问时长、追问次数、追问时长、问题类型、教师挑选学生回答的方式、教师回应方式、教师回应次数
	指导	分析学情指导时长、教师班级指导时长、教师班级指导次数、教师班级指导轨迹、教师个别指导时长、教师个别指导次数、教师个别指导轨迹
	媒体操作	媒体类型、媒体操作次数、媒体操作时长、媒体操作路径
	教学资源	资源类型、使用次数、使用时长、使用路径、书写轨迹
学生行为	听讲	听课时长、走神次数、走神人数、走神时长、记笔记次数、记笔记时长、记笔记轨迹
	问答	响应时长、思考问题时长、回答方式、主动回答次数、主动回答人数、主动回答正确次数、被动回答次数、被动回答正确次数、回答类型、回答时长、主动提问次数、主动提问类型、主动提问方式
学生行为	同伴讨论	组内讨论次数、组内讨论时长、组间讨论次数、组间讨论时长
	练习	答题次数、答题时长、每道题答题时长、班级答题平均时长、答题顺序、答题轨迹、班级平均每道题答题时长、答题正确率、知识点错误率、知识点错误分布
	媒体操作	媒体操作类型、媒体操作次数、媒体操作时长、媒体操作路径
	资源使用	资源类型、使用次数、使用时长、知识点的学习频率、书写轨迹

随着信息技术的发展和网络覆盖面的扩大，大量信息化教学设备被广泛应用在智慧课堂教学中。例如，教室中安装的智能录播系统可实时采集课堂中师生的各种表现行为；点阵笔技术能完整采录师生的书写过程，全过程记录教学轨迹；利用设备平台

---

① 方海光，高辰柱，陈佳. 改进型弗兰德斯互动分析系统及其应用 [J]. 中国电化教育，2012，(10)：109-113.

② 邢丽丽. 基于精准教学的混合式教学模式构建与实证研究 [J]. 中国电化教育，2020，(9)：135-141.

与管理技术可同步记录教学过程中师生的媒体操作路径，等等。

（二）教学评价数据

教学评价是智慧课堂教学活动中的基本行为，需同时考虑教师的教和学生的学。既要关注对教学过程的评价，也要关注对教学结果的评价。智慧课堂教学评价的数据类别与指标如表8-3所示。

表8-3 教学评价的数据类别与指标

数据类别		数据指标
测试结果	试题试卷	题目类型、题目数量、题目难度、题目区分度、试卷信度、试卷效度、知识点覆盖面
	班级成绩	班级考试人数、年级考试人数、年级平均分、年级分数段、班级平均分、班级分数段、班级学生在年级的分布情况、班级优良率、班级及格率、各题型班级平均分、每道题的班级错误率、每道题的年级错误率、知识点的重复错误率、各知识点班级平均分、各知识点年级平均分
成果评价		自我评价时长、自我评价次数、自我评价轨迹、同伴互评时长、同伴互评次数、同伴互评轨迹、教师评价时长、教师评价次数、教师评价轨迹
教师评学		学习态度、学习参与度、学习效果
学生评教		教学态度、教学内容、教学方法、教学效果
第三方评课		教学过程、技术运用、教学技能、教学效果、课堂管理

在教学评价之前，教师首先录入试卷的题目类型、数量、难度等数据，再利用信息技术采集学生全过程答题情况，如利用网阅技术扫描答题卡，可视化呈现教学效果，快速统计评价指标分数。此外，教师基于课堂教学平台，通过加减分记录过程性评价分数，自动获取各项评价数据。

（三）课堂管理数据

良好的智慧课堂管理是开展教学活动的基础，是服务学生、服务课堂的基本保障。信息技术设备是智慧课堂教学的重要载体，能够有效改善教学质量并提高教学效率。课堂管理数据类别与指标如表8-4所示。

表8-4 课堂管理数据类别与指示

数据类别	数据指标
班级考勤	班级人数、缺勤人数、缺勤次数
异常表现	异常人数、异常次数
设备运行	教学态度、教学内容、教学方法、教学效果

管理者利用信息技术支持如学习平台管理技术可以实现对班级出勤率、缺勤学生及原因、异常学生行为与行为频次的采集与管理；使用日志搜索分析技术可以实时监控各类设备的使用次数与运行状态，有效把握教育资源的优化配置与应用诊断。

（四）师生情感数据

师生课堂情感变化是影响学习效果的重要因素之一，对教学行为起到促进或抑制作用。师生情感的数据类别与指标如表 8-5 所示。

表 8-5 师生情感数据类别与指标

数据类别	数据指标
教师情感	积极情感次数、积极情感持续时长、中性情感次数、中性情感持续时长、消极情感次数、消极情感持续时长
学生情感	积极情感次数、积极情感人数、积极情感持续时长、中性情感次数、中性情感人数、中性情感持续时长、消极情感次数、消极情感人数、消极情感持续时长
教师态度	对教学内容态度类型、对教学设备态度类型、对学生态度类型、积极态度持续时长、中性态度持续时长、消极态度持续时长
学生态度	对学习内容态度类型、对学习设备态度类型、对教师态度类型、对同伴态度类型、积极学习态度人数、消极学习态度人数、积极学习态度持续时长、中性态度持续时长、消极态度持续时长

在课堂师生情感数据采集中，不仅可通过可穿戴设备如智能手环等实时记录师生心率、脉搏等生理状态数据，还可以使用网络爬虫技术深度挖掘师生文本信息的潜在价值，或利用情感识别技术采集课堂教学活动中师生的表情、语言、声调、行为等数据，以此来分析、推断教师与学生当前的情感和态度。

智慧课堂数据分析方法

智慧课堂数据分析主要有四个阶段：第一，从数据库中提取需要分析的课堂实例；第二，选取合适的分析方法对课堂实例进行量化观察和数据处理；第三，根据分析方法，对智慧课堂中教与学的行为进行量化记录；第四，基于可视化的分析结果，帮助教师把握学生的学习情况，反思与完善教学过程。这里重点介绍两种典型的智慧课堂数据分析方法。

（一）改进型弗兰德斯互动分析系统及其应用

1. 弗兰德斯互动分析系统

互动分析是对课堂教学进行教学类型编码与解读的过程。为了使教师获得客观的课堂教学质量评估信息以实现自我导向的成长发展，美国教育家弗兰德斯在 20 世纪

60年代提出了弗兰德斯互动分析系统（Flanders Interaction Analysis System，FIAS）。[①] FIAS是学习过程中重要的信息反馈工具，是用于师生在课堂上言语互动过程的观察分析工具，它由三部分组成：一套区别教师、学生的言语行为及沉寂情况的编码系统，其中包含10种互动行为编码；一套观察课堂教学并进行编码的步骤规范；一套解码并对数据进行分析、呈现的方法。该系统主要关注师生之间的言语交流，将教师和学生在课堂中的互动行为（以语言为主）分为10种情形，并分属为3类互动行为编码系统，具体如表8-6所示。

表8-6 弗兰德斯互动分析编码系统

分类		编码	内容
教师语言	间接影响（学生驱动）	1	表达情感
		2	表扬或鼓励
		3	接受或使用学生的主张
		4	提问
	直接影响（教师主动）	5	讲授
		6	给予指导或指令
		7	批评或维护权威性
学生语言	教师驱动	8	学生被动说话
	学生主动	9	学生主动说话
沉默或混乱		10	无有效语言

为了便于观察各个变量的发生频次及交互情况，研究者对课堂中的师生言语行为进行量化记录后，还要对数据做进一步的处理。整个数据处理的过程主要分为以下五步：

第一步，观察记录课堂。研究者在课堂中对教学行为进行观察，每3秒记录一次，并将行为按照编码表对应记录，一节课的数据量为800~1000个节点。

第二步，录入数据库。研究者将整理好的编码按照行为发生顺序两两组合，把收集到的数据输入数据库，利用Excel或SPSS软件进行分析。

第三步，建立矩阵模型。研究者将先前的组合填入对应的矩阵表格中，以便清晰地观察到各个行为编码的次数和各行为之间的交互情况。

第四步，分析课堂行为。根据研究的目的，研究者对矩阵中的统计情况进行类别

[①] 宁虹，武金红. 建立数量结构与意义理解的联系——弗兰德互动分析技术的改进运用[J]. 教育研究，2003,（5）：23-27.

分析和结构分析，还可以对师生行为的频次和频率进行统计，最后得出的结果可以展示出课堂的结构状况或教师的教学风格、倾向。

第五步，建立二维曲线图。研究者依据师生的互动情况数据构建二维曲线图，通过曲线图，可以清楚地看出师生在各时间段内发生的课堂行为，发现课堂存在的优势与不足。

总体上看，FIAS将课堂教学中基本的师生交互行为加以分类，通过编码较为客观地记录课堂教学交互过程，通过分析矩阵统计得到直观的互动分析数据，为教师的教学质量评估及提升提供了重要依据。然而，实际使用中也能够发现FIAS存在如下的局限性：第一，FIAS对观察者要求较高。需要观察者熟记编码分类及各类别所代表的交互行为，要求观察者对呈现的课堂教学交互行为在短时间内迅速做出判断后与相应的编码进行匹配并填写相应编号，实际操作过程有一定难度，同时也表明这一过程受观察者的主观因素影响较大。第二，FIAS多是对师生言语、态度的分析。虽然FIAS是课堂教学互动分析系统，但仔细了解FIAS的编码系统就会发现各编码多是反映师生态度语言方面的交互。虽然这样能简化分析过程，但课堂教学过程是丰富多彩的，包含有一些师生的行为举止细节，将它们完全忽略显然是不足的。第三，FIAS对课堂沉寂情况的处理显示出编码系统不够完善。FIAS将课堂沉寂情况简单地归纳为沉寂或混乱的一段短暂时间，期间观察者甚至无法获悉师生间的交流情况。显然，这是一种无助于教学的沉寂。然而，真实的课堂中有时也会包含有助于教学的沉寂，比如教师让学生独立思考或完成学习任务时发生的沉寂。第四，FIAS缺少对信息技术的分析支持。如今，信息技术广泛应用于课堂教学，这其中包含有多媒体、计算机及网络技术，甚至包含有移动设备的应用等数字化技术，传统的FIAS已无法对这类应用信息技术的师生交互行为进行编码和分析。第五，FIAS仅能对学生的集体行为进行编码分析。利用FIAS进行课堂互动分析取样时，分析者仅能较为粗略地根据课堂上大部分学生的言语行为对应编码系统中的一种交互行为进行编码，然而实际的课堂教学过程中，在大部分学生的某一集体行为发生的同时也可能包含有一些学生的个体行为，此时观察者只能将这类实际发生的学生行为加以忽略。

2. 基于信息技术的互动分析编码系统

顾小清和王炜提出的互动分析编码系统（Information Technology－Based Inter

action Analysis System，ITIAS）可以用于包含信息技术应用的课堂教学互动分析。[①]运用 ITIAS 工具以 3 秒钟为单位对每节课进行不间断的切分取样，并对每个取样进行分类编码，以便利用互动矩阵分析获取整节课的精确数据，并据此描述课堂活动情况。为获取可供分析的数据，研究者要在课堂观察中按时间顺序每 3 秒钟取样一次，并按照表 8-7 中的 18 类课堂行为编码规定的意义对该取样赋予一个编码号作为观察记录，然后利用矩阵表格显示的数据进行分析。

表 8-7 基于信息技术的互动分析编码系统

分类		编码	内容
教师语言	间接影响（学生驱动）	1	接受情感
		2	表扬或鼓励
		3	采纳意见
		4	提问开放性问题
		5	提问封闭性问题
	直接影响（教师主动）	6	讲授
		7	指示
		8	批评
学生语言		9	应答（被动反应）
		10	应答（主动反应）
		11	主动提问
		12	同伴讨论
沉寂		13	无助于教学的混乱
		14	思考问题
		15	做练习
技术		16	教师操纵技术
		17	学生操纵技术
		18	技术作用于学生

3. 改进型弗兰德斯互动分析系统

在利用 ITIAS 进行分析的过程中，能够发现由于 ITIAS 增加了课堂互动行为的编码类别，将 FIAS 原有的 10 类编码扩充为 18 类编码，这样进一步增加了课堂观察者

[①] 顾小清，张进良，蔡慧英. 学习分析：正在浮现中的数据技术 [J]. 远程教育杂志，2012，(2)：18-25.

的编码、记录负担,降低了这一分析方法的可行性;由于 ITIAS 对原 FIAS 编码系统的结构改动较大,比如 ITIAS 对教师提问这类行为编码已细化为提问开放性问题及提问封闭性问题,这样就给依靠分析矩阵对课堂教学师生互动类型做出判断带来困难。为了保留 FIAS 部分传统分析功能,以使其能更好地被用于包含信息技术支持的数字化课堂教学的分析,方海光等对 ITIAS 的编码系统进行部分调整和优化设计,提出了改进型弗兰德斯互动分析系统(improved Flanders Interaction Analysis System,iFIAS),其编码系统如表 8-8 所示。

表 8-8 改进型弗兰德斯互动分析编码系统

分类		编码	内容
教师语言	间接影响(学生驱动)	1	接受情感
		2	表扬或鼓励
		3	采纳意见
		4	4.1 提问开放性问题
			4.2 提问封闭性问题
	直接影响(教师主动)	5	讲授
		6	指示
		7	批评
学生语言		8	学生被动应答
		9	9.1 学生主动应答
			9.2 学生主动提问
		10	同伴讨论
沉寂		11	无助于教学的沉寂
		12	有助于教学的沉寂
技术		13	教师操纵技术
		14	学生操纵技术

iFIAS 对 ITIAS 编码系统的优化调整具体包括以下五个部分:

(1) ITIAS 编码 4 "提问开放性问题" 和编码 5 "提问封闭性问题" 这两个类别都是以教师意见或想法为基础而对学生提出问题,因而在转化为分析矩阵时都可归为新编码 4"提问",新编码 4 在分析矩阵中的计数为这两类编码的计数和,仅在课堂观察编码以及统计开放性问题和封闭性问题各自所占比例时加以区分。

(2) ITIAS 编码 10"应答(主动反应)"与编码 11"主动提问"都强调学生的主动性,因而依照 FIAS 编码系统将第 9 类定义为"学生主动说话"的分类方法,这两种行为在转化为分析矩阵时都归为新编码 9 类的"学生主动行为",新编码 9 的计数为这两类编码的计数和,在课堂观察进行编码时和统计比率时按应答与提问加以区分。

(3) 以上两点对 ITIAS 所进行的调整,是为了保留 FIAS 根据弗兰德斯互动分析矩阵中 (4,4) (4,8) (8,4) (8,8) 以及 (3,3) (3,9) (8,4) (8,8) 所形成的闭环教学模式判断的功能(训练型/创新探究型)。当然,在一些课堂应用信息技术后,进行 iFIAS 生成分析矩阵,有可能会使"技术"类的交互行为编码计数较多,因而无法再使用传统的 FIAS 在分析矩阵中的方法。

(4) ITIAS 编码 14"思考问题"和编码 15"做练习"都是有益于教学的沉寂,同时实际课堂教学中这两种行为在较多情况下是交替进行的,因而归为同一类,不做细分,这样也将有助于减轻编码负担。

(5) ITIAS 编码 16"教师操纵技术"与编码 18"技术作用学生"在实际课堂教学中大多是同步进行的师生行为,因而归并为新编码 13"教师操纵技术"。

(二)基于层次分析的探究式课堂教学分析方法

伴随着探究式教学方法的实施,高校教学质量的评价标准发生了新的变化,建立符合探究式教学理念的教学评估运行机制,才能进一步推动教学质量提高。邱文教等提出以教师、学生、督导为评价主体,拟定了"教师课堂教学、学生课堂表现、探究效果检测"三位一体的探究式课堂教学评价指标体系,并利用层次分析法分别对这三个维度的评价指标进行权重赋值,构建了完整的高校探究式课堂教学评价体系。[①]

1. 探究式课堂教学评价指标体系

(1) 教师课堂教学评价指标设计。探究式教学是在课堂讲授的基础上进行的,课堂上学生的探究式学习能力呈现层次性、多元化和个性化特征,因此,教师在探究式教学实施过程中,应体现开放性、专题性、合作性等特点,根据教学目的和授课内容,把激发学生学习和创造的兴趣放在教学活动的首位,把始于问题、基于实践、体现创

---

① 邱文教,赵光,雷威. 基于层次分析法的高校探究式课堂教学评价指标体系构建 [J]. 高等工程教育研究. 2016, (6):138—143.

造的探究式教学作为突出主题落实到学生课堂教学过程中，精心设计与所授内容相关、有一定深度和前沿性的问题，通过创设问题情境和聚焦学生学情，营造良好的探究氛围，为学生自由表达、质疑、探究、讨论、合作等提供充分的机会，进而产生积极的探究效果。教师课堂教学评价指标设计如表8-9所示。

表8-9 教师课堂教学评价指标设计

一级指标	二级指标	三级指标
教师课堂教学	教学内容 A1	联系实际，追踪学科前沿问题 B1
		讲授整个科研过程与方法，培养学生系统性思维 B2
		结合具体案例，引入最新科研成果 B3
		内容经典，重在研究思路、技术路线、方案设计等 B4
	教学方法 A2	利用现代信息技术辅助探究式教学 B5
		探究前，学生围绕研究专题查阅相关资料 B6
		探究中，鼓励学生自由表达、质疑、讨论 B7
		针对选题，组建学习小组，开展相关研究 B8
		开放实验室，开展基于教学科研计划的训练 B9
		与学生充分交流，注重收集学生意见，持续改进教学 B10
	教学效果 A3	创设问题情境，营造师生互动 B11
		通过教师引导，启发学生思考 B12
		考核方式多样化，综合评定学生的知识和能力 B13
		探究式学习后，学生较容易形成对知识的建构 B14
		学生自学能力、研究能力、合作与沟通能力得到提升 B15

（2）学生课堂表现评价指标设计。学生是探究式课堂教学的主体，在教师引导下，根据研究专题与兴趣爱好，组建若干个学习小组，开展相关调研、资料查阅、学习讨论、报告撰写、师生点评、方案完善等活动，让学生在学科领域或现实生活情境中，通过师生之间交流互动、发现问题、实践操作、团队协作等探究式过程体验，掌握处理相关课题的观点、方法和手段，较好地完成对知识的建构，形成较为系统的知识体系。学生课堂表现评价指标设计如表8-10所示。

表 8－10　学生课堂表现评价指标设计

一级指标	二级指标	三级指标
学生课堂表现	学习态度 A1	对探究式学习有兴趣与热情 B1
		积极参与小组讨论 B2
		态度端正，主动承担，积极完成 B3
		具有主观能动性，遇到的问题能解决 B4
	协作精神 A2	服从小组分工，团结协作，帮助他人 B5
		能听取他人合理建议并积极阐述个人观点 B6
		沟通能力强，通过配合能共同完成探究性课题 B7
	探究过程 A3	探究选题具有一定的可行性和科学性 B8
		通过调查和实验能获取一手数据 B9
		正确运用多种研究方法进行数据分析 B10
		实践动手能力显著提高 B11
		文献综述、方案设计、报告撰写等能力得到显著提高 B12

（3）探究效果检测评价指标设计。对探究式课堂教学的有效性评价主要体现在学生知识的自主建构和教学进程的生成性两个方面。为更好地验证探究式课堂教学的实施效果，需要针对某学术、技术、工程等专题方向的核心知识和最新发展，以基于问题、基于项目、基于案例、基于实践等为主要载体，按照一定的研究主线来进行探究式教学成效评价设计。探究式教学效果检测评价指标设计如表 8－10 所示。

表 8－11　探究效果检测指标体系

一级指标	二级指标	三级指标
探究效果检测	科学性 A1	论证合理、内容突出、表达充分 B1
		探究主题鲜明，与课堂教学内容紧密相关 B2
		探究主题科学，具有一定的可操作性 B3
		体现学术性，符合科学研究基本规范 B4
	创新性 A2	专题选取方向新颖，凸显前沿学术研究 B5
		研究思路清晰、方法得当，彰显度高 B6
		主题设计合理，结构形式新颖 B7
		内容体现理论价值和实践价值 B8
	系统性 A3	研究主线一目了然 B9
		整体框架结构合理，图文并茂、引人入胜 B10

2. 模型构建

采用层次分析法进行计量检验，具体步骤如下：

（1）建立各层次间的递阶结构模型。按照前面的指标体系框架，层次分析递阶结构模型由目标层、准则层、指标层构成。以教师课堂教学评价为例，目标层包含一个因素；准则层为中间环节，涵盖教学内容、教学方法、教学效果三个影响要素；指标层也叫评估对象层，共包含15个指标。同理，可构建学生课堂表现、探究效果检测递阶结构模型。

（2）构造两两比较判断矩阵。按照重要程度，标度1为两个要素相比具有同样的重要性，标度3为前者比后者稍重要，以此类推，最大标度值为9，表示前者比后者极端重要，$B=(a_{ij})_{n \times n}$为确定判断矩阵中的具体数值。

（3）和积法确定各判断矩阵的权重系数。根据判断矩阵求其最大特征根 λ_{max} 及相应的标准化特征向量 $W=\{w_1, w_2, \cdots w_m\}$，且 W 满足 $(A_k-B)W=\lambda_{max}W$。经归一化处理后即可得到该层对于上一层某因素相对重要性的权重。

（4）一致性检验。进一步对判断矩阵进行一致性检验，建立一致性检验指标 CI 和 RI，用以判断矩阵偏离一致性的程度。

计算一致性指标 $CI=(\lambda_{max}-n)/(n-1)$，n 为判断矩阵的阶数，$\lambda_{max}$ 为判断矩阵的最大特征根；计算相对一致性指标 $CR=CI/(RI)$，其中，RI 为平均一致性指标，各阶数的判断矩阵所对应的 RI 可通过查表得到。通常情况下，当 $CR \leqslant 0.1$ 时一致性检验通过，当 $CR \geqslant 0.1$ 时就需要重新构造判断矩阵。

3. 权重计算

（1）教师课堂教学评价指标权重。教师课堂教学评价指标体系准则层包括三个方面，指标层共有15项。从表8-12可以得知，在教学内容评价指标层，B4 的权重 $\lambda_4=0.549$，说明在探究式课程设计上，教师应更加关注课程内容的研究思路、技术路线、方案设计；在教学方法评价指标层，B10 的权重 $\lambda_{10}=0.379$，说明在探究式课堂教学中，教师应与学生充分交流互动，及时反馈，将"可教瞬间"转换为学生的"可学瞬间"；在教学效果评价指标层，B13 的权重 $\lambda_{13}=0.497$，说明教师应根据教学目标和内容，设置一些具有开放性并与探究主题相关的课程作业，以综合评定学生掌握的知识和能力。在准则层，教学效果 A3 的权重为 0.637，超过了半数，说明在课堂教学评价中，教师应以学生为中心，开展情境性教学，以激发学生的思考、互动、合作、研究，让学生真正实现对所学知识的建构。

表 8-12 教师课堂教学评价指标权重

目标层	准则层	准则层权重	指标层	各层次权重排序	权重总排序
教师课堂教学	教学内容 A1	0.258	B1	0.129	0.033
			B2	0.074	0.019
			B3	0.248	0.064
			B4	0.549	0.142
	教学方法 A2	0.105	B5	0.029	0.003
			B6	0.103	0.011
			B7	0.182	0.019
			B8	0.242	0.025
			B9	0.065	0.007
	教学效果 A3	0.637	B10	0.379	0.040
			B11	0.046	0.029
			B12	0.082	0.053
			B13	0.479	0.305
			B14	0.148	0.094
			B15	0.245	0.156

（2）学生课堂表现评价指标权重。从表 8-13 可以看出，在学习态度评价指标层，B3 的权重 $\lambda_3 = 0.505$，说明学生的学习动机、学生态度对探究式教学活动的开展有重要作用，只有正确地对待它，才能激发学生的探究热情，让学生真正成为探究的主体；在协作精神评价指标层，B6 的权重 $\lambda_6 = 0.637$，表明学生探究式学习能力呈现出多元化、个性化特征，不同的人能够从不同角度不同层次去分析问题，因此，合理地接受他人建议来修正自己的不当观点显得尤为重要；在探究过程评价指标层，B8 的权重 $\lambda_8 = 0.449$，说明在探究式课堂教学中学生更关注探究选题的科学性和可行性，教师可对某个主题设置悬念、冲突、矛盾，吸引学生积极主动地去研究、去探索、去发现，从而产生一种最佳的学习心向。另外，准则层中探究过程 A3 所占的权重为 0.540，超过了半数，说明在探究式学习过程中，针对相关主题，通过资料查询、文献综述、方案设计、实验实践、数据分析、报告撰写等环节的训练，可以大幅度提高学生的知识建构能力、理解能力、运用能力，学生的创新意识、创新思维也得到进一步的提升，从而进一步丰富了探究式教学的内涵。

表 8-13 学生课堂表现评价指标权重

目标层	准则层	准则层权重	指标层	各层次权重排序	权重总排序
学生课堂表现	学习内容 A1	0.297	B1	0.143	0.042
			B2	0.064	0.019
			B3	0.505	0.150
			B4	0.288	0.085
	协作精神 A2	0.163	B5	0.105	0.017
			B6	0.637	0.104
			B7	0.258	0.042
	探究过程 A3	0.540	B8	0.449	0.242
			B9	0.156	0.084
			B10	0.245	0.132
			B11	0.058	0.031
			B12	0.092	0.049

（3）探究效果检测评价指标权重。从表 8-14 可以得知，在科学性评价指标层，B2 的权重 $\lambda_2=0.647$，说明在探究式课程作业设计上，应突出构建与现实情境相类似的探究主题，且探究主题的确定要与教师课堂教学内容紧密相关；在创新性评价指标层，B7 和 B8 的权重 λ_7、λ_8 均为 0.394，说明这两个指标同等重要，因此对探究效果的创新性进行评价，要求探究主题的设计以及探究内容的呈现应以理论联系实际为出发点，结构设计形式可多样但必须合理，且体现较强的应用价值；在系统性评价指标层，B9 的权重 $\lambda_9=0.750$，说明研究内容须符合一定的逻辑，按照一条主线来展开，这就需要学生进行深入细致的调查并掌握丰富翔实的资料数据，最终促成学习目标达成。另外，准则层中创新性 A2 所占的权重为 0.594，比重超过了一半，说明学生在通过探究式课程学习后，对自己的选题方向要能体现一定的新颖性、前沿性。主题设计要科学合理，研究内容要体现较高的理论价值和实践价值，可见创新性的重要性。

表 8-14 探究效果检测评价指标权重

目标层	准则层	准则层权重	指标层	各层次权重排序	权重总排序
探究效果检测	教学内容 A1	0.249	B1	0.059	0.015
			B2	0.647	0.161
			B3	0.103	0.026
			B4	0.191	0.048
	创新性 A2	0.594	B5	0.075	0.045
			B6	0.137	0.082
			B7	0.394	0.234
			B8	0.394	0.234
	系统性 A3	0.157	B9	0.750	0.118
			B10	0.250	0.039

对教师课堂教学、学生课堂表现、探究效果检测的创新评价相对于其他指标显得尤为重要，这无疑为探究式课堂教学的关注点指明了方向。首先，探究式课堂教学应强调以问题为中心，以学生自主探究的方式来获取知识、解决问题。教师应突出学生的主体地位，引导学生主动探究，最终达到学生自主学习的目的。其次，学生在探究式学习过程中，围绕教师创设的问题情境，通过主动发现问题、交流讨论、实验实践、合作探究等各个环节与阶段的训练，能较好地形成相对完整的探究思维与能力。此外，随着社会对创新人才的迫切需要，高校越来越重视对学生创新能力的培养，探究式学习作为一种创新学习模式和有效学习方式，与高校创新人才培养目标具有高度的一致性。因此，在高校教育环境中倡导探究式学习，可以为学生获得解决问题的能力和终身学习的技能打下坚实的基础，对于促进创新人才成长具有积极作用。

第九章

教师智慧课堂信息化教学能力

瞄准智慧教育这一教育信息化发展的新阶段，分析智慧课堂信息化教学能力建设的阶段性和特殊性，结合互联网思维给我们带来的全新思维工具，从"迭代、协同、体验"三个方面，探讨教师智慧课堂教学能力建设的宏观策略、中观策略和微观策略。

一 立足互联网思维探索教师专业成长新策略

随着智慧教育渐渐成为"革命性影响"的目标和方向，信息技术环境下智慧课堂的建设也因此出现了新的契机。智慧课堂建设快速展开，甚至出现了大干快上的情况。但是，对如何构建智慧学习情境，如何运用有效教学方法，如何促进学习者开展智慧学习等方面仍缺乏策略供给，使得智慧课堂建设又出现了重建设轻应用、重硬件轻软件的现象，甚至出现了严重的浪费和闲置的状况。

强化应用并取得教学成效才是智慧课堂实施的关键。澳大利亚墨尔本大学的约翰·哈蒂教授及其团队通过综合 900 余项案例分析发现，在学校教育所有可控的变量中，教师是造成教学效果最大差异的来源。成功的教学改革很大程度上取决于教师教学观念和行为的转变，教师能否接受新的观念并将其有效应用于实践直接影响着教学改革的推进[1]。智慧课堂中教师教学能力呈现出来的特点与传统课堂存在着本质差别，教师通过驾驭智慧课堂，掌握智慧课堂教学方法，开展教学创新，培养学生的深度理解、高阶思维、批判精神和团队协作能力，最终造就智慧型的人才，是构建智慧课堂的目的和意义。由此可见，破解制约智慧课堂有效实施的主要因素是有效提高教师的智慧课堂信息化教学能力。

从各个角度出发研究如何提升教师信息化教学能力的成果很多，本章将从互联网思维这一不同的视角进行探讨。互联网思维，是在信息化时代的背景下，对社会各元素、流程和价值链进行重新审视的思考方式。人类社会每次经历的大飞跃，最关键的并不是物质催化，甚至不是技术催化，而本质是思维工具的迭代[2]。而迭代、协同、体验则是互联网思维为我们提供的三个至关重要的思维工具。迭代，是一种以人为核心，以"迭代"来面对不断变化的环境与需求，在循序渐进中追求完善的思维方法，迭代思维促进了互联网时代的高速发展；协同，要求以互联网开放、共享、共赢的思维，通过创新资源和要素有效汇聚，突破主体间的壁垒，充分释放彼此间各要素活力

---

[1] 哈蒂. 可见的学习 [M]. 北京：教育科学出版社，2015：4.
[2] 赵大伟. 互联网思维 [M]. 北京：机械工业出版社，2014：10-12.

而实现多方位交流、多样化协作；体验，更是互联网思维中的一个灵魂因素，无论是"摇一摇"就交到朋友，还是"扫一扫"就完成购买，互联网思维带来的种种变革让人充分感受到"体验为王"的魅力。由外向内的人本体验反馈，必然促使人们对教师关注重点的全新转变。

宏观策略：教师"专业发展"向"专业学习"的迭代

目前，教师智慧课堂信息化教学能力提升的主要形式依然是较为传统的短期集中培训、网络远程培训、校本研修等。这些形式的专业学习在开阔教师视野、丰富教师理论知识等方面具有一定的意义，但长期以来遇到的主要困境是教师在各种专业学习活动中获得的理论知识难以转化为教学实践技能[1]。造成这一问题的原因主要有：理论与实际相脱节的现象明显，培训操作方式过于整齐划一，培训中的功利主义色彩严重，培训的目标不明晰[2]，等等。归根结底，是因为陈旧的教师专业发展模式无法适应快速变革的互联网时代的需要。教师信息化教学能力建设发展模式应从教师"专业发展"向教师"专业学习"转变，使教师实现从被动适应到主体参与、从个体工作到群体协作、从显性过程到隐性过程、从知识接受到知识建构、从基本操作到培育智慧的转变，真正把理论、技能知识转化为课堂教学实践。

在教师"专业发展"的视野下，教师永远是有缺陷的，需要"被"发展；教师被认为缺乏必要的知识和自主学习能力，需要外部因素的介入。教师需要掌握什么知识，掌握到什么程度也均由外部因素决定，这些外部因素通常为教育专家和教育行政管理部门。由于缺少一线教师的参与，那些抽象的、概括的、通用的、脱离情境的理论性知识更受重视，而具体的、特殊的、本土的、对情境敏感的、教师自己的实践性知识则不太被重视[3]。这些知识通常通过培训等外部活动将一些碎片化的培训内容灌输给"缺乏知识"的教师，而这些培训内容大都与教师的实际工作关系不大，与课堂教学联系不紧密。这样的培训将教师的"学习"与"工作"人为地割裂开来，教师在培训时

---

[1] 郭绍青，杨彦军. 城乡互动教师信息化教学能力协同发展模式研究[J]. 中国教师，2010，(15)：8-13.
[2] 宋德如. 当前中小学教师信息技术培训问题省思[J]. 电化教育研究，2004，(2)：75-77.
[3] 陈向明，等. 搭建实践与理论之桥——教师实践性知识研究[M]. 北京：教育科学出版社，2011：33-35.

学习的是"理论",平时的工作是"实践",它们之间是分离的。由于培训者缺乏足够的意识和能力将理论与实践有机地结合起来,他们无法帮助教师在真实的问题情境中了解和运用学术界的理论①。大量的这类被动培训,导致教师失去了积极性和教学创新的动力。

近年来,一些研究者提出应该用教师"专业学习"的概念来替代教师"专业发展"的概念。与教师"专业发展"不同,教师"专业学习"强调教师需要学习的知识不是固定不变的,而是根据现实和教学需求动态形成,并在人际互动中与参与者共同建构。教师在主动学习的过程中会将自己的教学经验与所学知识相互渗透,最终形成理论与实践、技术与教学的融通,教师在专业实践中的参与就可以被视为"即刻的"继续学习②。教师的"专业学习"是问题导向的,教师日常教学中遇到的问题决定了教师学习的内容。在方法上,它与集中培训时的知识灌输不同,这类学习为教师的教学工作提供工作坊、示范课、教学沙龙等支架式的帮助,并在示范和模仿的基础上,通过情境、探究、协作和评价产生超越给定范围的新思想新方法。这种"醍醐灌顶"式的学习,通常发生在教师反复使用自己熟悉的方法也无法解决面临的问题时。此时,教师不仅需要其他教师和专家的思想碰撞,而且需要挑战自己的极限,割舍一些自己"日用而不知"的行为习惯③。可见,在教师"专业学习"理念指导下,教师信息化教学能力提升策略将会更注重教师真实的成长体验,解决教师工作中的具体问题。

中观策略:协同创新,充分释放各要素活力

教师智慧课堂教学能力的建设也需要一定的方式、方法和策略,也就是要有其促进发展的方法论,这是教师智慧课堂信息化教学能力促进策略的中观层面。

(一)职前培养与职后培训并重,实现多段协同

教师专业学习是一个系统工程,应从阶段性教师培训转变为促进教师终身学习。职前培养与职后培训都是提高教师信息化教学能力的重要环节,目前普遍存在教师教学信息化能力提升重职后培训而轻职前培养的情况。要从教师能力源头入手,强化教

---

① 陈向明. 从教师"专业发展"到教师"专业学习"[J]. 教育发展研究,2013,(8):93.
② B Rogoff. Apprenticeship in Thinking: Cognitive Development in Social Context [M]. New York: Oxford University Press,1990.
③ 陈向明. 从教师"专业发展"到教师"专业学习"[J]. 教育发展研究,2013,(8):93.

师能力培养过程与信息技术的深度融合，不断完善人才培养的顶层设计和实现路径，以应对未来教育对新型教师的需要。总之，要实现职前培养与职后培训的密切协同，并开展多样化的联动、互动。

（二）教师专业学习线上线下一体化，实现多元协同

教师"专业学习"的理念强调，教师应通过"协商"与"会话"共同建构专业知识，互联网为超越时空和地域的教师专业学习创造了良好的条件。建构专业知识是教师专业学习的目的，它需要教师自觉、主动地去完成，而专业网站、课例资源库、大数据教学观测与评价系统等将大大帮助和促进教师的专业知识建构，有利于教师更多更好地获取关于客观事物性质与事物之间内在联系规律的知识。信息时代，获取学习信息资源的渠道多元化，教师信息化专业学习的知识建构、经验分享、教学研讨、协作教学等，都可以通过面对面的学习活动与网络在线的方式实现有效互补，体现其无法比拟的优势。

（三）自主学习与协作交流相结合，实现内外协同

自主学习是教师成长的重要动力，教师可以自由选择、自主控制，自主学习贯穿教师专业学习的始终。教师信息化教学能力发展的开放性、动态性、终身性，需要教师具有自主学习的能力[1]。与此同时，要积极开展教学竞赛、教学观摩、教学研讨等教师社群的协作交流。实践证明，开展以学区或学校为单位的智慧课堂团队竞赛是行之有效的方法。2016年在成都举办的第一届醍摩豆智慧课堂团队教学竞赛就取得了很好的效果，这种面对面的协作交流方式极大地促进了教师智慧课堂信息化教学能力的提高，有效共享了知识与经验，形成了教师专业学习的共同体。

微观策略：改善"体验"，激发教师教学改革动力

教师在智慧课堂教学改革过程中处于关键地位，决定着智慧课堂实施的走向。因此，应分析教师在教学改革中的真实体验，利用互联网思维为我们提供的全新境界，面向教师体验开发智慧教育软硬件设备与环境，提供智慧教学模式、策略与方法，助力教师专业快速成长，从而通过全面提高教师参与教学创新与改革的"用户体验"，激发教师教学改革动力。

---

[1] 王卫军. 教师信息化教学能力发展策略研究 [J]. 电化教育研究，2012 (5)：103-109.

（一）减轻信息技术和习惯迁移给教师带来的技术负担

当前信息技术的高速发展，改变着我们每一个人的工作、生活和学习的方式，对处于这个时代的教师提出更多、更高的要求，由此也给他们带来新的压力。对技术不能自如运用，或者即使能自如运用，却不断有新的技术需要学习，再或者考虑到技术对其自身习惯的冲击，甚至担心自己的工作受到威胁等，所有这些都会给教师带来强烈的压力。

智慧课堂中教师教学能力建设的重点应该是通过信息技术与教学的深度融合，让教师具备课堂教学结构性变革的综合能力，而非具体信息技术的操作能力。在信息技术飞速发展的今天，技术越来越轻量化、人性化，越来越注重用户体验。从教师的视角来看，技术也越来越无法成为教师有效开展信息技术教学的障碍了，在使用某种技术的时候是完全自然的、流畅的、没有认知负担的融入，信息化教育教学改革也终于回归到了教育的本质。反观前些年在提升教师信息化教学能力方面的各类培训，基本上以提升教师信息技术操作能力为目标，忽视了教师信息化背景下的教学整合和重构能力的建设，可谓本末倒置，只能说是当时的权宜之计。

（二）实现教学结构变革，减轻教师工作负担

很多教师在面对信息化教育教学改革时都存在畏惧心理，究其原因是以往的信息化教育教学改革给教师增加了很大的工作负担，很多教师对信息技术与教育教学深度融合的认识不够深入，导致其信息化教育教学改革都是建立在原有教学模式和方法没有改变的基础上，这种做"加法"的教学实践势必会增加教师的工作负担。智慧课堂教育教学改革建立在对"课堂教学结构"的变革之上，通过"结构变革"实现教师教得轻松、学生学得愉快，实现教师工作负担上的"减法"，改善教师教学体验。所谓课堂教学结构的变化就是通过信息技术的融合应用，改变原来的"以教师为中心"的教学角色结构，实现一种既能充分发挥教师在教学过程中的主导作用，又突出学生的主体作用，以"自主、探究、合作"为特征的新型教与学的结构；改变信息单向传输的"灌输式"的信息运动结构，使信息实现以师生互动、生生互动为特征的多向互动，把学生的主动性、积极性和创造性充分地发挥出来；改变原来的"生产线式"的教学流程结构，实现翻转课堂的教学流程再造和因材施教、量体裁衣的个性化适应性学习等。可见，智慧课堂使传统的课堂教学结构发生根本性变革的同时，极大地解放了教师繁重的课前、课中和课后工作，促进了教师积极性的发挥。

（三）优化理论引领和方法供给，减轻教师认知负担

教学改革的成功很大程度上要依赖教师的教学观念和行为的转变，这就要求教师首

先应当熟悉教学改革所倡导的理论、模式、策略和方法。而相对于快速革新的信息技术和环境建设，理论引领和方法供给明显滞后，因此有的教师面对新知识、新技术、新环境时无法自如地将其运用到教学活动中。一定要通过教师自主及各类协同的专业学习活动帮助教师建构先进的教学知识策略，帮助教师更好地解决教学中的各种实际问题。因此，推动智慧课堂教学改革仅仅推动环境和技术供给是不够的，更要注重模式的引领和方法的供给，积极为智慧课堂教学改革提供有效的教学模式和策略方法，才能保证改革不会南辕北辙，才能让学校和教师少走弯路，减轻教师认知负担并实现快速成长。

二 教师信息化教学能力校本培训模式[①]

校本培训是指在教育行政部门、教师培训机构的规划指导下，由学校自行组织开展，紧密结合学校工作实践，以提高学校教学质量和办学效益、促进教师专业发展和职业修养为目的的教师在职培训形式。校本培训具有长期连续性、实践性、灵活性和经济性等特点，能够克服集中培训造成的供需矛盾、学习成本偏高等问题，是教师教研的重要方式。校本培训充分体现了以解决实际问题、提高教师的教育技术能力、全面提高教师的综合素质为目的的优势，综合各方面情况来看，校本培训为破解"按需施训"提供了有效的解决方案。

教师信息化教学能力校本培训模式立足学校发展需要和教师教学实际，以提升教师信息技术应用能力为基础，通过课堂诊断、问题导向、深度访谈等方式确定培训目标，以促进信息技术与教学融合创新为主线，将信息化教学理念、信息技术素养、课堂应用、教学科研和教师专业发展全面融合，全方位、多层次提升教师的信息化应用与创新水平。

观摩诊断，模式构建

开展智慧课堂教学改革，教师对相关理念的认同是需要首先解决的问题，只有教

---

① 唐瓷，周鑫燚，任迎虹. 中小学教师信息化教学能力校本培训模式建构与思考［J］. 中小学教师培训，2019（01）：20—22.

师对信息化教学理念有了充分的认同,后续的培训学习才能产生内生的动力。为有效解决学校教师对智慧课堂理念的认同,学校可通过"同课异构、同行评议、专家报告、反思提高"四个阶段强化对教师的培训,如图9-1所示。

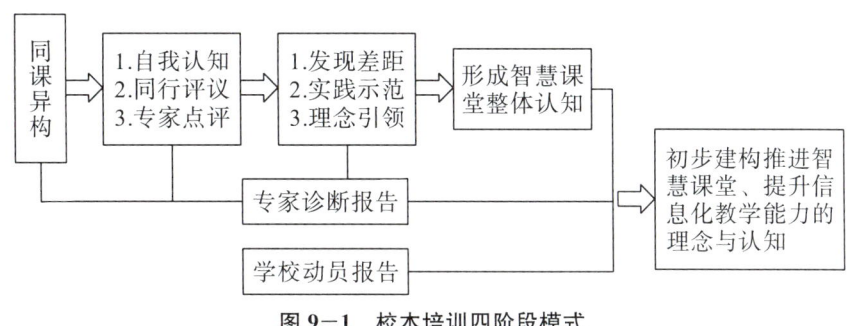

图9-1 校本培训四阶段模式

（一）同课异构

这里的同课异构具有特别的含义,是指在准备开展校本培训的学校组织校内教师（采用惯用的授课方式）与校外教师（采用新型智慧课堂）开展同课异构教学观摩与研讨。通过真实课堂让学校教师增加对智慧课堂的感性认知和理念认同。

（二）同行评议

在完成同课异构教学后,邀请同行（教育信息化水平优秀的一线教师或教研员）同时组织所在学校的教师对课程进行评议和总结,梳理智慧课堂的典型特征和内涵,进一步增强教师对智慧课堂教学理念的认识。

（三）专家报告

组织教育信息化专家举办智慧课堂教学模式、信息化教学能力提升的专题报告,实现从实践到理念的升华和理论与实践的融合,同时结合课例对所在学校的智慧课堂教学情况进行诊断和剖析,帮助教师进一步加深对智慧课堂本质的认识。

（四）反思提高

组织教师对以上三阶段的学习成果进行实践性反思,要求全体教师在专家指导下认真反思,找准当前教育教学中存在的关键问题和难点问题,讨论解决问题的可能性方案。同时以问题为导向,系统开展智慧课堂教学的反思与实践,激发教师参与智慧教学改革的热情,为校本培训的高效有序开展做好铺垫。

在完成以上四个阶段的培训学习后,通过专家诊断报告、学校动员大会等方式,全面加强本校教师对信息化教学能力提升的认知,增强教师对信息化教学能力培养、智慧课堂教学理念的认同,为有效推动后续工作奠定坚实基础。

"种子"培训,引领示范

在开展教师信息化教学能力校本培训过程中,应"始终坚持试点先行、典型引路的推进机制,形成以点带面的发展路径,"[①] 充分发挥"种子"教师的示范和带动作用。优先培养学校信息化教学"种子"教师,让乐意参与信息化教学改革、愿意为智慧课堂教学付出的教师先行先试,培育学校信息化教学的"火种",为全面开展教师信息化能力提升培训储备力量。"种子"教师的产生一般通过主动申报和学校遴选相结合的方式,兼顾教学能力、年龄等要素进行综合考察,择优组建智慧教育"种子"教师(一般不超过 20 人),开展"种子"教师的信息技术应用能力和智慧课堂教学应用培训。"种子"教师培训主要从"培训学习"和"实践示范"两个方面进行。"种子"教师培训模式如图 9—2 所示。

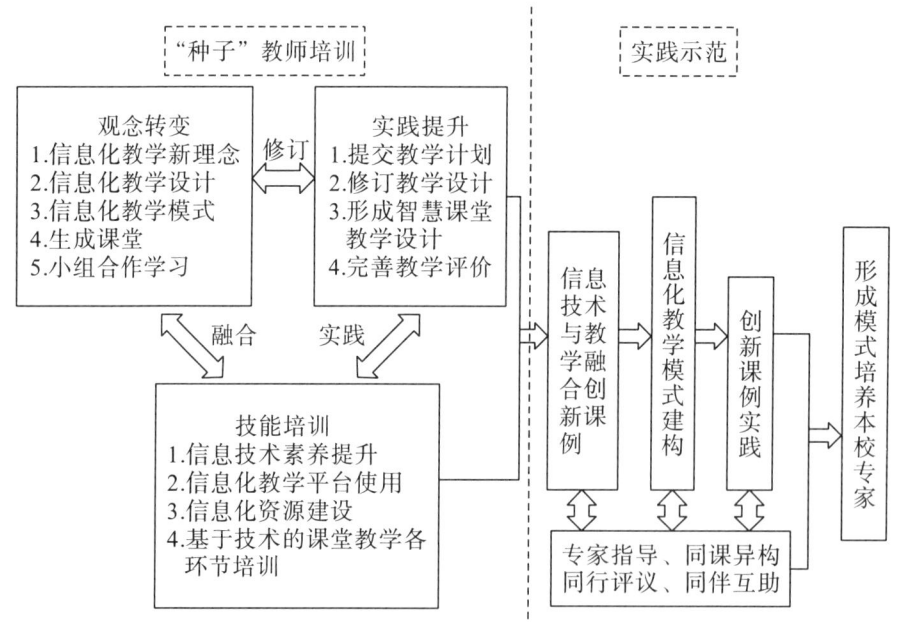

图 9—2 "种子"教师培训模式

(一)培训学习

本阶段立足课堂教学实践,以信息化教学设计为主线,通过"理念认同、素养提

---

① 教育部. 教育部关于印发《教育信息化 2.0 行动计划》的通知 [EB/OL]. (2018-04-25)[2018-07-30]. http://www.moe.gov.cn/srcsite/A16/s3342/201804/t20180425_334188.html.

升、教学设计、课堂实践"四个阶段的一体化培训学习，全面提高"种子"教师信息化教学能力。

（二）实践示范

在完成培训学习后开展"种子"教师的实践示范工作。一是在"种子"教师内部开展智慧课堂教学实践研讨，专家给予充分指导，建构教师智慧课堂教学模式；二是"种子"教师面向全校教师以"汇报课、示范课、公开课"等形式进行引领示范，通过"种子"教师的课堂教学变化来影响和激发其他教师提升信息化教学能力、开展智慧课堂教学改革的热情。

全员提升，普遍应用

推动学校教师信息化教学能力全员提升，主要采用工作坊模式展开，全校教师分层次、分学科组建若干工作坊。充分发挥"种子"教师的作用，"种子"教师一方面充分开展智慧课堂的实践与示范，另一方面做好全员提升的校本培训指导工作。

教师全员提升以校本研修为主，除充分发挥"种子"教师在全员提升阶段的引领示范作用，还应注重发挥专家的指导作用。一是通过理念的学习研讨，建构适合学校开展智慧教学的教学模式；二是将教师信息素养与智慧教育理念深度融合，提升教师信息化教学能力；三是强化实践应用，聚焦课堂，实现"教育理念—信息素养—创新应用"的融合创新；四是推进专家指导下的同伴互助提升模式，通过课例实践进行智慧教学模式固化和创新应用实践；五是在以上工作基础上，实现每位教师能够熟练开展智慧课堂教学的目标。全员提升培训模式如图9-3所示。

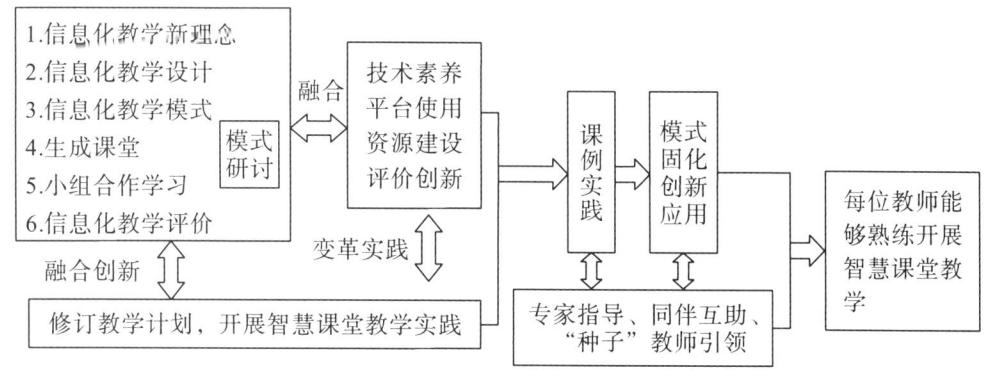

图9-3 全员提升培训模式

全面应用，融合创新

本阶段主要从四个层面推进教师信息化教学能力的提升（图9－4）。一是通过观摩示范、同伴互助、广泛实践、同课异构等方式推进学校信息化教学的全面应用；二是在专家指导下开展多层面的教学研究与创新实践，将实践应用与教学科研深度融合，全面提升智慧教师综合素质，提高学校教育科研水平；三是通过组织和参与各级教学竞赛促进教学的创新应用；四是固化成果，形成学校信息化教育教学研究与应用的特色。教师信息化教学能力提升模式如图9－4所示。

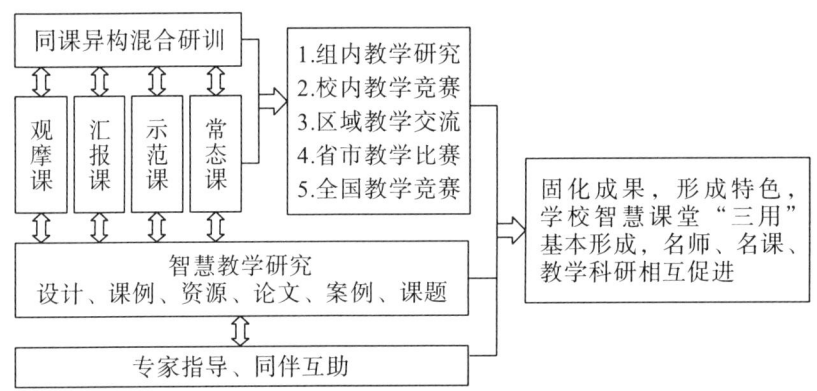

图9－4 教师信息化教学能力提升模式